战争事典

WAR STORY 035

指文烽火工作室 著

台海出版社

图书在版编目（CIP）数据

战争事典 . 035 / 指文烽火工作室著 . -- 北京：台海出版社，2017.9
ISBN 978-7-5168-1535-9

Ⅰ . ①战… Ⅱ . ①指… Ⅲ . ①战争史－史料－世界
Ⅳ . ① E19

中国版本图书馆 CIP 数据核字 (2017) 第 210473 号

战争事典 . 035

著　　者：指文烽火工作室

责任编辑：刘　峰　　策划制作：指文文化
视觉设计：胡小琴　　责任印制：蔡　旭

出版发行：台海出版社
地　　址：北京市东城区景山东街 20 号　　邮政编码：100009
电　　话：010 － 64041652（发行，邮购）
传　　真：010 － 84045799（总编室）
网　　址：www.taimeng.org.cn/thcbs/default.htm
E － mail：thcbs@126.com

经　　销：全国各地新华书店
印　　刷：重庆共创印务有限公司
本书如有破损、缺页、装订错误，请与本社联系调换

开　　本：787mm × 1092mm　　1/16
字　　数：236 千　　印　　张：14
版　　次：2020 年 1 月第 3 版　　印　　次：2020 年 1 月第 1 次印刷
书　　号：ISBN 978-7-5168-1535-9

定　　价：79.80 元

目录

CONTENTS

前言

PREFACE

提及“沙皇”一词，大家往往想到的是俄罗斯的历代沙皇。但实际上，这一称号在东欧历史上，并不是俄罗斯人所独有的。早在俄罗斯人崛起的很多年之前，保加利亚就拥有了沙皇称号，彼时它称霸东欧，数挫拜占庭帝国，其第一位沙皇西美昂一世更是拜占庭人的梦魇。《东欧的第一位沙皇与霸主——保加利亚帝国西美昂一世征战史》讲述的就是这位传奇沙皇波澜壮阔的一生。

清末名臣李鸿章身后评价可谓毁誉参半，盛赞其“再造玄黄”者有之，痛斥其“丧权辱国”者更不在少数。但不可否认的是，在清朝末期，由其一手组建的淮军与北洋水师是清王朝所能掌控的最后的，也是最为精锐的武装力量。《大清“裱糊匠”的崛起——李鸿章筹练淮军与“天京之役”》将讲述李鸿章如何在太平天国运动的最后阶段，通过与忠王李秀成的对决一步步崛起。

三国在中华文化圈，永远是一个经久不衰的话题。特别是前段时间《军师联盟》的热映，更是在年轻人中掀起了一股“三国热”。但是大家观念里的三国，跟真实历史里的三国到底有多少差别呢？《名将不等于名帅——趣说姜维在〈三国志〉与〈三国演义〉里的不同形象》一文将从姜维的一生入手，帮大家还原一个更真实的三国英雄！

指文烽火工作室主编：原廓

2017年9月

东欧的第一位沙皇与霸主

保加利亚帝国西美昂一世征战史

作者 / 李楠

927年5月31日，君士坦丁堡大皇宫（Great Palace of Constantinople），皇家私人城堡紫色寝宫内，拜占庭皇帝罗曼努斯一世（Romanos Ⅰ Lekapenos，920年—944年在位）突然惊醒，冷汗顺着他的头发大滴大滴地滑落。这并不是因为他做了噩梦，也不是得了什么重病，而是因为他一生中最不愿意听到的三个字——“西美昂”（Simeon，又被译为“西蒙”）再次被人提起！尽管他曾在军旅中度过了半辈子，早已没有什么令他害怕的人或事了，可是一提到“西美昂”，仍旧心有余悸。因为只要提到这个名字，他的眼前就会浮现出一场场与之对战的场面，以及那张令他恐惧的脸庞。这个名字代表了一场场令拜占庭军队颜面尽失的惨败，也代表拜占庭正在蛮族脚下苟延残喘，更代表他的皇位随时会被这个保加利亚人夺去。正是这个原因，罗曼努斯一世宣布不得在皇宫中提到西美昂，只许用“保加利亚国王”来代替。

惊魂未定的罗曼努斯一世立即叫来陪寝大臣（即贴身宦官），询问为何大家又在窃窃私语这个他已经禁止说出的名字。难道说，西美昂又兴兵打来了？抑或在他睡眠之时已经到达君士坦丁堡城下了？陪寝大臣先向他告了罪，随后对他说：“伟大的巴西利斯（Basileus，拜占庭皇帝专用称呼）啊，保加利亚国王并没有来。我

▲*鹰与蛇，君士坦丁堡大皇宫的马赛克地板*

们刚刚获得消息，他已经去世了……”听到这里，罗曼努斯一世的脸已经由惊恐完全转变成了喜悦。他蹭地从床上跳了下来，不顾自己皇帝的身份手舞足蹈地叫喊着：“我终于胜利了！帝国无忧了！”

这个名叫西美昂的人到底是谁？他为什么能令强大的拜占庭帝国的皇帝如此紧张？也许这一切都要从50多年前说起……

与君士坦丁堡的不解之缘

865年9月3日，一个平常得无法再平常的日子。在保加利亚第一帝国第二大城市大普雷斯拉夫（Veliki Preslav），一队头戴黑色帽子、身着黑色长袍、项上戴着十字架、脚蹬系带拖鞋的人正走过街头。他们当中，为首之人披着白色头巾，步伐沉稳、表情威严，手持一个镶有宝石的大希腊十字架（Orthodox cross）；其他人都半垂着头，跟随在他的身后。这时，保加利亚平民早已把街道围得严严实实，互相谈论着这些人的奇怪装束。为了维持治安，一些士兵早早地就站立在街道两旁，表情严肃地让出一条道路，使这些人能够前行。

▲希腊式十字架

保加利亚的平民并不知道，这队人其实是君士坦丁堡的希腊正教会派出的传教士代表团，专门为响应前一年保加利亚国王鲍里斯一世（Boris Ⅰ，852年—889年在位）希望国家正式接受基督教化而来。这些人中，为首的是君士坦丁堡大教长弗提乌斯（Photios，858年—867年、877年—886年在位），即那个披着白色头巾的人；后面跟随的众人则是主教、修道士以及通晓保加利亚语的教士等。

这条路的尽头是他们正要去的

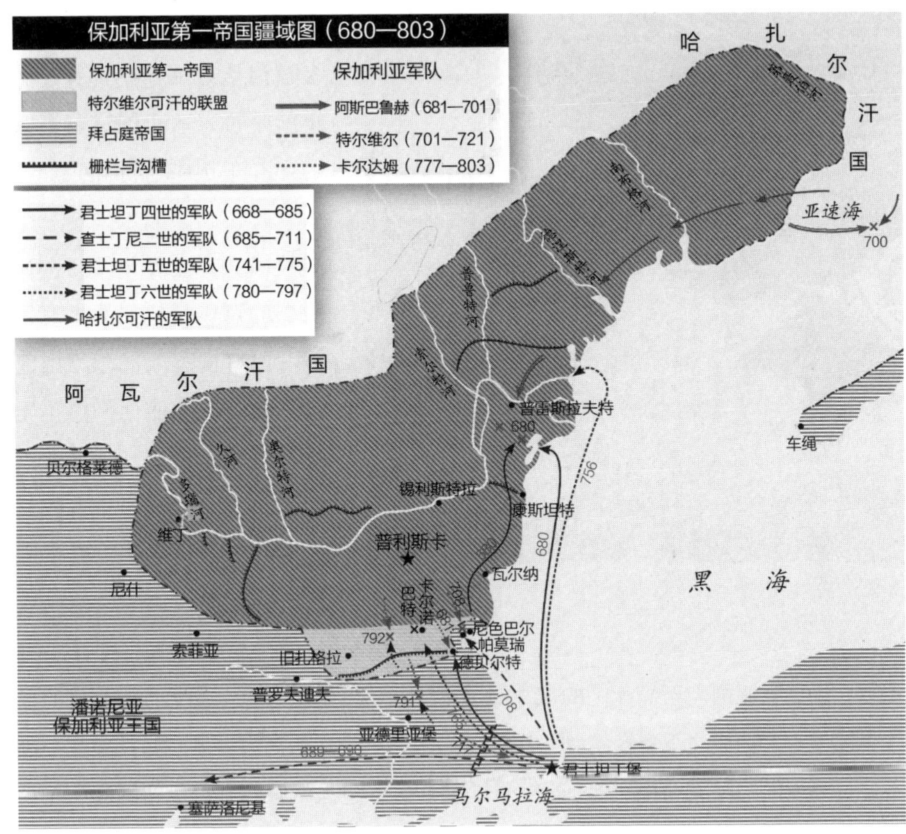

▲ *保加利亚疆域变迁图（阿斯巴鲁赫可汗到卡尔达姆可汗时期）*

地方——圣约翰教堂（Church of St John）。该教堂本为拜占庭俘虏建立的小教堂，鲍里斯一世为了接受洗礼专门下令对其进行扩建，并改名为“金色环状教堂”（Golden Round Church）[①]。该教堂位于大普雷斯拉夫城市中部，前圆后方，鸟瞰时如同一枚奶嘴。

说到保加利亚第一帝国，不少读者可能并不了解，甚至是没有听过。该国实际上是由保加尔人[②]阿斯巴鲁赫可汗（Asparuch，681年—702年在位）于681年建立的，是东欧历史上曾风云数百年的强国。国家最初的疆域，包括今保加利亚东北部以及

① 教堂于1927年被毁，今天只存大门遗址和地基，复原图可见当地售卖的地图。
②是保加利亚人口占多数的民族。

▲ *征战中的克鲁姆*

罗马尼亚的多布罗加地区，多瑙河恰好从其中部穿过。也就是说，这个国家与当时的拜占庭帝国毗邻而居。

起初，保加尔人是一个游牧民族，牧养牛羊、占据肥美的草场是他们的主要目标。但自从进入巴尔干山区后，崇山峻岭使他们再也无法大规模地放牧，于是便改为从事农业和渔猎，游牧从此退居二线。尽管改变了生活方式，但他们的政治制度依然保留了下来，即汗王独裁制。保加利亚国内至高无上的权力属于可汗，其下是由六位保加尔贵族组成的贵族会议。六大贵族之下各有统帅，在汗王提出要求时必须竭力满足。与其他几个进入拜占庭境内的民族一样，保加尔人作为后起者，也大量吸收拜占庭帝国的文化，渐渐将保加利亚转变为另一个缩小的拜占庭。

不过，正如法国著名历史学家布罗代尔（Fernand Braudel）所说，山区经常会向平原地区倾泻他们过剩的人口。正是这个原因，保加利亚与拜占庭一直处于时战时和的状态。一开始，保加利亚人虽然凶猛异常，但因为武器装备落后，基本是被拜占庭压着打，多次差点成为拜占庭的附庸国。不过随着时间的推移，到了克鲁姆在位时期，情况突然发生了逆转。

克鲁姆（Krum，803 年—814 年在位）可汗，因曾将拜占庭皇帝尼基弗鲁斯一世（Nikephoros Ⅰ，802 年—811 年在位）的头骨做成酒杯，而被保加利亚人尊称为“可怕的克鲁姆”。他原为保加利亚西北地区的波雅尔（boyar，又译为“波耶”），波雅尔是对保加尔世袭贵族的称呼[①]，这是一个在保加利亚仅次于国王的头衔，具

①保加利亚最早的波雅尔贵族体系是六大贵族，不过到克鲁姆后期时扩充到了十大贵族。

有绝对的权力。“boyar”这个词来源于突厥语：词根“Bey”代表“高贵、富有”，“ar”代表“人”，合在一起便是“高贵的人”。后来这个词又被东欧诸国、阿拉伯帝国、奥斯曼帝国等广泛使用，代表采邑贵族、州长、男爵等。如果有读者看过动画片《阿凡提的故事》，一定对“巴依老爷”这个称呼不陌生，其实这里的“巴依”就是“boyar”的音译。

796 年，卡尔达姆可汗（Kardam，777 年—796 年左右在位）病重，没有子嗣可以继承汗位。大波雅尔们为了成为下一任可汗，纷纷起兵，互相攻伐。卡尔达姆可汗约在该年去世，而可汗之位的有力竞争者——克鲁姆，也从这年起拉开了他统一保加利亚事业的序幕。克鲁姆首先将保加利亚西北地区平定，继而将当地收编的士兵迁往东部地区，并在数年内平定了大多数地方的叛乱。最后，波雅尔们一致同意，让他成为保加利亚的新可汗。他作为世袭贵族，结束了保加利亚近百年的混乱，实为首功一件。

成为可汗后，克鲁姆利用自己强有力的手腕，首次将保加尔贵族和斯拉夫贵族

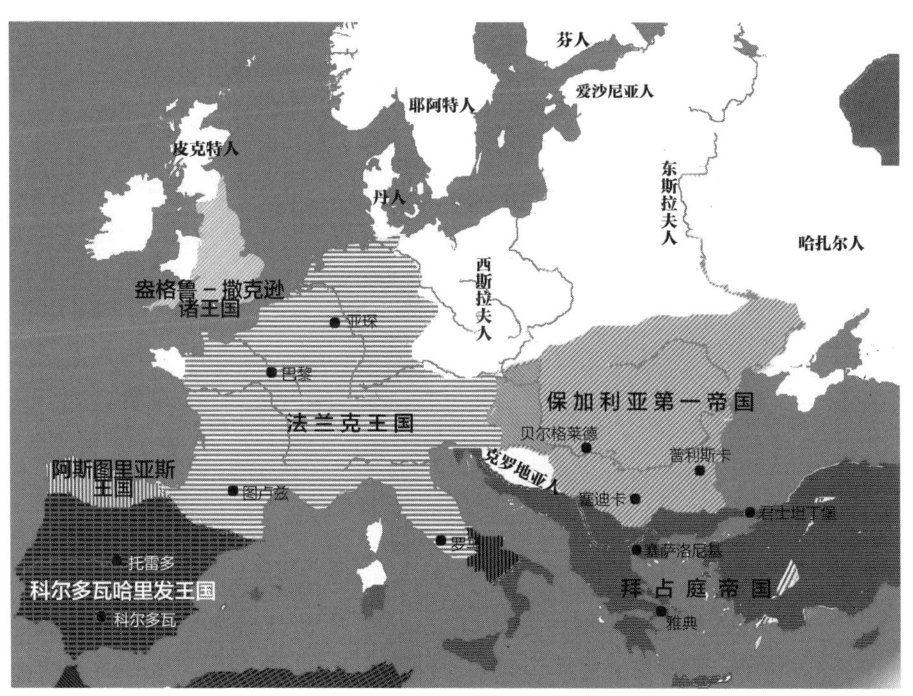

▲ *克鲁姆时期的欧洲地图*

统合在一个体系内，共同执政。他还进行了保加利亚第一帝国史上的第一次军事改革，增加了兵力、兵源与进攻能力。805 年，他借口要为被阿瓦尔汗国攻灭的潘诺尼亚保加利亚王国（Bulgarians in Pannonian）报仇，与法兰克王国联手灭亡了阿瓦尔汗国，令保加利亚的国土面积增加了一倍以上。随后的几代保加利亚可汗继承了他的衣钵，在之后的 50 年内，让保加利亚的国土又增加了两倍，领土包括今罗马尼亚全境、保加利亚全境以及乌克兰的西南部地区。

总之，到鲍里斯一世即位之时，保加利亚内外都有了深刻的变化。在内部，保加利亚人因为多次在与拜占庭人的战争中获胜，使大量拜占庭战俘进入保加利亚境内，这些人带来了他们的基督教信仰。要知道，相对于保加利亚的原始多神教信仰，基督教这样的一神教信仰更加适合保加利亚的君主集权模式。因此是否转换为基督教信仰，当时已经成为鲍里斯一世所必须面对的问题。在外部，保加利亚第一帝国也成了欧洲国力仅次于拜占庭帝国和法兰克王国的第三大国。对于如何在两大国之间求得平衡，鲍里斯一世也必须做出选择：与谁联合，从而确定共同去对抗谁。尽管鲍里斯一世曾选择与法兰克王国以及西方教会亲近，但在经历了长时间的政治、军事和文化方面的碰撞后，遭遇 855 年—856 年与拜占庭作战失败的鲍里斯一世，最终选择了拜占庭的东方教会，因而出现了文章开头描述的那一幕。

865 年 9 月 3 日晚上 8 点，大普雷斯拉夫全城灯火通明，城市中心大道更是被照得如同白昼一般。当然，灯光最璀璨的地方莫过于金色环状教堂。弗提乌斯一行人在众人的歌唱声中缓步前行，他们一路上向两旁的人撒着圣水，淋到圣水的人也默默划着十字圣号。当弗提乌斯一行人登上教堂祭台，教堂立即肃静下来，大家都在等着他们主持弥撒。在冗长的弥撒后，所有人都为鲍里斯一世及其家人的洗礼作了见证。

这时，教堂内外早已被围得水泄不通：教堂内部到处都是保加利亚的名门望族以及鲍里斯一世的贴身护卫，教堂外面则围满了一些低级军官和平民百姓。鲍里斯一世接受洗礼后，弗提乌斯为他起教名“米迦勒”，一个与拜占庭皇帝米哈伊尔三世（Michael Ⅲ，842 年—867 年在位）相同的教名。随后，在弗提乌斯的主持下，鲍里斯一世的妻子玛利亚（Maria）以及两个儿子弗拉基米尔・哈尔萨塔（Vladimir Hrasate，889 年—893 年在位）与加布里埃尔（Gabriel）一起接受了洗礼。就在仪式即将完成之际，鲍里斯一世突然抱来一个刚出生不久的孩子来到弗提乌斯面前，他说：“这是我的第三个儿子，名叫西美昂。我希望您也能为他洗礼，并成为他的教父。”弗提乌斯当即表示同意，为这个孩子主持了洗礼，并同样为这个新生儿起教名“米迦勒”。

▲ *鲍里斯一世受洗时的场景，大普雷斯拉夫壁画*

西美昂具体是何时降生的，我们并不知道。我们唯一知道的就是，鲍里斯一世要求为西美昂洗礼并恳请弗提乌斯做他的教父，这并不是说鲍里斯一世希望西美昂成为保加利亚未来的主人，而是希望他能成为帝国未来的教会领袖，协助其长兄弗拉基米尔共同治理国家。虽然他的用意是好的，但世事往往是有心栽花花不发，无心插柳柳成荫。

鲍里斯一世有四个男孩和两个女孩，男孩按长幼顺序为弗拉基米尔、加布里埃尔、西美昂与雅各（Jacob）；女孩则是安娜（Anna）与妹妹埃布莱克斯娅（Epraksiya）。其中，鲍里斯一世最喜欢的是弗拉基米尔和西美昂。因此，在随后的日子里，鲍里斯一世为西美昂请了全国最好的希腊文教师与神父来专门教导他。这些人大部分都来自希腊，有着非常丰富的学问和见识。幼年的西美昂在鲍里斯一世的有意培养下，逐渐成长为一名虔诚的基督徒。在老师们的谆谆教导下，他的保加利亚语和希腊语都说得非常流利，脑子里的知识更是十分富足。几年下来，西美昂的老师都称赞他能力超群。

与之相对地，他的哥哥弗拉基米尔则由鲍里斯一世亲自选择的极富政治素养和军事眼光的大臣们负责栽培，因为只有这些人才真正明白做一个国王应该具有怎样的能力和品质。正因为鲍里斯一世的有意培养，两人从此走上了两条完全不同的道路。

光阴荏苒，一晃就到了 878 年，这一年西美昂刚好 13 岁。在他这个年纪，游牧民族的后代，特别是保加利亚的男孩们早已能骑上马匹驰骋，弓马娴熟地与父兄们一起骑马打猎。在这样的氛围中，西美昂虽然一直在父王的约束下积极学习各类

▲*君士坦丁堡大教长弗提乌斯（左下）*

文化知识，但叛逆的性格也令他偷偷地学习骑射。对于这些，鲍里斯一世睁一只眼闭一只眼，并没有强加干涉。

这年10月的一天，鲍里斯一世习惯性地将西美昂叫到身旁，照例开始考校他最近所学知识的掌握情况。对于父亲的询问，西美昂总是对答如流，甚至有时竟然能提前猜到鲍里斯一世的想法。鲍里斯一世感到非常欣慰，便摸着他的头问：“我的小西美昂，你已经长成一个大人了，愿不愿意和我一起去沙皇格勒（Tsarigrad，是当时保加利亚人对君士坦丁堡的称呼）走一趟，去看看你的教父弗提乌斯？”西美昂想都没想便说：“我当然愿意和父王一起去，能受到父王的眷顾是我最大的荣幸。”鲍里斯一世非常高兴地说：“好，那你回去就收拾行装吧，过几天我们就走。”

实际上就在几天前，西美昂的老师便已经告诉过他，他的父亲想让他去君士坦丁堡继续学习。当时西美昂曾傻傻地问：“我听您告诉过我，现在很多国家都将王子送到敌国为质。不会我这次去就是成为人质吧？”他的老师哈哈大笑，告诉他完全不是那么回事，他的父亲只是在深思熟虑后认为，保加利亚已经没有什么可供他学习的了，只有到君士坦丁堡才能学到更深奥的学问，才有利于担负起未来成为保加利亚宗教领袖的重担，所以这是件非常好的好事，根本和人质没任何关系。因此，当西美昂听到父亲问他的时候，没有经过任何思考便答应了下来。

西美昂并不知道，这次同去君士坦丁堡的不只是他们父子俩以及一些随从，而是一个由近千人组成的队伍，这些人大部分都是保加利亚的青年才俊。按我们今天的话来说，这群人是去“北漂”，或者说该叫“君漂”。为什么鲍里斯一世会如此兴师动众地派遣这么多人去君士坦丁堡呢？

这是由于前一年，即877年10月的时候，拜占庭发生了一个重大变化。当时，君士坦丁堡大教长伊格纳提乌斯（Ignatios，847年—858年、867年—877年在位）去世，弗提乌斯再次被提名为君士坦丁堡大教长。对保加利亚一直采用亲近政策的他甫一上任，便写信给鲍里斯一世，重申可以协助鲍里斯一世将国家基督教化。对于“老朋友”伸出的橄榄枝，鲍里斯一世自然不会拒绝，因此他回信说希望用一年的时间，将本国的青年才俊聚集起来，送往君士坦丁堡学习。之后，鲍里斯一世更是决定每两年送遣一批人前往君士坦丁堡。待这些人学成归来，便能在保加利亚的各个角落生根发芽，从而成为保加利亚未来的中坚力量。因此，这一年鲍里斯一世便带着他的希望与西美昂一起来到了君士坦丁堡。

878年11月，鲍里斯一世一行人到达君士坦丁堡。在路上，这群“君漂”都在怀恋故土，但去拜占庭留学的机会仍然令他们向往不已。特别是进入拜占庭境内后，包括西美昂在内的所有人都为拜占庭帝国的先进文化和富庶惊叹不已。他们看到了无数的住房、殿宇、教堂、雕像、人群、军士……虽然充满异国情调，但是却大气磅礴。所有这一切和自己的家乡相比，简直就是一个天上一个地下。

到了君士坦丁堡，他们更是惊讶无比，高耸入云的城墙、宽阔的道路、满是人群的集市、庄严肃穆的宫殿、远山上的皇帝专用寝宫……无不透露出拜占庭帝国的强大与昌盛。随后，大家纷纷进了拜占庭人为他们安排的馆驿，西美昂则与鲍里斯一世到了弗提乌斯专门为他们准备的住所。

不过，如果西美昂早50年来的话，恐怕绝不会对君士坦丁堡产生任何向往之情，那时的它正处于毁坏圣像运动（Iconoclasm，726年—843年）的动荡之中。由于当时的拜占庭同时应对南部新兴的阿拉伯人与北部的保加利亚人，必须采取双线作战方略；为了获得更多的军饷以及士兵的拥护，拜占庭在皇帝的倡导下，对教堂、文化机构进行了疯狂的毁坏。这一时期的军人跋扈无礼，教士与知识分子则逐渐衰微。尽管拜占庭保全了帝国，且经济水平与收入成倍增长，但拜占庭的文化却遭受了空前的摧残，部分省份甚至因为这个原因而开始走向独立。在这场浩劫中，君士坦丁

▲君士坦丁堡大皇宫的壁画，现藏于德国柏林历史博物馆

堡也未能幸免，原本辉煌的文化之都遭到了重创，萎靡不振。保存着古典文化的教堂、修道院和部分学校被拆毁，一大批有学识的教士和知识分子逃离都城，剩下的人则另辟蹊径开始向世俗化转变，文化一度萧条。直到米哈伊尔三世在位时期，这一浩劫才宣告结束，君士坦丁堡再次成为全欧洲的文化之都。

第二天，鲍里斯一世会见了拜占庭皇帝巴西尔一世（Basil Ⅰ，867 年—886 年在位），西美昂则被安排去见大教长弗提乌斯。临行之前，鲍里斯一世一再叮嘱西美昂："弗提乌斯是你的教父，也是我的老友，他是一个无论学问还是能力都很厉害的人，在与罗马教皇的斗争中一直都处于胜利一方。我们国家的教会建设也多亏了他的协助，几位主教都是由他加冕的。我希望你能以恭敬的态度和他交谈，他一定会成为你的良师益友。"西美昂深深地点了点头。

不一会，一群教士领着西美昂来到弗提乌斯的会客处。在弗提乌斯面前，西美昂先是非常恭敬地宣誓了自己的信仰，背诵了《尼西亚信经》，接着开始礼貌地回答弗提乌斯提出的问题，并将自己学到的知识和能力告诉他。在经历了一番交谈后，弗提乌斯对他印象不错，表示鲍里斯一世将西美昂教得十分令人满意。

鲍里斯一世结束与巴西尔一世的会面后，便找到弗提乌斯了解他对西美昂的感官。弗提乌斯以实相告，称赞西美昂岁数不大却学问深厚。鲍里斯一世听后感到很满意，接着他向弗提乌斯提出希望能将西美昂留在君士坦丁堡由弗提乌斯亲自教导，以便快速成长为一棵栋梁之材。对于老朋友的请求，弗提乌斯自然满口答应，并希望鲍里斯一世能经常派遣一些保加利亚才俊来君士坦丁堡学习。

▲《尼西亚信经》，见于圣索菲亚大教堂壁画

鲍里斯一世见弗提乌斯已经答应，便回到住所去见西美昂。他首先称赞了西美昂这一天的表现，说了一些弗提乌斯以及自己对他的期望，接着他问西美昂："我的小西美昂，你还记得《圣经 · 马太福音》中耶稣对大弟子西门彼得（Simon Peter，1 年—64 年）说的那句关于未来教会的话吗？"

"当然，我清楚地记得那句话，原文是：'我还告诉你：你是彼得，我要把我的教会建造在这磐石上；阴间的权柄，不能胜过他。'没错吧？我最亲爱的父亲。"西美昂回道。

"回答得非常对！你知道我为什么给你起名叫西美昂吗？其实你的名字就来源于西门彼得，你要知道，我希望你能成为像他那样的人，我对你的未来充满了期待。我会将你暂时留在这里学习，你一定要好好跟着大教长进修。在我看来，你就是那块保加利亚未来教会的磐石。在未来，你学成之日，必将成为全保加利亚的主教。"由此可见，鲍里斯一世对西美昂的培养真是煞费苦心。

随后，鲍里斯一世及部分随从回到了保加利亚，西美昂则被留在君士坦丁堡学习各种知识。

拜占庭帝国的首都——君士坦丁堡位于欧洲东南角、巴尔干半岛东端、地中海与黑海的交界处。该城最早由希腊人建立，战略位置极其重要，3000 年来一直是兵家必争之地。罗马帝国君士坦丁大帝（Constantinus Ⅰ Magnus，306 年—337 年在位）在 330 年迁都于此，史称“第二罗马”（Secunda Roma）。如前所说，保加利亚人称其为“沙皇格勒”，后来的塞尔维亚人与基辅罗斯人也同样这般称呼君士坦丁堡。迁都后，拜占庭人为了使其能够长久抵御敌人，特意将城墙造得非常厚，而且在拜占庭帝国时期增加了数层城墙，还做了大量射击孔，上面布满军士，使它更加易守难攻。为了防范海上，拜占庭人更以巨大的铁锁链横在水面，没有政府的许可，寻常船只根本无法进入城市周围的海中。

君士坦丁堡城中有 2 座剧场、4 座巴西利卡（公众集会大厅）、8 个豪华的公众浴池、153 个私人浴池、52 道沿街柱廊、5 座粮仓、8 条高架水渠、14 座教堂、14 座宫殿和 4388 座贵族宅邸。在这些建筑中，最突出的莫过于三个中心——政治中心同时也是皇帝居所的大皇宫、宗教中心圣索菲亚大教堂（Hagia Sophia）和文化中心君士坦丁堡大学（Imperial University of Constantinople）。其中，大皇宫与君士坦丁堡大学都位于城市的南侧，圣索菲亚大教堂则位于城市的中东部。大教长弗提乌斯便将西美昂送入了这所当时世界上最著名的大学，让他研习希腊—罗马文化以及宗教学。

在大学里，西美昂学习数月之后，便通过了拜占庭传统的普雷普迪亚[①]考试。因为他是外国人，可以适当放宽要求，所以他获得了很不错的分数。此后按照综合分数，他被分配给一名教师由对方长期辅助学习。在这里，所有的课程都是循序渐进的，但老师们都比较严格，不乏各种体罚。即便如此，这里也受到全拜占庭人的向往，据统计先后有 10 位拜占庭皇帝在这里学习和生活过。而且，平民如果想进入拜占庭宫廷或教会，成为高级官员，就必须获得君士坦丁堡大学的文凭，由此可见这座学校的重要程度。

西美昂在君士坦丁堡大学最先学习了希腊文和拉丁文的基础文法、诗歌及修辞，接着进阶学习了德摩斯梯尼的修辞学、亚里士多德的三段论以及其他一些法学（《查士丁尼法典》及《罗马法》）和很多宗教学知识（特别是关于“和子”句的解释）。

① Propediya，即拜占庭初等教育，拜占庭 6 岁—9 岁的儿童都必须接受学习。

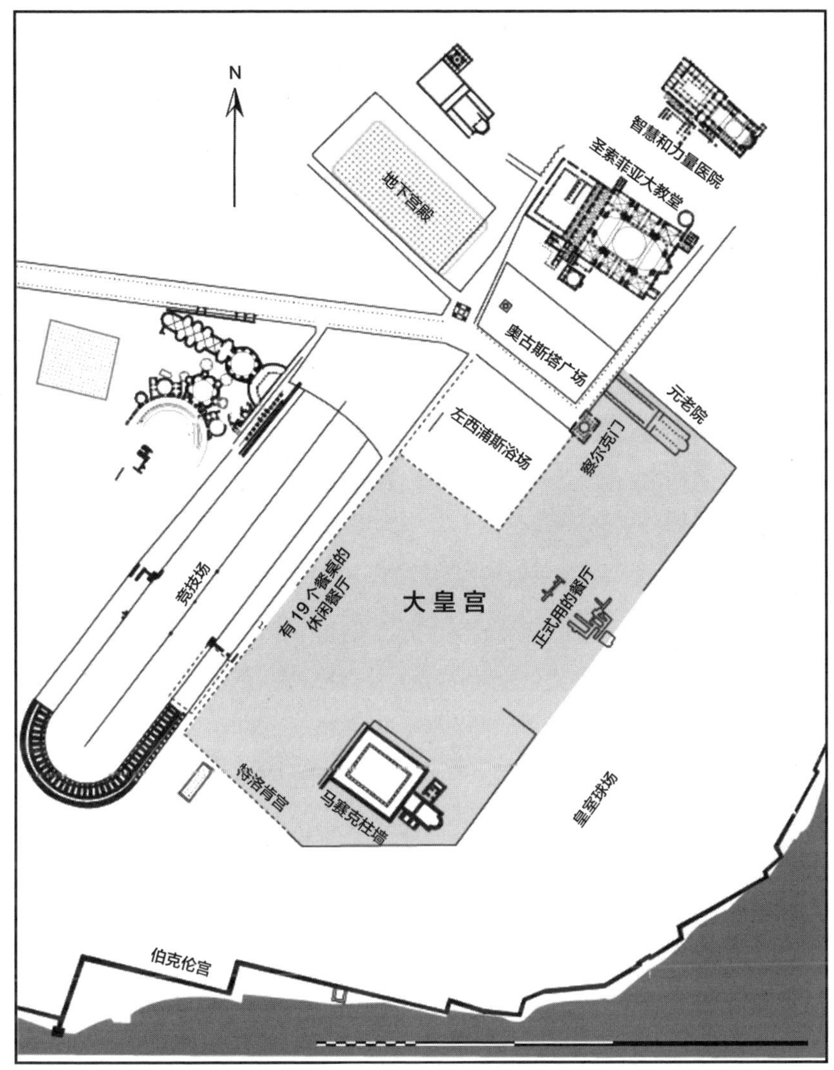

▲*君士坦丁堡大皇宫的地图*

我们有充分的理由证明，有些知识西美昂已经在保加利亚学习过了，但他还是努力往自己的脑子里填充更多的东西。我们不可否认，他在君士坦丁堡大学接触并学习到了过去在保加利亚根本无法想象之多的学问，以至于他在给鲍里斯一世的信中，多次流露出想在君士坦丁堡学习和研究一辈子的想法。即使是后来成为保加利亚国王，他也经常回忆起那段时间，并称之为一生中“最美好的时光”。

▲*君士坦丁堡大学遗址*

尽管君士坦丁堡大学要求很严格，几乎到了像军队一样的程度，但学校的生活绝对不是枯燥而乏味的。西美昂酷爱希腊古典文学与文化，为此特意加入了一个学校团体；他还曾经扮演过《圣经》中的大卫王，弹着竖琴歌唱。

西美昂除了如饥似渴地学习外，还利用业余时间游览了整个君士坦丁堡。在君士坦丁堡，君士坦丁堡大学与大皇宫仅有一墙之隔。在过去，君士坦丁堡大学曾经是大皇宫的一部分，作为皇帝的一个备用咨询机构而存在，后来才慢慢隔开。即便是如此，许多大臣，甚至是拜占庭皇帝还是经常去君士坦丁堡大学寻求帮助，而大学的教授也经常提出一些奇谈怪论，并对此乐此不疲。总体来说，君士坦丁堡大学是当时欧洲的学术中心之一，欧洲各国学者纷纷以能到这里学习为荣。

在这里，皇帝的威严、军队的肃穆、教士的权力、臣民的恭顺以及各式各样的建筑都给西美昂留下了深刻的印象，令他在未来的日子里对拜占庭帝国的模仿几乎到了亦步亦趋的程度。而且，在学校的学习，令西美昂接受到了在保加利亚从未接受过的人文主义教育。这一切使他的心灵发生了巨大的变化，成了精神与口才上的巨人。

西美昂快要毕业的时候，弗提乌斯特意邀请他与恺撒利亚的艾尔萨斯（Arethas of Caesarea，860 年—932 年？）见面。这位艾尔萨斯，可是拜占庭历史上非常著名的人物。他是弗提乌斯的学生，也是未来的卡帕多利亚主教（Archbishop of Cappadocia），还是拜占庭著名的神学家、文学家与书目学家，曾广泛收集古籍，并对其进行编目。在成为主教后，他成立了一个班子，专门抄写并批注古代各类书籍，特别是对苏格拉底、柏拉图等希腊哲学家，以及马克·奥利略这位罗马皇帝兼作家的作品进行保存。值得一提的是，在他批注的书中，竟然还保存了最早关于书价的记载。因为他的卓越成就，君士坦丁七世特意找到他，同意赞助他一笔钱，以写作一本百科全书。该百科全书名为《君士坦丁摘要》（Excerpta），里面包罗万象。不过，他最重要的功绩还是保留了大量的后古典时期与拜占庭时期史学家的著作，为我们今天研究拜占庭的早期历史，架起了一座桥梁。后来，他又编写了另一本百科全书——《苏达辞书》（souda）。该书以《君士坦丁摘要》为蓝本，广泛引用、旁征博引，内容比前书更详细、准确。

不过，这时的艾尔萨斯还未出名。他当时正在写作一部神学书籍，迫切需要协助，所以求助于弗提乌斯。弗提乌斯想到西美昂与他年岁相当，而且都是学问超群之人，便安排了这次见面。两人见面后，如同老友重聚，谈得投机，这令弗提乌斯非常高兴。他们的友谊持续了很久，即使后来西美昂成为保加利亚国王，他也时常与艾尔萨斯书信往来。

三年后，西美昂完成了君士坦丁堡大学的学业。弗提乌斯按照鲍里斯一世的要求，将西美昂送入君士坦丁堡附近的一所修道院。在修道院中，他令西美昂专门学习和研究神学，以备将来使用。同时，弗提乌斯还安排当时拜占庭最著名的隐修士阿森纳（Asenna）成为西美昂的老师，使其可以在神学的海洋中畅游无阻。这时的西美昂虽然并不十分喜欢宗教，但还是一如既往地遵从父亲的教导，努力学习各种神学知识。在这里，他经过了拜占庭基督教世界最严格的筛选，被允许成为永远的基督教教士，不再参与政事。

他在修道院学习期间，经常与父亲通信。他说他已经理解到父亲的深意，认为他的哥哥就是摩西，而自己就是亚伦，两个人只有同心协力，未来才能将保加利亚变成强盛的国家。这让鲍里斯一世感到，西美昂确实已经长大了。

在现存的弗提乌斯与鲍里斯一世的通信中，我们可以看出，西美昂并没有辜负父亲的期望。他勤奋地学习拜占庭人的知识，在各个方面都很出众。这点着实让鲍里斯一世感到非常欣慰。正如西美昂自己所说：“通过长时间的学习，我感到自己已从一个保加利亚人转变成了半个希腊人和半个保加利亚人的结合体。”

886 年，这是西美昂在君士坦丁堡的第 9 年，拜占庭皇帝巴西尔一世在一场狩猎中坠马身亡，其子利奥六世（Leo Ⅵ，886 年—912 年在位）即位，史称“智者利奥”。据拜占庭编年史记载，利奥六世很可能不是巴西尔一世的儿子，因为他的性格与巴西尔一世大相径庭，他是个“文学家”，也是个虔诚的基督教徒。其他一切都好，唯一的问题是，利奥六世非常不喜欢弗提乌斯，因此刚刚即位便罢免了后者，直接将其流放到亚美尼亚，再也不许他回到首都。之后，利奥六世另立其弟——16 岁的斯特法诺一世（Stephanos Ⅰ，886 年—893 年在位）为新的君士坦丁堡大教长。看到自己的教父被罢免，西美昂自知已无靠山，不能长久待在君士坦丁堡了。他马上向父亲修书一封，说了自己现在的情况，不等接到回信，便动身回家了。与他同行的，还有一些和他一起前来的保加利亚青年才俊。对于他们的不辞而别，利奥六世也未加管束，要求城门官一律放行。离开君士坦丁堡那天，西美昂还悄悄地回望了渐渐远去的君士坦丁堡那高耸的城墙。

▲ *利奥六世，圣索菲亚大教堂壁画*

从恭顺到叛逆

西美昂一生中只有一次违抗了父亲的命令，那就是这次私自回家。但如果从未来的发展来看，他这次的选择是非常正确的，因为随后发生的事恰好可以使他大显身手。鲍里斯一世对西美昂的行为并未过多苛责，反而马上派他到锡利斯特拉大主教约瑟夫一世（Joseph Ⅰ，870 年—893 在位，后成为保加利亚大主教）手下担任执事，让他好好熟悉一下保加利亚教会的情况。

在西美昂到君士坦丁堡“镀金”的 9 年中，保加利亚的国力已经得到了全方位的提升，业已呈现出一片欣欣向荣的景象。

在文化方面，鲍里斯一世做出了许多具有深远影响的改革。

首先，他废除了保加利亚的原始文字，转而接受君士坦丁堡传教士圣西里尔（Saints Cyril，约 827 年—869 年）与美多德（Methodius，约 815 年—885 年）创造的古斯拉夫字母。这种斯拉夫字母名为“格拉哥里字母”（Glagolitic alphabet），是由两人根据希腊字母创造的。但由于格拉哥里字母书写困难，最终未被普及。而后，一种新兴的、保加利亚人自己的文字——西里尔字母（the Cyrillic），终于被圣西里尔及其弟子创造出来。为了纪念他们，如今每年的 5 月 24 日都被定为斯拉夫文字节。

▲圣西里尔和美多德

其次，鲍里斯一世建立了大量的学校，令保加利亚的儿童可以从头学习新的文化。许多从希腊来的学者和专家，以及曾在君士坦丁堡学习生活过的保加利亚学者，纷纷将古代希腊—罗马文化和中古拜占庭文化传入保加利亚。

第三，他抛弃了过去的保加利

1	2	3	4	5	6	7	8	9	10	11	12	13	14	15
А	А	Б	В	В	Г	Г	Д	Д	Д	Е	Е	Е	ЙЕ	Ж
16	17	18	19	29	21	22	23	24	25	26	27	28	29	30
З	ДЗ	И	И	КХ	К	К	К	Л	Л	Л	М	М	М	Н
31	32	33	34	35	36	37	38	39	40	41	42	43	44	45
Н	Н	О	О	О	О	П	Р	Р	С	С	С	С	Т	Т
46	47	48	49	50	51	52	53	54	55	56	57	58	59	60
У	У	Ф	Х	Х	Х	ТХ	Ц	Ц	Ч	Ш	Ш	Щ	Ъ	Ъ
61	62	63	64	65	66	67	68	69	70	71	72	73	74	75
АЕ	ЙО	Ю	АН	АН	АН	АН	ЪА	УЪ	УЪ	Ъ	УА	СИ	ИШ	АН
76	77	78	79	80	81	82	83	84	85	86	87	88	89	90
91	92	93	94	95	96	97	98	99	100	101	102	103	104	105
106	107	108	109	110	111	112	113	114	115	116	117	118	119	120
121	122	123	124	125	126	127	128	129	130	131	132			

▲被鲍里斯一世废除的早期保加利亚字母

▲格拉哥里字母

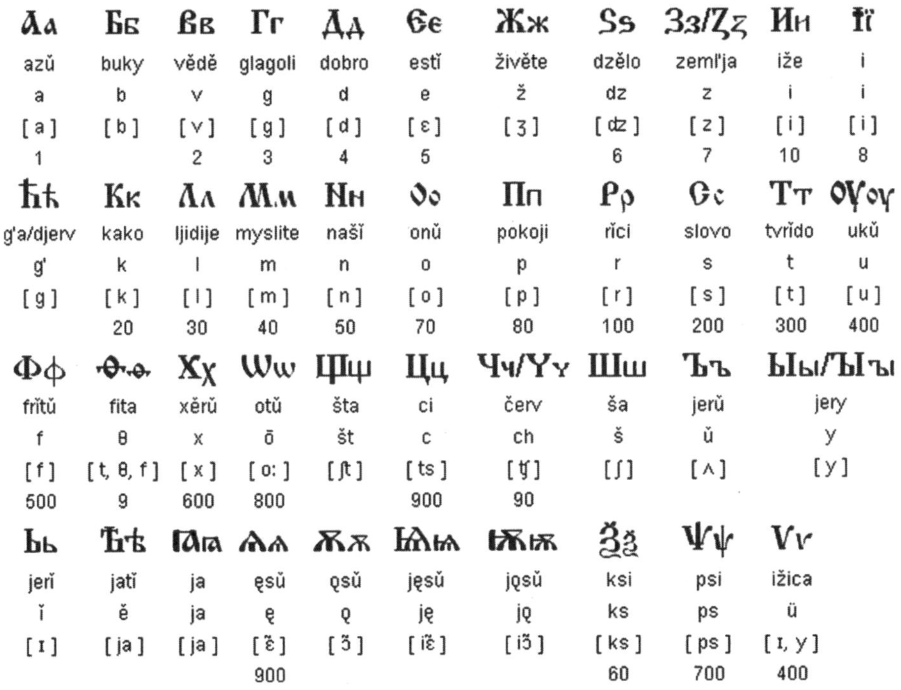

Аа	Бб	Вв	Гг	Дд	Єє	Жж	Ѕѕ	Зз/Ꙁꙁ	Ии	Іі
azŭ	buky	vědě	glagoli	dobro	estĭ	živěte	dzělo	zemľja	iže	i
a	b	v	g	d	e	ž	dz	z	i	i
[a]	[b]	[v]	[g]	[d]	[ɛ]	[ʒ]	[ʣ]	[z]	[i]	[i]
1		2	3	4	5		6	7	10	8

Ꙉꙉ	Кк	Лл	Мм	Нн	Оо	Пп	Рр	Сс	Тт	Оуоу
g'a/djerv	kako	ljidije	myslite	naši	onŭ	pokoji	rĭci	slovo	tvrĭdo	ukŭ
g'	k	l	m	n	o	p	r	s	t	u
[g]	[k]	[l]	[m]	[n]	[o]	[p]	[r]	[s]	[t]	[u]
	20	30	40	50	70	80	100	200	300	400

Фф	Ѳѳ	Хх	Ѡѡ	Щщ	Цц	Чч/Үү	Шш	Ъъ	Ꙑꙑ/ЪІъі
frĭtŭ	fita	xěrŭ	otŭ	šta	ci	červ	ša	jerŭ	jery
f	θ	x	ō	št	c	ch	š	ŭ	y
[f]	[t, θ, f]	[x]	[o:]	[ʃt]	[ts]	[ʧ]	[ʃ]	[ʌ]	[y]
500	9	600	800		900	90			

Ьь	Ѣѣ	Ꙗꙗ	Ѧѧ	Ѫѫ	Ѩѩ	Ѭѭ	Ѯѯ	Ѱѱ	Ѵѵ
jerĭ	jatĭ	ja	ęsŭ	ǫsŭ	ję̄sŭ	jǫsŭ	ksi	psi	ižica
ĭ	ě	ja	ę	ǫ	ję	jǫ	ks	ps	ü
[ɪ]	[ja]	[ja]	[ɛ̃]	[ɔ̃]	[jɛ̃]	[jɔ̃]	[ks]	[ps]	[ɪ, y]
			900				60	700	400

▲西里尔字母

亚习惯法，从已经在圣西里尔和美多德的协助下基督教化的大摩拉维亚王国（Great Moravia）引入了《斯拉夫民法典》（Slavic Civil Code），使保加利亚法律逐渐完善。

在宗教方面，鲍里斯一世首先命令圣西里尔和美多德的弟子们重新用西里尔字母组成的古斯拉夫语翻译《圣经》，以备未来的教会和民众使用。然后他引入了斯拉夫圣餐礼仪，并将大普雷斯拉夫变成保加利亚的第一个宗教中心。

在政治方面，鲍里斯一世完成了保加利亚的封建化，将原有的贵族与平民重新分为四个等级：第一等级为保加利亚传统贵族，即波雅尔；第二等级为斯拉夫贵族；第三等级为军士；第四等级为平民。然后，他根据等级的不同，收取相应的赋税。

由于在君士坦丁堡历练了多年，对于这些趋向拜占庭化的改变，西美昂并未感到任何不适，反而让他觉得充分展示才能的时候到了。他首先在普利斯卡 (Pliska，当时的保加利亚第一帝国首都）的教堂会见了圣西里尔和美多德的两个弟子克莱门特（Kliment，？—916 年）与瑙乌姆（Naum，830 年—910 年）。虽然我们并不知道他们谈论了什么，但年轻的西美昂具备极高的文学底蕴和才能，会说流利的希腊语和拉丁语，谈吐文雅，令两人印象深刻。第二天，两人向鲍里斯一世称赞西美昂能力超群，一致要求让西美昂加入他们的《圣经》翻译工作，成为他们的得力助手。鲍里斯一世非常高兴西美昂能得到两人的极高评价，立即同意了他们的要求。这为西美昂获得两人的协助，在未来成为保加利亚主教迈出了坚实的一步。而实际上，这两人也有他们自己的打算：若将未来的保加利亚宗教领袖收归门下，显然会增强人们对他们的认同感，壮大自己的力量。这一年，由于西美昂的加入，拜在两人门下的弟子有 3500 余人。次年，克莱门特到马其顿地区传教，以奥赫里德（Ohlid）为点向外辐射，在这里建立了保加利亚第一帝国的第二个宗教中心。

在普利斯卡，西美昂虽然一直致力于对“上帝”的研究，但绝对没有放松对权力的争夺。说起来，刚刚回到祖国的西美昂并不热衷于权力，然而当他与克莱门特、瑙乌姆等人交谈之后，了解到大摩拉维亚在几年前发生的事情，突然感到了没有权力的可怕，不得已开始了武装自己的历程。

实际上，圣西里尔和美多德原本是拜占庭派到斯拉夫世界进行传教的传教士，为的是对抗信奉犹太教的哈扎尔人（Khazars）的扩张，令他们不得染指传统上拜占庭文化辐射的东欧地区。两人不负众望，不仅顺利完成了将基督教传播到斯拉夫世界的任务，而且还以大摩拉维亚为中心，建立了君士坦丁堡以北的第一个宗教中心。

接着，他们在大摩拉维亚按照斯拉夫语的发音创造了以格拉哥里字母为载体的古教会斯拉夫文字，以便基督教在斯拉夫人中得到传播。但是，当一切都进行得如火如荼之时，大摩拉维亚突然换了新国王。该国王即位后，立即恢复了传统的斯拉夫多神教，甚至还将二人赶到国外。他们不得不请求罗马和君士坦丁堡等地的收留，并一直在那里住到去世也没再回到大摩拉维亚。他们的弟子大部分都外逃了，只有少部分仍旧在大摩拉维亚传教。不久后，他们最得意的弟子——克莱门特、瑙乌姆以及安哥拉鲁斯（Angelarius）因继续传教被投进监狱；没多久，又有数百弟子也被长期监禁。885 年，三人利用与他们亲近的一些大摩拉维亚富商的关系逃出城去，辗转来到了保加利亚，以求能够暂时栖身。他们仿照恺撒的话，告诉西美昂他们当时的想法就是：向往着保加利亚，为保加利亚学习和思考，希望保加利亚可以永远和平。而直到现在，他们也没有改变这个初衷。

实际上，在他们到来前，就有部分圣西里尔和美多德的弟子来到保加利亚进行传教，并且都受到了鲍里斯一世的欢迎。因此，三人到来后，立刻受到了鲍里斯一世的热情款待。在宫中，鲍里斯一世向他们提出了自己强行推行基督教遇到的一些问题。三人根据当时的时局，发表了自己的意见，又向鲍里斯一世提出了中肯的建议，并说服鲍里斯一世继续推行下去，相信最终定能取得胜利。由于三人的口才和能力实在出众，鲍里斯一世马上宣布他们为保加利亚教会的主保（Patron），以加速保加利亚基督教化的进程。然而，安哥拉鲁斯因为伤势过重，加上逃亡路上过于辛苦，一个月后就不幸去世了。

由于鲍里斯一世收留他们并委以重任，还将保加利亚的未来主教也安排到他们身边一起研究神学，可以说给予了他们的最珍贵的礼物；克莱门特、瑙乌姆决定将自己的遭遇作为同样珍贵的礼物送给西美昂，希望他能以此为戒，不要重蹈覆辙。克莱门特、瑙乌姆等人还特意在交谈中告诫西美昂，他的哥哥弗拉基米尔由于受的是上层波雅尔的教育，对基督教十分抵触；一旦鲍里斯一世去世，西美昂也许就会沦落到与他们一样的境地——轻则流放、重则处死，而且比起他们俩，西美昂的结局或许会更加悲惨。

此时的保加利亚，波雅尔迫切等待的，就是鲍里斯一世的去世。西美昂深感时间紧迫，他明白只有自己迅速扶植大量党羽，才能逃过劫难，而绝对不能当事事都听父王的忠顺孩子，否则鲍里斯一世去世之时就是他失败之日。自此，他开

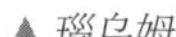

▲瑙乌姆

▲克莱门特

▲圣瑙乌姆修道院的地基

始偷偷收拢人才，作为自己的左膀右臂。瑙乌姆将西美昂的小动作看在眼里，也愿意协助他，帮他聚拢各类合适的人才。由于西美昂在君士坦丁堡“镀过金”，瑙乌姆也是鲍里斯一世面前的红人，因此当他们振臂一呼时，立刻得到了很多人的响应。响应的人有少量保加利亚波雅尔、大量斯拉夫贵族以及不少愿意信奉基督教的平民百姓。

887 年，一些礼仪书籍与灵修书籍被翻译成了使用西里尔字母的古斯拉夫语，经鲍里斯一世手下的官员审核通过，开始在保加利亚全境发布。此时的保加利亚在鲍里斯一世手里已经基本变为一个基督教国家。与此同时，那些曾与西美昂一起去君士坦丁堡学习的青年才俊们也纷纷回到祖国，他们中不乏各方面的佼佼者，皆在为兴盛自己的国家而奋斗。这群人逐渐聚拢到西美昂身旁，形成了一股新兴力量。瑙乌姆则非常有远见性地在大普雷斯拉夫建立了保加利亚的第一个修道院——圣瑙乌姆修道院（St. Naum Monastery）。几年后西美昂即位时，保加利亚的第一个女修道院也被建立起来，西美昂的妹妹埃布莱克斯娅成了该修道院的院长。

圣瑙乌姆修道院建立后，鲍里斯一世经常光临，在这里与瑙乌姆以及西美昂等人一起谈论基督教传统以及国家未来的发展方向。在交谈中，鲍里斯一世经常流露出自己的真实想法，表示希望将位子传给长子弗拉基米尔，而自己则成为一名修士，在修道院中度过残生。谈话中，鲍里斯一世还时不时会说出一些自己过去与克莱门特、瑙乌姆等人初次会面的场景，同时还有对保加利亚未来的展望。从这些话语中不难看出，他对未来充满了信心。在圣瑙乌姆修道院，洞悉了父王许多想法西美昂将他的谈话牢记在心，并在下一次聊天中有意无意地透露出自己也有类似的想法。而这，也成为他后来成为国王的契机。

888 年底，鲍里斯一世突患重病，数日卧床不起。他自认为时日无多，便要求大臣们为他准备退位仪式，然后到修道院静养。889 年初，鲍里斯一世宣布退位，将王位传给了长子弗拉基米尔，自己则退隐到圣瑙乌姆修道院修行，成了一名修士。《奥赫里德大主教史》为这件事增添了神话色彩，写道："那一天，天使来到了鲍里斯一世的榻前。他告诉鲍里斯一世，耶稣基督即将结束地面上王国的统治，鲍里斯一世作为一个虔诚的信徒，应该放弃世间的权柄，跟随基督。王位应该让给长子弗拉基米尔，鲍里斯一世则归隐修道院，等待那一天的到来。因此，他开始每日虔诚地祈祷，做各种慈善活动，希望那一天尽快地到来……"

在修道院，鲍里斯一世也没有闲着，他将一些逃亡到保加利亚的圣西里尔和美多德的弟子集中起来，与西美昂以及从君士坦丁堡学成归来的青年才俊一起，翻译来自于拜占庭的宗教书籍和文学作品。西美昂尽管仍旧在私下培植党羽，但他还是紧跟父亲的脚步，与其他人一起将大量作品翻译为古斯拉夫语。这些人因为懂得希腊语与拉丁语，所以翻译得又快又好，令鲍里斯一世感到非常满意。

至于即位后的弗拉基米尔，他实行的政策完全与鲍里斯一世指定的国家发展方向背道而驰。弗拉基米尔原名哈尔萨塔，教名为弗拉基米尔。在成为国王后，他首先恢复了自己的原名，不允许其他人再叫他的教名。他极好打猎，经常因为打猎而耽误政事，使政府处于一片混乱之中。一些反对鲍里斯一世改革的保加利亚波雅尔看到了攫取权力的机会，自然不会放过。早在 10 年前，十大家族的保加利亚波雅尔就曾因为反对鲍里斯一世的改革而叛变，他们显然不希望斯拉夫人和世袭保加利亚人平起平坐；但他们不久便被击溃，52 名保加利亚波雅尔被砍头示众。他们的朋友和后代对鲍里斯一世怀恨在心，再加上前一年鲍里斯一世曾经重病，便认为"老头子"时日无多，极力挑唆弗拉基米尔与鲍里斯一世的关系。接着，他们在弗拉基米尔的老师们的协助下，将鲍里斯一世建立的基督教仪式和传统全部废除，重新将保加利亚原始宗教放在首要位置。一时间，鲍里斯一世制定的保加利亚内外政策全部被废，一夜之间好像重新恢复到鲍里斯一世之前的混乱时期。

▲保加利亚修道院壁画

891 年，弗拉基米尔在身边波雅尔的怂恿下，将鲍里斯一世在位时期翻译的《圣经》和其他书籍都斥为异端，予以烧毁，只有修道院才可以保留一些。接着，他又切断了鲍里斯一世长久以来与大摩拉维亚王国的同盟关系，差点将国家拖到战争的边缘。

当时，阿努尔夫（Arnulf，887 年—899 年在位）统治下的东法兰克国力强盛，意图将大摩拉维亚纳为附庸，但是大摩拉维亚国王并不同意。两国召开了多次会议都未达成共识，最终阿努尔夫决定对大摩拉维亚用兵。可是，由于保加利亚与大摩拉维亚的同盟关系，他并不敢贸然进攻。不过，当阿努尔夫听说保加利亚新国王重新恢复旧传统后，立即于 892 年 9 月派使者送来丰富的贡品，要求保加利亚解除与大摩拉维亚的同盟关系，并再也不供给大摩拉维亚食盐。

面对丰厚的礼品，弗拉基米尔同意了东法兰克的请求，立即解除了与大摩拉维亚的盟约，也不再供给对方食盐。次年，弗拉基米尔的使者前往东法兰克王国，表示愿结成同盟，共同对付大摩拉维亚。之后，两国签订条约，互为同盟，约定如果有其他国家侵略一方，另一方必须出兵协助。由于东法兰克王国属于西部教会，阿努尔夫还希望弗拉基米尔也能与他一起接受基督教西部教会的信仰。相对于东部教会，西部教会的确更加宽松，而且教皇也私下许可保加利亚保持原有的宗教传统。对于不想遵守基督教礼仪的弗拉基米尔来说，这是个不错的方案，立即点头表示同意。当年，大摩拉维亚王国战败，沦为东法兰克王国的附庸。在解除了东部的后顾之忧后，阿努尔夫南侵意大利，于 896 年被教皇加冕为“罗马皇帝”。对此，拜占庭帝国表示十分愤慨，准备陈兵边境，教训一下保加利亚。

这一切的改变，自然瞒不过一个人的眼睛。弗拉基米尔连同那些波雅尔们并不知道，身在修道院的鲍里斯一世并未完全放弃权力，他还是这个国家的实际领导者。

▲ 大普雷斯拉夫的鲍里斯一世雕像

鲍里斯一世知道，如果再任由长子这样胡来，不久就会将保加利亚拖入深渊，轻者则国家混乱，重则陷入战争旋涡，甚至导致国家走向分裂与灭亡。因此，见势不妙的鲍里斯一世立刻召集忠于他的臣子和军队领袖，用武力强行将弗拉基米尔与阿努尔夫订立的盟约撕毁，然后借用拜占庭的力量向东法兰克王国施压，强迫对方撤回使者，并承认盟约无效。鲍里斯一世先是将一些带头反对他的波雅尔逮捕关押起来；随后将保加利亚大主教罢免，改立锡利斯特拉主教格奥尔基（Georgius，893 年—917 年在位）为保加利亚大主教，克莱门特为奥赫里德大主教（893 年—916 年在位）。之后，鲍里斯一世将弗拉基米尔眼睛刺瞎，投入监狱。

不过，对于这一事件的记载，无论拜占庭人还是保加利亚人都语焉不详。虽然他们很多都是亲历者，但因为鲍里斯一世的伟大形象早已深入人心，他们不愿意破坏其光辉形象，所以采用了春秋笔法。现在我们只能依靠少量的资料推断当时的情况，终究不能得到更多细节。

只是，笔者查看了当时的世界形势，认为弗拉基米尔的选择还是比较正确的。按照可信的记载，弗拉基米尔即位时至少 50 岁了，丰富的阅历令他对国际形势有着比较清晰的判断；而且新主加冕后急需帮手，为了团结身边的波雅尔，最快的办法莫过于给予他们部分利益，从而拉拢到这些人。

先来看国际形势。884 年，“胖子”查理（Charles Ⅲ，876 年—929 年在位）曾短暂地在名义上统一了东、中、西三个法兰克王国，但内部依旧混乱不止。因此仅仅三年后，他的侄子阿努尔夫便推翻了他的统治，帝国再告分裂。阿努尔夫统治了东法兰克王国，他在位期间，南征北战，几乎和所有邻居都交过手，赢多输少的胜率使东法兰克的版图迅速扩张。对于他们的东邻——大摩拉维亚，阿努尔夫更是处心积虑地从政治、宗教、军事方面进行了全方位的入侵。弗拉基米尔即位时，阿努尔夫已基本取得了对大摩拉维亚的战争胜利。

相比阿努尔夫的东法兰克王国，利奥六世统治的拜占庭可就不那么乐观了。

200年前，阿拉伯帝国崛起，成为拜占庭最大的敌人。在200年的战争中，拜占庭人节节败退，丢失了非常多的领土。虽然从马其顿王朝开始，拜占庭人进入了战略反攻阶段，但也仅限于小亚细亚和意大利南部的争夺，其他地区则全部落于阿拉伯人之手。到利奥六世执政时期，拜占庭在小亚细亚的领土又缩小了不少，帝国已经处于岌岌可危的边缘。

在这种情况下，弗拉基米尔选择与处于上升期的东法兰克结盟是无可厚非的。而且在历史上，保加利亚与拜占庭一直时战时和，而与东法兰克之间却没有过战争，选择和谁合作已经没有悬念了。同时，鲍里斯一世在位时，教皇曾数次与君士坦丁堡大教长争夺保加利亚的宗教信仰，期间大教长一直处于劣势，是拜占庭的军队才令鲍里斯一世就范，融入东方教会的。

这样分析下来，弗拉基米尔的选择并没有什么问题。相反，鲍里斯一世显然是忌惮拜占庭人才会选择继续与他们联合的，而这确实对未来产生了不可估量的影响。

鲍里斯一世重新出山后，以雷厉风行的手段迅速将弗拉基米尔拉下王位，这等魄力着实让那些蠢蠢欲动的波雅尔们大吃一惊，再不敢有非分之想。他们立刻与那些被关起来的波雅尔们撇清关系，纷纷向鲍里斯一世表示忠心。

在一百多年前的766年，这些波雅尔曾利用手中的实权，推翻了萨宾汗（Sabin，765年—766年在位）的统治，使保加利亚进入了为期40年的混乱时期。此后几任保加利亚可汗忌惮于他们的力量小心行事，但还是没有几个能长久稳坐王位，直到克鲁姆统治时期采取大削大砍的方法，才将这些世袭贵族们的实权剥夺，并培植亲信将波雅尔们的反抗扼杀在摇篮之中。之后他们仅仅只是作为一个咨询机构般的存在，这一改变使保加利亚向君主集权又迈出了坚实的一步。

当这些波雅尔纷纷向鲍里斯一世磕头表衷心的时候，他做出了一个决定：将他的第三个儿子西美昂扶上王位，成为保加利亚新的国王，史称“西美昂一世”（Simeon Ⅰ，893年—927年在位），又称“西美昂大帝”（Great Simeon）。

西美昂登基前，鲍里斯一世警告他，败家容易兴家难，他的哥哥已经犯下了错误，以后必须要按照自己这个父亲的既定方针行事，即继续将保加利亚基督教化，从而形成政教合一的国家。如果敢于违逆，西美昂必将受到比他的哥哥更为严厉的惩罚。

在鲍里斯一世次年再次回到修道院到907年去世的这段时间里，西美昂身边一直有人在监视他的一举一动，这些人只要发现问题就会立刻向鲍里斯一世回禀。

左右为难的国王

893年4月，即将登基的西美昂告别了他的教士生涯，准备离开圣瑙乌姆修道院。临走之前，瑙乌姆曾与他多日彻夜长谈，一来是倾诉别离之苦，二来是分析保加利亚未来的发展方向和西美昂如何治理国家等问题。

4 月中旬，西美昂上了路。22 日，天空突然下起了雨，他不得不寄宿在一个村庄中。在这里，他和他的随从们得到了热情的款待。宴席中，他并没有透露自己是保加利亚的新国王，只是让人以为自己是个富家子弟。即使如此，他的气度还是吸引了一些小伙子要求与他同行，希望将来成为他的左膀右臂。也就在这时，一位坐在火堆旁的姑娘引起了西美昂的注意。她的名字叫黛博拉(Deborah)，是村长的女儿。她长得花容月貌，从来都是村里小伙子们争相追求的对象，但是她以希望陪在父亲身旁为由统统拒绝了，至今还是单身。西美昂自然也被她的美貌所吸引，不仅问了她的名字，还向村长提出希望她能成为自己的妻子。可是黛博拉拒绝了他，理由仍旧是想待在父亲身边。

晚上，西美昂独自一人在河边散步，黛博拉悄悄来到西美昂身旁，对他说："明天是圣乔治节（St George' s Day），我希望你能找我跳舞。"圣乔治节这天，村里的人会在广场上举行舞会，如果西美昂能成功邀请到黛博拉跳舞，这一次她愿意成为他的新娘。

第二天傍晚，西美昂早早就来到广场，他穿着闪亮的衣服，外披大氅，更显少年英武。他坐在篝火旁等待，可是一直到舞会开始，黛博拉还没出现。随后他又等了约一个钟头，才看到黛博拉姗姗来迟。她头戴花冠，穿着一袭白裙，再加上缓慢的步伐，更显楚楚动人。几个年轻小伙子立刻上去邀请她跳舞，但都被拒绝了。西美昂随即起身，向她伸出了友好的手，黛博拉搭上他的手，缓缓起身，与西美昂一起加入了跳舞的人群。

次日，赶着回去继承王位的西美昂必须得走了，他向村长告了别。同时，他对黛博拉表示，过些日子一定来接她，让她得到一个盛大的婚礼。

5 月 1 日，西美昂在金色环状教堂宣布自己脱掉法衣，不再是一名教士，以后将为保加利亚的复兴肝脑涂地。在举行了多天的斋戒后，15 日，鲍里斯一世为西美昂举行了盛大的登基仪式。这次仪式首次引入了主教加冕仪式，即由保加利亚大主教格奥尔基为他加冕。

5 月 15 日清晨，加冕仪式在金色环状教堂举行，所有波雅尔、大臣和将军都参加了。当天，保加利亚大主教格奥尔基站在祭台之上，左边是西美昂的父亲鲍里斯一世，其他人等都在祭台之下站立。祭台之上有一个托盘，里面放着那顶保加利亚国王才能戴的王冠。西美昂随着唱诗进入了教堂，他从未想到自己竟然有当上国王的这一天，更没想到可以享受保加利亚历史上第一次由主教加冕的仪式。西美昂跪在祭台前，主教为他做了祝福，接着将王冠戴在他的头上。这时，唱诗再次响起，大家都报以了热烈的欢呼："西美昂国王万岁！"半分钟后，大主教格奥尔基用双手示意大家可以了，随即带领大家划了十字圣号。

由于这次加冕是保加利亚有史以来的第一次，所以仪式并不烦琐，但却预示了保加利亚将拥有新的未来，更重要的是它代表着保加利亚已经完全融入了基督教社会。仪式完成后，西美昂正式成为保加利亚新的国王——西美昂一世！

说起来，鲍里斯一世用了足足 23 年的时间，才将保加利亚的文化与教育改革为先进的拜占庭式。西美昂一世的早年生活贯穿其中，他当然了解父亲的苦心，而他的即位仪式也正式宣布保加利亚成为一个名副其实的基督教国家，所有人都应当按照基督教传统生活。

随后，西美昂一世下达了即位以来的第一条命令。这条命令竟然是要求教士们算出上帝创造世界的那一天是什么时候！不管别人对这条命令如何反应，鲍里斯一世都感到非常高兴，他心里暗暗认为自己没有选错接班人。当然，接下来还有件重要的事要做，那就是选择皇后。

▲ *西美昂一世，保加利亚画家胡德・贝尔巴托夫绘于1927年*

在这个问题上，西美昂一世坚决要求选择黛博拉成为自己的皇后，但是鲍里斯一世却坚决不同意，他说："为了尊严和神圣性，我必须给你选择一个波雅尔的女儿。黛博拉只是一个村长的女儿，而且也不是我同意过的，所以我绝不会让你娶她当皇后！”西美昂一世非常懊恼，尽管他数次试图说服自己的父亲，但鲍里斯一世就是不同意。没办法，西美昂一世只得暂时把这件事放下，他希望过段日子再说，也许到时父亲就会同意了。与此同时，他派出了一名亲信去给黛博拉送信，说可能要迟一些时候迎接她，但娶她为妻的心不变。

不料几天后，鲍里斯一世就为西美昂一世物色了一名忠于自己的保加利亚波雅尔的女儿奥拉（Ora），成为西美昂一世的皇后。尽管婚礼十分盛大，但西美昂一世一点都高兴不起来。

到此，西美昂一世的登基仪式业已全部完成，鲍里斯一世又回到了修道院。

5 月 27 日，保加利亚大主教告知已经算出上帝创造世界的时间：上帝于公元前 5508 年创造世界，这一年是上帝创造世界的第 6401 年。很显然，这是照搬 787 年尼西亚召开的第二次尼西亚公会议的决定，并将其奉为圭臬。之后，保加利亚各种文件都按照这个纪年法来记录。1116 年，罗斯人将保加利亚人的纪年法学了去，并开始使用，以表示其为基督教国家。其实，罗斯人还学习了一大堆保加利亚创造的东西，这会在后面一一指出。

同年，《圣经》76 卷本全部用古斯拉夫语翻译完毕，西美昂一世当即宣布在全国进行普及。另外，由于此时保加利亚的文盲程度很高，几乎达到 90% 以上，他又根据克莱门特的建议，宣布在教堂内制作彩色弦窗，在上面绘制各类彩色的《圣经》故事图，可以让保加利亚人都能“看懂圣经”。

由这一系列措施可以看出，西美昂一世正在努力用肩膀承担起这个国家。在鲍里斯一世时期，保加利亚已经基本完成了基督教化，尽管这种改变是从上到下强制进行的；但这一行动，不仅令保加利亚增强了凝聚力，使国家趋于稳定，也为西美昂一世在位时期的强盛，打下了坚实的基础。西美昂一世只要顺着鲍里斯一世的要求继续去做，他将没有任何阻碍地完成一项伟业。

893 年末，在鲍里斯一世的支持下，西美昂一世宣布将首都从普利斯卡迁到大普雷斯拉夫。他征集了大量能工巧匠，命令他们仿照君士坦丁堡的样子，建造保加利亚的新都城。在随后的 28 年里，西美昂一世忠实地执行了父亲的要求，不仅将城市建设得富丽堂皇，向君士坦丁堡靠拢，甚至还直接这座城市命名为“第三罗马”，堂而皇之地表示保加利亚第一帝国就是拜占庭帝国的继承者。

在大普雷斯拉夫的扩建中，西美昂一世不仅将宫廷完全仿照君士坦丁堡大皇宫布置，连宫殿名也参考对方命名；此外，金色环状教堂的格局也参照圣索菲亚大教堂重新设计，街道格局则仿照君士坦丁堡街道铺设。他还要求所有人使用拜占庭的礼仪，自己则经常身穿“织了金线的长袍，戴着金光闪闪的金项链，腰间扎着紫色腰带，双肩披挂着珍珠玛瑙，还佩戴着黄金制的宝剑”。

西美昂一世之所以做出迁都的决定，主要有两个方面的因素。第一，普利斯卡是保加利亚一直以来的都城，当地的贵族势力盘根错节，想要施行一项新法令，往往阻力重重，到处都会遇到贵族们的反对。索性不如迁都，抛弃旧都城，这样未来的一切法令执行起来也会更加容易。第二，大普雷斯拉夫在鲍里斯一世统治时期已开始成为保加利亚最大的宗教中心，而西美昂一世即位后必将继续贯彻他的宗教政策，如果在大普雷斯拉夫定都，定然能政教合一，事半功倍。

893 年 8 月，西美昂一世即位已经 3 个月了。此时的他基本习惯了宫廷生活和礼仪，还有大臣们的奏事方式。在西美昂一世的宫廷中，希腊语与斯拉夫语并行，在他看来，说这两种语言的任何一种都可以，毕竟作为一个曾去君士坦丁堡留学 9 年的人，他的希腊语也是很娴熟的。但一些没学过希腊语的波雅尔们就不太高兴了，他们经常听得云里雾里，认为是西美昂一世是在故意疏远他们。

某一天，西美昂一世收到父亲鲍里斯一世的旨意，要求他去一趟修道院。

▲大普雷斯拉夫宫殿遗址复原图

次日，西美昂一世来到修道院。在见到父亲后，他立刻获得了一通批评：“西美昂，你是对我的老臣们不满吗？这样疏远他们，你应该先问问我同意不同意！”虽然西美昂一世丈二和尚摸不着头脑，但还是跪在地上希望父亲说清楚原委，并原谅自己犯下的错误。

鲍里斯一世见西美昂一世非常诚恳，便将事情的原委告诉了他。

原来，这些年由于《圣经》的影响，以西里尔字母为载体的斯拉夫语开始盛行，而这也带来了另一个问题，那就是希腊语的式微。十多年前，鲍里斯一世统治下的保加利亚一度非常推崇希腊语，他曾说：“希腊语是世界上读音最优美、拼写最漂亮的文字。”不过那时候，保加利亚人自己的语言还没完全成型，往往只有读音而没有文字，即使有也仅仅只是一些简单的文字与刻画。这些文字和刻画被称为“早期保加利亚字母”，今天大部分已被释读出来。希腊语作为一种成熟的语言，美丽的字母、完整的单词、优美的语调无时无刻不在冲击着保加利亚的知识分子们。从现存的保加利亚碑刻也能发现，在鲍里斯一世之前，碑刻都是用希腊文拼写斯拉夫语的，可见斯拉夫语根本就还未形成一个完整的体系。此外，留学到君士坦丁堡的那些“君漂”们学习的也基本都是希腊语，回国后的他们纷纷以会希腊语为荣，彰显自己的与众不同。

但十几年后的 9 世纪下半叶，事情发生了转变，一种属于保加利亚人自己的全新文字——西里尔字母终于被创造出来。而后翻译的书籍，尤其是《圣经》完全都是由这种文字写成的。在教会、学校，以西里尔字母为载体的斯拉夫语在这十几年中渐渐占了上风。

因此，鲍里斯一世认为，现在是时候逐渐抛弃希腊语，向斯拉夫语倾斜了。正好这时候，老臣们对西美昂一世在宫廷中用希腊语议事感到反感，认为是疏远他们，便向鲍里斯一世请求，宫廷内统一改用斯拉夫语，不再使用希腊语。这一要求恰好顺了鲍里斯一世的意，所以他将西美昂一世叫来，就是希望他能借助这些老臣们的力量，将希腊语从保加利亚逐渐铲除。这样做，一方面可以增加保加利亚人的民族自豪感，另一方面也可使拜占庭对保加利亚的文化侵略达到最小，实现保加利亚的独立性。

西美昂一世马上明白了鲍里斯一世的用意。而经过了这件事，西美昂一世也明白了一个道理：大事一定先向父亲禀报，不要自作主张！

回到普利斯卡的当晚，西美昂一世便请了老臣们一起议事。

893 年 12 月，西美昂一世在大普雷斯拉夫发出通告，宣布废除希腊语，将斯拉夫语作为保加利亚第一帝国的官方语言。同时，教会只可用斯拉夫语做弥撒和传教，不再使用希腊语。

斯拉夫语替代希腊语成为保加利亚官方语言这一政策，令许多原本在保加利亚讨口饭吃的希腊知识分子立刻没了饭碗。尽管这些人为数不多，但很多都是当时保加利亚文化的中坚力量，弟子和再传弟子颇多。为了维护自己的利益，他们组织起来，与许多门生及仰慕者共同要求重新开设希腊语课。从首都开始，不少保加利亚大城市都出现了此类情况。西美昂一世的统治眼看就要出现问题。

西美昂一世当然不会像他的哥哥那样，傻傻地看着反对党们崛起。他从国库里拨出一笔钱，专门分发给那些希腊语教师和教士，让他们不至于空手而归。而少量优秀的希腊语教师则被西美昂一世奉为上宾，允许继续在保加利亚各学校任教。对于西美昂一世的这个选择，绝大多数人表示认可。那些混饭吃的人纷纷返回拜占庭，保加利亚剩下的几乎都是精尖人才。

对保加利亚人而言，希腊语教师的离开是一个喜讯，因为他们不再需要那些希腊传教士了。在鲍里斯一世与米哈伊尔在位时期，保加利亚教士和知识分子较少，所以鲍里斯一世才会接受圣西里尔和美多德的弟子们进入保加利亚，作为传教者。随后，拜占庭为了加强对保加利亚的控制，令大批希腊语传教士进入保加利亚境内，而保加利亚人也乐于接受他们的到来。虽然客观上，这一现象促使保加利亚迅速成为基督教国家，但也因为希腊人占据大量重要位置而令保加利亚快速拜占庭化，成为拜占庭附庸的可能性也大大加强了。

另外，当时的教会根据传统，只有主教或神父才能够与上帝对话，信众只能看着那些主教或神父对着祭台用希腊语祷告。他们根本不知道对方说了什么，更不知道该做什么，可是希腊传教士却要求他们必须恭敬地听希腊语宣讲的福音，否则便是对神不敬，弄得传教士与信众的关系十分紧张。不过，当西美昂一世下达“教会只可用斯拉夫语做弥撒和传教”这一法令后，这个壁垒就被打破了。主教和神父们使用保加利亚人听得懂的语言传教，一方面大大提升了教会在民众心中的亲和力，利于传播信仰，这对保加利亚的宗教和世俗发展都有极大的推动作用；另一方面，随着希腊语传教士越来越少，保加利亚的宗教自主权得到了极大的加强，不再需要看拜占庭的眼色行事。而且，保加利亚传教士的增多，也令保加利亚民众更有兴趣进入教堂与熟识的人交流，大量民众的希望和要求也被汇集起来，成了收集

▲ *西美昂一世统治时期的保加利亚贵族饰品，大普雷斯拉夫博物馆藏*

民意的渠道。

看着一批批被保加利亚送回的希腊传教士与知识分子，拜占庭政府感到了前所未有的气愤：对保加利亚的同化还没完成，就想一脚把他们踹开？他们开始怨恨那些圣西里尔和美多德的徒弟们，这些人都是拜占庭帝国的臣民，本应该为拜占庭的宗教传播效力，现在却与保加利亚这群外族人联合，一起对抗拜占庭！

894 年初，拜占庭皇帝利奥六世召集众臣，商议如何给保加利亚一个下马威。一些人提出，保加利亚人使用斯拉夫语进行弥撒，违背了拜占庭的宗教传统；他们认为，只有希伯来语、希腊语和拉丁语才是神圣的语言，保加利亚人使用斯拉夫语进行弥撒，完全就是对教会的亵渎。接着，利奥六世和一些拜占庭的宗教人士便写信给鲍里斯一世、西美昂一世以及克莱门特等人，表示了对保加利亚使用斯拉夫语传教的反对，纷纷要求保加利亚人重回正轨，使用纯正的希腊语传教。这些信件很快便从拜占庭各地送到了保加利亚。

对于这些信件，保加利亚人纷纷嗤之以鼻。西美昂一世认为，这纯粹是拜占庭人因为希腊语传教士被退回，而想出的针对保加利亚的对策，现在，保加利亚防守的时刻到来了。克莱门特等人却反唇相讥，说这并不是防守的时刻，而更应该是进

▲西美昂一世鼓励文学研究，选自《斯拉夫史诗》

攻的时刻，为此提出了一套针锋相对的观点来反驳拜占庭人。

他们认为，斯拉夫语使用的西里尔字母，是圣教会的圣徒们依照神的旨意创造的。这些人多年来不断研习基督教理论，对基督教传统以及上帝的言语最为了解。因此，斯拉夫语才是最神圣、最虔诚的语言。他们引用《圣经·哥林多前书》中的话语说："我若能说万人的方言，并天使的话语……我若有先知讲道之能，也明白各样的奥秘，各样的知识……世上的声音，或者甚多，却没有一样是无意思的。我若不明白那声音的意思，这说话的人必以我为化外之人，我也以他为化外之人。你们也是如此，既是切慕属灵的恩赐，就当求多得造就教会的恩赐。所以那说方言的，就当求着能翻出来。我若用方言祷告，是我的灵祷告；但我的悟性没有果效。这却怎么样呢？我要用灵祷告，也要用悟性祷告；我要用灵歌唱，也要用悟性歌唱。不然，你用灵祝谢，那在座不通方言的人，既然不明白你的话，怎能在你感谢的时候说‘阿门’呢？你感谢的固然是好，无奈不能造就别人。我感谢神，我说方言比你们众人还多……”

他们还进一步地说：“由于上帝是万能的，他不可能听不懂任何一种语言。而且斯拉夫语是由祂虔诚的圣徒所创造，斯拉夫语才是凌驾于希伯来语、希腊语和拉丁语之上的最为圣洁的语言。”

这一说法令拜占庭人十分气愤，但他们又没有超出《圣经》以及宗教教理的观点来进行反驳，所以也无可奈何，只得任凭保加利亚人使用他们创造的斯拉夫语和西里尔字母。

相信有读者会以为这是一场宗教战争。

不，这其实是一场政治斗争。865 年—893 年，是保加利亚第一帝国历史上最为重要的二十几年。在这二十几年中，保加利亚从一个“蛮族国家”一跃成为东欧仅次于拜占庭帝国的大国。在这个飞跃的过程中，使用希腊语只是权宜之策，而斯拉夫语才是他们最正确的选择。毕竟保加利亚人大部分还是说自己的民族语言，以斯拉夫语为载体的文字和书籍更能唤起他们的民族自豪感。从这一因素出发，斯拉夫语的确是一种更合适的语言。在发现拜占庭人理屈词穷后，克莱门特等人还进一步表示，拜占庭人也应该一起使用神圣的斯拉夫语，而不是抵制它，瞬间便将拜占庭人的嚣张气焰浇灭殆尽。

在化解了各方面的阻挠后，894 年 8 月 17 日，克莱门特在西美昂一世的授意下，举行了第一次全保加利亚的宗教会议。他宣布，整个保加利亚无论宫廷、教会、学校还是市井，只能使用以西里尔字母为基础的斯拉夫语，希腊语只是一门外国语言，只能在通商交易时使用，其他时候不可使用。

虽然这一事件在当时看来微不足道，但它却成为后来拜占庭与保加利亚一系列战争的导火索。这个变革对于保加利亚来说，尽管十分平静，但拜占庭人却已经隐隐看到了一个蛮族国家崛起的可怕图景。在拜占庭人看来，保加利亚人是 400 年前纵横欧洲的匈人后裔，如果他们崛起，那么必将重现当年匈人所做的一切，将灾难加诸到拜占庭身上。于是，一波未平，一波又起，拜占庭人想方设法地试图将保加利亚压制下去。他们坚定不移地认为，拜占庭帝国作为罗马帝国的继承者，欧洲老大的地位是永远不能被撼动的。

拜占庭人在希腊语与斯拉夫语哪个更加神圣的斗争中落了下风，自然不会善罢甘休。在他们眼里，一个蛮族国家怎么能比罗马的继承者更加先进呢！就在拜占庭皇帝利奥六世想不出办法整治保加利亚而懊恼的时候，他的岳父——大臣斯提连努斯·扎乌奇斯（Stylianos Zaoutzes）为他出了一个主意，自称可以令保加利亚永远成为拜占庭的附庸。

前一年的 11 月 10 日，利奥六世的妻子塞奥法诺（Theophano Martiniake，约 842 年—893 年）去世。不久，利奥六世迎娶了大臣斯提连努斯·扎乌奇斯的女儿佐伊·扎乌奇斯（Zoe Zaoutzaina，？—899 年）为新皇后。斯提连努斯·扎乌奇斯被授予“皇帝之父”的称号，从此成为利奥六世面前最大的红人，利奥六世对他可以说是言听计从。

商站危机

西美昂一世赶走了大批希腊人，这令他们中不少人怀恨在心。虽然他们得到了一笔不菲的钱财，但回到拜占庭也令一些人感到不适。他们能力不够，却又希望获得更好的薪资，然而拜占庭完美的工商业体系，令他们感到日子很不好过，不禁怀念起过去的生活。

在这些人中，有两个做生意的希腊商人——斯塔莱基（Stavraki）与卡兹玛（Kozma），他们长期在保加利亚生活，对保加利亚的一切都非常熟悉。在西美昂一世大肆驱赶希腊人时，两人回到了塞萨洛尼基，仍旧以经商为业。

俗话说，“无商不奸”，这个词用在这两个人身上实在太合适不过了。两人善于放高利贷，经常以极低的利息放贷给拜占庭的高层人物，目的在于获得更多的赚钱途径和好处。斯提连努斯·扎乌奇斯有个亲随名叫穆思卡（Musik），此人挥霍极大，经常找二人借贷，次数一多，借款越滚越大，欠了他们很多钱。斯塔莱基与卡兹玛见其还不上，时常免掉他的利息，甚至有时连借款都不要他还。一来二去，穆思卡将两人视为最亲近的朋友，常常夸海口说只要他们发话，自己没有办不成的事。

有一天，两人向穆思卡请求，希望能将保加利亚的商站交给他们来经营。

这个商站是拜占庭与保加利亚在 716 年签订和约后建立的。那一年，保加利亚可汗特尔维尔打败了拜占庭皇帝塞奥多西三世，两国随后签订和约，规定了双方的具体疆界以及过境贸易。根据和约，两国每两年进行一次定期国际贸易，贸易点设在君士坦丁堡城外。到 741 年左右，两国更进一步规定，在君士坦丁堡常设保加利亚商站，允许保加利亚商人与拜占庭商人买卖，拜占庭人只从中收取极少的税作为

▲拜占庭式托盘，发现于君士坦丁堡大皇宫，现藏于德国柏林历史博物馆

报酬。从此，拜占庭的北方陆上贸易几乎被保加利亚人所垄断，特别是谷物和手工制品的贸易，令保加利亚这个中间商获得了极大的利益。

为了重新获得贸易优势，拜占庭曾寻求海上贸易。但当时的地中海海上贸易几乎被阿拉伯人所垄断，而阿拉伯又是拜占庭的头号敌人，所以海上贸易的想法仍旧以失败告终。到巴西尔一世在位时，拜占庭不再出口谷物、牲畜及手工制品，而是改为出口保加利亚人很少掌握或尚未掌握的工业制品，尤其是丝绸制品。保加利亚商人发现这些东西的利润更高，便舍弃了以前的进出口贸易，专门进口丝绸制品，向西欧和北欧国家贩卖，谷物及手工制品则反过来从保加利亚向拜占庭出口。

这时的保加利亚已经在经济上与拜占庭分割不开了，为了获得高利润的丝绸制品，保加利亚商人不惜一切代价地疯狂输入，同时也将本国的各种初级产品源源不断地输出到拜占庭商人那里。

由此可见，如果拿下这个商站，就等于拿下了保加利亚的经济命脉。穆思卡知

▲保加利亚输出的金器，瓦尔纳博物馆藏

道，纵使自己能力再大，在这种关乎国家层面的重大问题上，也绝不是能轻易插上手的。穆思卡有心推脱，不帮他们的忙，可是他已经夸下海口，同时也受了两人诸多帮助，又有命门捏在他们手中，不敢不同意。因此他没有马上答应，而是向两人说需要回去禀告一下主子，才能定夺。两人见穆思卡已经开口，便进一步表示，事成之后可以给予他和他的主子一些好处，即将收到的税平分给他们。见钱眼开的穆思卡尽管嘴上说着还要从长计议，但他早已被两人的说辞俘获了。第二天，他便向斯提连努斯·扎乌奇斯报告了一切。

对于如此丰厚的报酬，斯提连努斯·扎乌奇斯哪里会不心动呢？他立即召见了斯塔莱基和卡兹玛，同意为他们游说利奥六世，而且还会将商站从君士坦丁堡搬到两人所在的塞萨洛尼基。

过了些日子，向利奥六世汇报情况的斯提连努斯·扎乌奇斯见他一筹莫展，便顺势提出了控制保加利亚商站的提议。他说，如果能够对保加利亚急需的用品提高关税，必然能拖垮保加利亚的经济，将之永远拴在拜占庭的经济上，成为拜占庭的附庸。利奥六世深以为然，便令斯提连努斯·扎乌奇斯挑选几个人一起去办这件事，务必将保加利亚人的嚣张气焰打压下去。

斯提连努斯·扎乌奇斯为斯塔莱基和卡兹玛这两个希腊商人颁发了证书，同意他们全权经营保加利亚的过境贸易。接着，他又拨了一些人和款项给二人，专门用以打击保加利亚商人。

前面说过，当时的保加利亚商人做转手贸易的居多，又因为保加利亚的货币发行量较少，与拜占庭交易时以物易物的情况居多。两个希腊商人抓住这个关节，开始大做文章。他们首先提高了20%—30%的关税，然后修改通关手续，令其变得更加复杂；接着，他们要求扎斯提连努斯·扎乌奇斯派来的人充当打手的角色，在各个方面刁难保加利亚商人，比如货色不纯正、缺斤少两……总之是想尽一切办法来限制保加利亚商人的活动。

最开始，两人还不敢过于张扬，事事皆上报给利奥六世与斯提连努斯·扎乌奇斯。后来，扎乌奇斯索性让利奥六世下令允许他们放开手，用各种方式盘剥保加利亚商人。

894年年中，一位保加利亚商人因为被到处克扣，几乎亏本；又因为连日阴雨，全部货物都损失殆尽了。他上告塞萨洛尼基当地政府，说希腊商人让他损失货物，要求赔偿。可塞萨洛尼基的长官根本不愿意协助他，而是宣布希腊人无罪，保加利

▲ 利奥六世时期的金币

亚商人的损失应由自己承担。此后又发生了多次类似的事，但塞萨洛尼基的长官只偏袒希腊商人。这一行为令保加利亚商人非常气愤，纷纷将所受遭遇告知保加利亚政府官员，一些比较严重的事件更被直接递到西美昂一世面前。

对于想成为明主的西美昂一世来说，他不能偏听偏信，便派出一些手下假扮商人探听虚实。经过仔细核实后，这些人上报西美昂一世，事件确实属实。西美昂一世立即提笔写信，向利奥六世告知情况，希望他能重新遵守过去的约定。信中说：

……当年特尔维尔可汗订立了我们两国的关税制度以及海关印鉴问题，后来在812年和864年又两次延续和增补该约定。保加利亚商人理应得到尊重，在拜占庭境内的商业活动也应该受到拜占庭政府的保护，而现在发生的事呢？完全是贵方撕毁了条约……我们为你们带来了多瑙河以北的各种商品，包括俄国、德国、大摩拉维亚及多瑙河沿岸诸邦国的货物，丰富了你们的市场。我们保加利亚商人作为你们北方商品的主要输入与输出国，对你们的好处非常之大。今天你们的作为不觉得对不起我们吗？……我们向贵政府提出正式交涉，希望能恢复过去条约所规定的一切行为和处事方法。

从这封信可以看出，西美昂一世已经具有强大的政治和经济头脑了。古今中外的历史都可以证明，经济往往把握着一个国家的命脉，如果一个国家经济衰退了，很多时候都会造成一系列连锁反应，如内乱、战争，甚至是改朝换代。西美昂一世知道经济的重要性，并未轻易忽视，完全符合一个政治家的素养。他仍希望能将两国的经济扳回正轨，最好不与拜占庭兵戎相见，因此选择与利奥六世进行通信。但令人沮丧的是，利奥六世在收到信件后，完全无动于衷，对西美昂一世的抗议不理不睬。他致信给西美昂一世，表示自己不会更改意志。

这一年秋天，一支军队突然出现在拜占庭境内的色雷斯地区。仅一个月的时间，整个色雷斯几乎被横扫，只剩几个大城市还在坚守，而这支军队的矛头却早已指向了拜占庭的首都君士坦丁堡。

这支军队共6万余人，由西美昂一世亲自率领。这次西美昂一世御驾亲征，一来是为了增强军队的士气与凝聚力；二来是为了打击波雅尔们，这也是最重要的原因。从保加利亚建国起，除了少数特别重要的战争是保加利亚可汗或国王（克鲁姆时期开始称国王）御驾亲征外，其他时候基本都是由可汗或国王之子以及六大波雅尔（后来是十大波雅尔）选出的将军率领。可刚刚脱掉法衣一年的他，并没有子嗣来指挥大军作战；而且，波雅尔们对父亲鲍里斯一世的不忠，也让他对这些人十分忌惮，生怕这些人手握大军后会逼迫自己退位。最后，他自认在君士坦丁堡求学多年，对拜占庭人的军事技巧了如指掌，自己领军带队无疑是最好的选择。

可为什么一向所向披靡的拜占庭军队居然让保加利亚人长驱直入而没有任何抵抗呢？这是因为在856年，拜占庭与保加利亚签订了和约，鲍里斯一世表示不会再战，北方的长期和平令拜占庭放松了警惕。同时，他们正在与阿拉伯人进行长期作战。在与阿拉伯进行了长达200年的作战后，拜占庭人已完全进入战略反攻阶段，意大利南部的巴里、拿波里，爱琴海的诸城以及小亚细亚的一些海岛，已被拜占庭人收回。但在9世纪末，意大利的西西里酋长国与爱琴海的克里特酋长国等突然崛起，他们依靠北非的艾格莱卜王朝与图伦王朝，时常侵扰拜占庭领土。拜占庭帝国只好暂时把坐镇北方的诸位将军及其军队调往南方救火，北方仅留很少的军队防御保加利亚人。西美昂一世正是瞅准了这个机会，率大军南下，攻城略地。色雷斯的战斗基本结束后，西美昂一世将军队指向了马其顿地区。

这个时候的利奥六世非常关心与阿拉伯人的战争，根本没想到保加利亚人会不宣而战。虽然他多次接到北方告急的战报，但并未放在心上，认为只是西美昂一世的声东击西之计。当利奥六世惊讶地发现保加利亚人已经将色雷斯几乎荡平时，为时已晚。不得已，他急忙要求附近的军队回援首都。同时，他将身边的警卫部队和驻扎在君士坦丁堡的其他部队汇集起来，由执政官库尔尼特（Krinit）统领，准备迎击保加利亚人。然而，这种反抗并没有成功。在马其顿附近的战场上，可能是在亚德里亚堡（Adrianople），拜占庭军队彻底战败。执政官库尔尼特战死，大部分雇佣兵，如哈扎尔人都被保加利亚军队团团围困。

如此辉煌的胜利下，西美昂一世本可以带兵大举进攻君士坦丁堡，可是他却没有这样做。他只是眼睁睁地看着哈扎尔人从包围圈中逃走，带给利奥六世“罗马人的耻辱”——被保加利亚人打败的消息。原来，在保加利亚的北部边境，马扎尔人（Magyars）正在大举进攻，收到消息的西美昂一世不得不回援国内，从而放弃了这次攻打君士坦丁堡的绝佳机会。

▲ 进攻亚德里亚堡，载于《纪事》一书，马德里博物馆藏

实际上，在西美昂一世出征之前，鲍里斯一世就曾

经劝阻过他。一方面，鲍里斯一世在与拜占庭的长期接触中，知道无论战争胜利与否，拜占庭人一定会反扑，不会就这样结束；另一方面，他发现北方新来的邻居马扎尔人具有过去与保加尔人刚来到这片土地时相同的境遇。他害怕如同当年保加尔人征服斯拉夫人那样，马扎尔人也反过来征服保加利亚人。

不过，当他了解到儿子非常愤怒，希望给拜占庭一个教训时，还是选择支持他的决定，但是他做了两手准备。在西美昂一世出征之时，他派了三个将军率领1万人在大普雷斯拉夫备战，另外还将附近的一座城镇作为屯兵所，特意留了出来。没想到这些兵马很快就派上了用场。

马扎尔人

前面提到马扎尔人在保加利亚的后方进行骚扰，令正要乘胜前进的西美昂一世不得不回援国内，那么这支马扎尔人是从哪里来的？他们为什么会令西美昂一世如此忌惮？

据一些考古学家研究，马扎尔人原本生活在乌拉尔山附近，9世纪初迁徙到顿河和第聂伯河之间的区域，他们最初有7个部落，后来扩展到10个部落，这些部落皆是逐水草而居。他们为了区分部落，会戴上不同颜色的帽子，但总体来说，他们的穿着、饮食并无二致。

可是不久后，由于强盛的哈扎尔人与乌泽斯人（Uzes）的进攻，马扎尔人只能逃到多瑙河以北地区，更准确地说是哈扎尔人希望他们在这里成为汗国的前哨。可不幸的是，在这里他们又遇到了另一个强劲的敌人——佩切涅格人（Pechengs）。佩切涅格人原本生活在咸海附近，后来在889年—890年被哈扎尔人挤压西迁，成为马扎尔人的邻居。从此，这些从哈扎尔汗国分离出来的民族成了拜占庭、保加利亚和大摩拉维亚的新邻居，在未来的国际事务中发挥了不可估量的作用。

事实上，哈扎尔人希望马扎尔人成为他们的盟友，从而可以两面夹攻佩切涅格人；而马扎尔人害怕佩切涅格人劫掠他们，也想和哈扎尔人联盟。再加上，此时的马扎尔人已经成为拜占庭和保加利亚附近“最文明”的蛮族，正处于从散乱的部族联盟向中央集权发展的初级阶段。因此，当哈扎尔人为了自己的利益用重金收买马扎尔人为盟友，一起夹击佩切涅格人时，他们毫不迟疑地答应了。

在此之前，马扎尔人只是一个统称，他们属于不同的部落，每个部落都有自己

▲阿尔帕德雕像，屹立于匈牙利英雄纪念碑顶

的酋长，只有爆发战争时，他们才会共选出一个首领进行统辖。佩切涅格人的出现，使他们的首领逐渐转变为国王的角色。这一转变随着马扎尔人选举出新可汗宣告正式完成，他们的人民寄希望在可汗的带领下，胜过不断涌入的佩切涅格人。马扎尔人明白，只有成立一个严密的组织，并拥有一个完整的继承制度，他们才能在这里求得一个立足之地。

哈扎尔人为马扎尔人选择了卡巴尔部的酋长阿尔姆斯（Almus）的儿子阿尔帕德（Arpad，889 年—907 年在位）成为他们的可汗。阿尔帕德在马扎尔人中早有盛名，他在其父死后统领本部取得了不少胜利。从此，马扎尔人进入君主时代。不久后，阿尔帕德便率领 2 万名弓骑兵远征，最后到达库班河谷一带。

不过，哈扎尔人与马扎尔人的联盟并不紧密，马扎尔人的注意力主要集中在富庶的西部，而哈扎尔人希望他们拱卫的东部显然不是他们想要的。

随后在 892 年，阿尔帕德的军队作为雇佣军参加了东法兰克国王阿努尔夫与大摩拉维亚王国国王斯维亚托波尔克（Svartaa Polk，870 年—894 年在位）的战争。阿努尔夫志在夺取大摩拉维亚，所以利用各种好处诱惑马扎尔人参与战斗，并取得了一定的成效。894 年夏，大摩拉维亚国王斯维亚托波尔克去世，他的两个儿子争立，最终分裂了国家：一个仍旧占有大摩拉维亚帝位，另一个则建立了捷克王国。阿努尔夫虽然把握住时机继续开战，但结果不仅没得到任何好处，反而落入了失败的境地。不甘失败的他，再次邀请阿尔帕德一起进攻大摩拉维亚。这一战中，马扎尔人大肆抢劫，蹂躏了整个潘诺尼亚地区，并将人民迁居于此。3 个月后，马扎尔人接到拜占庭人的请求，迅速从潘诺尼亚南下，进入保加利亚的中心地区。这时候的保加利亚人正在与拜占庭人恶战，大部分军队都被调到了南部地区。马扎尔人趁着在保加利亚无人可挡之机，在腹地大肆劫掠，令西美昂一世不得不迅速结束与拜占庭的战争，回援国内。

▲马扎尔人进攻保加利亚，载于《纪事》一书，现藏于马德里博物馆

894年秋，西美昂一世回到保加利亚。他惊恐地发现这些马扎尔人竟然准备劫掠首都大普雷斯拉夫，不过因为鲍里斯一世留下了1万士兵，暂时还未产生更大的影响。但在保加利亚各地，马扎尔人分散开来，像打游击战似的到处劫掠，抢完就跑，根本无法追击。所以他回到大普雷斯拉夫，扎下军队，等待时机另寻良策。而马扎尔人也聚拢起来，开始防备西美昂一世对他们的突然袭击。

僵持了一个月左右，同年10月，天气渐冷，马扎尔人的骑兵力量渐渐减弱，他们迫切需要回到多瑙河以北的营地过冬。但是因为保加利亚人的阻挠，他们无法获得拜占庭的船只，只好暂时在保加利亚境内准备过冬。西美昂一世瞅准这个机会，开始发兵围剿起马扎尔人。在数天的围剿中，马扎尔轻骑兵除极少数从多布罗加返回多瑙河以北外，其余全部被歼灭，西美昂一世获得了全胜。

保加利亚对拜占庭的这次入侵，虽然由于马扎尔人的骚扰被迫中断，但足以令利奥六世感觉到恐惧。从蛮族入侵结束后，很久没有军队能如此旁若无人地深入到拜占庭腹地了。之后的发展，更加令利奥六世感到不安。对于马扎尔人的突然侵袭，西美昂一世非常愤怒，他下令将俘虏的马扎尔人全部肢解，并送给利奥六世，以泄愤怒之情。利奥六世自然想要对西美昂一世进行报复，可随后拜占庭便被卷入与阿拉伯人的战斗，根本无暇顾及北方战场；所以他只能改变战术，选择暂时与保加利亚人保持和平。不过这次联合马扎尔人的成功，令拜占庭人似乎抓住了某种救命稻草，寄希望于能够与马扎尔人同时发兵，两面夹击保加利亚人。

894年底到895年初，绰号为“硬汉”（Sklir）的拜占庭大臣尼基塔（Nikita），率领几艘船与马扎尔人在多瑙河口会面。他成功地完成了使命，并见到了马扎尔可汗阿尔帕德。在船上，他们约定结成同盟，在保加利亚的战争中可以平分战利品。之后，阿尔帕德杀了一只山羊，两人饮血盟誓。接着，利奥六世利用马扎尔人的关系，将原本已和保加利亚人结盟的东法兰克人拉拢过来。他寄希望于马扎尔人能在保加利亚的联盟——德意志人到来之前，就解决问题。随后，利奥六世派阿纳斯塔西（Anastasius）携带礼物到了雷根斯堡（Regensburg），虽然我们并不知道阿纳斯塔西此去的目的到底为何，以及携带了什么礼物，但很显然，利奥六世希望与德意志人讲和。从某种意义上来说，东法兰克人与马扎尔人的联合，和拜占庭人与马扎尔人的联合意义相同，因此阿纳斯塔西顺利地完成了任务。

895年初，阿拉伯人在小亚细亚开始反攻，但利奥六世却将从891年起就在意大利战场指挥战斗的将军迪米斯提克·尼基弗鲁斯调回君士坦丁堡。迪米斯提克回到君士坦丁堡后，就开始制定对保加利亚人的作战计划，他决定兵分两路：一路为海军，到达多瑙河口协助马扎尔人从北面发起进攻；一路为陆军，前往保加利亚南面形成夹击之势。这个计划相当成功，拜占庭将军尼基弗鲁斯·福卡斯率领拜占庭舰队达到多瑙河河口，准备与马扎尔人会合；其他人则到达保加利亚南部边境，按兵不动。西美昂一世得到拜占庭人的动向报告后，马上命令进攻多瑙河河口的尼基弗鲁斯·福卡斯将军的军队，而置北方强敌于不顾。

很奇怪的是，这场战争并未打起来。君士坦丁堡的利奥六世皇帝竟然撤离了那些严阵以待的军队，与保加利亚人签订了和平条约。拜占庭政府的这种行为，完全令人费解。但如果我们仔细分析之前的情况，就能够合理解释为何会如此了。

在这之前，拜占庭政府为了让马扎尔人拖住保加利亚人，又一次提高了付给对方的酬金，但他们的最终目的是将保加利亚打垮，而不是将战争一直拖下去。只是，对保加利亚的战争，拜占庭帝国的皇帝利奥六世和尼基弗鲁斯·福卡斯将军却没有足够的兵力，自然也没有任何把握打胜；再加上，帝国东部边界的战争早已令其焦头烂额，分身乏术。实际上，利奥六世与马扎尔人结盟也只是暂时性的，一旦保加利亚人同意讲和，自然就应放弃与马扎尔人的联盟。其实利奥六世自己也不愿意打仗，不过尼基弗鲁斯·福卡斯将军作为主战派一定会继续打，正是利用尼基弗鲁斯的战斗意识，利奥六世成功将保加利亚人拖回到了谈判桌上。拜占庭帝国多面作战的尴尬情况，早已令帝国捉襟见肘，所以尼基弗鲁斯·福卡斯的远征其实只是为和平条约做准备；同时也可以掩盖拜占庭帝国正与马扎尔人联盟的事实，否则只出动马扎尔人很可能会被保加利亚人干掉，那时拜占庭就无法得到盟友更好的协助了。但西美昂一世作为一个长期在君士坦丁堡留学的人，非常清楚拜占庭人的狡猾，虽然双方签订了条约，但他并不相信拜占庭人会乖乖撤走，于是下令用绳索和铁链阻断多瑙河口，以防拜占庭舰队撕毁条约从这里发起突袭。

▲*保加利亚使者会见利奥六世，载于《纪事》一书，现藏于马德里博物馆*

果不其然，条约并没有维持多久。拜占庭海军上将优斯特提乌斯率领舰队到达多瑙河口，会合尼基弗鲁斯·福卡斯的舰队，在指定地点等待起马扎尔人。优斯特提乌斯的第一次尝试是失败的，因为他们驶入了保加利亚人设置的障碍区，根本无法靠岸。不过，一名叫迈克尔·维卡勒斯（Michael Varkalas）的水手跳下了船，成功切断了绳索。之后，另外两个水手也跳下去协助。齐心合力之下，保加利亚人的障碍不久就被清除了，最终将盟友从多瑙河北岸接过南岸的多布罗加来。

前来的马扎尔人以阿尔帕德的儿子鲁纳廷（Liuntin）为首，当拜占庭人将他们运过河后，这些人就开始了大肆抢掠。

西美昂一世知晓马扎尔人再次出现在北部边境时，立即带兵前去支援，防止马扎尔人又一次对保加利亚造成破坏，只留下了很少的部队与南边的拜占庭军队对峙。西美昂一世采用了与拜占庭战斗中常用的大部队行军模式，希望能震慑住这些入侵者。但是令他失望的是，马扎尔人在他的大军赶来后，立刻将骑兵部队改为50人一组的小型游击部队，在保加利亚各处不厌其烦地进行骚扰，西美昂一世花了很长时间才将这些小型部队剿灭。自此之后，他开始注意北方边境，预防这些散兵的再次进攻。

总之，在西美昂一世的这次防守作战中，保加利亚并没有获得什么好处，相反被马扎尔人多次侵袭，受了不少损失。另外，西美昂一世虽然在多次追赶马扎尔人后收复了多布罗加，但马扎尔人竟然大胆地向保加利亚首都大普雷斯拉夫发起了进攻。西美昂一世大惊失色，立即率军队转向首都，但首都已被攻陷。西美昂一世只好暂时在附近的城堡内指挥战斗，没多久便击败了马扎尔人。接着，马扎尔人表示向保加利亚人臣服，但他们私底下却向利奥六世请求，希望能帮忙将马扎尔人的俘虏赎回。利奥六世派了一名官员前来协助他们，但这个人根本就是个奴隶贩子，他从马扎尔人手中买走了保加利亚俘虏，之后就不再去管马扎尔人的死活。

不过，保加利亚的战争并没有就此结束：北方的马扎尔人仍然猖獗；海上被优斯特提乌斯的舰队所阻隔；南部边疆有拜占庭的陆军严阵以待。鉴于这种状况，西美昂一世表示可以与优斯特提乌斯握手讲和。我们并不知道他用什么方法将优斯特提乌斯拉到谈判桌上，但他最终同意将抓获的马扎尔人遣送给他们，使马扎尔人停止南侵，从而保证北部边疆的和平。值得注意的是，西美昂一世并未直接出现在谈判桌上，而是由他的一位将军前去和谈。这令西美昂一世有了个缓冲的时间，因为他并不想就这么简单地将俘虏移交给拜占庭人。不过，急于邀功的优斯特提乌斯还是立即送信给利奥六世，希望获得同意。利奥六世表示赞成，因为至少在表面上，这是西美昂一世“被迫”寻求拜占庭给予他们和平，拜占庭赢得了尊严。优斯特提乌斯将利奥六世的和平愿望传达给了西美昂一世，而后马扎尔人用大笔赎金将被保加利亚人抓获的战俘全部换了回去，保加利亚人同样用金钱换回了被拜占庭人从马扎尔人手中买走的保加利亚俘虏，从而令拜占庭人狠狠地赚了一笔。几天后，从拜占庭来了一位使者赫埃罗斯法克特，目的是与西美昂一世交涉，将从 894 年起抓获的双方俘虏进行交换，然后结束这场对谁都没有好处的战争。

895 年夏，停战协议生效，利奥六世下令尼基弗鲁斯与优斯特提乌斯撤回君士坦丁堡。随后一个月，拜占庭军队和保加利亚军队先后解除对峙状态，恢复到战前的状况。

创建“第三罗马”

考古学上有一句俗语：“历史古迹会说话。”把这句话用在西美昂一世的新首都——大普雷斯拉夫上，实在是再贴切不过了。经过数十年的发掘后，今天我们已经能根据考古材料，大致复原出当时的大普雷斯拉夫。

在保加利亚历史上，有过 8 座都城，其中最大的是保加利亚第二帝国的首都大特尔诺沃（Veliko Tarnovo），最宏伟的则是保加利亚第一帝国极盛时期的首都大

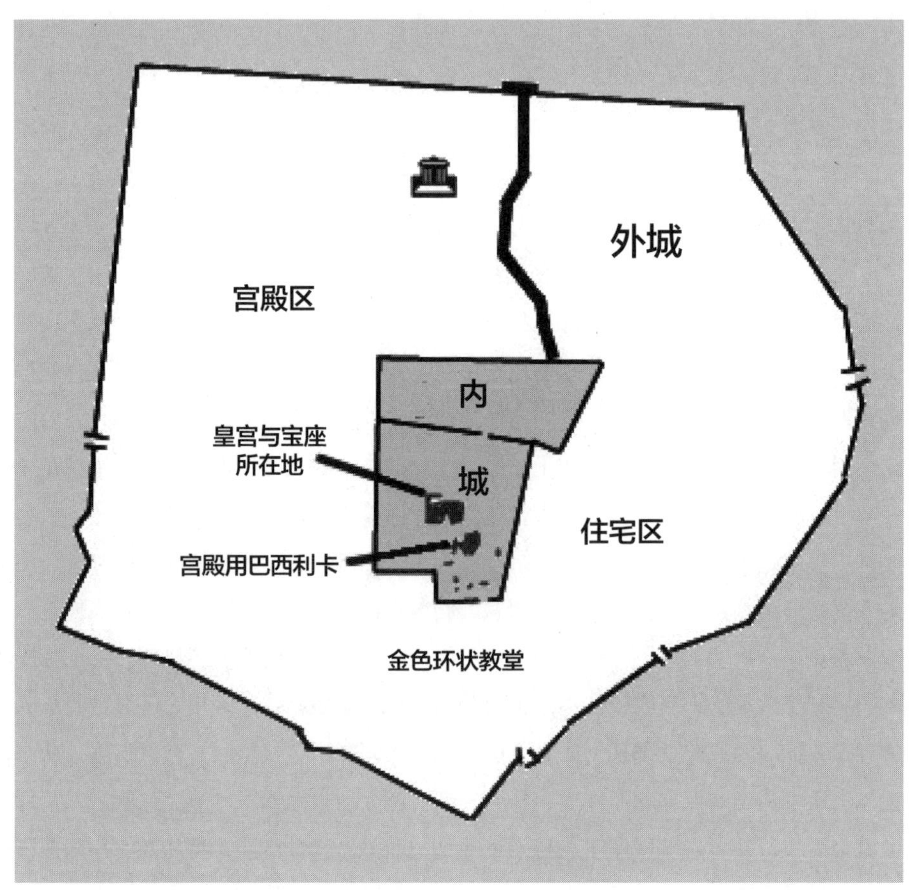

▲ *大普雷斯拉夫遗址简图*

普雷斯拉夫。一听大普雷斯拉夫的名称，您马上就能想到，它是一座斯拉夫人建造的城市。这座城市最早是由克鲁姆可汗在 800 年前后建立的一座训练贵族骑兵的军营，60 年后在鲍里斯一世时期得到扩建。直到 893 年，西美昂一世将其升格为都城，共营建了 28 年，称其为“第三罗马”（Third Rome），意思是继承第一罗马（罗马帝国）、第二罗马（拜占庭帝国）的城市。该城距前都城普利斯卡仅 30 公里，距海岸不足 100 公里。从建成之日起到 13 世纪，这里一直都是除君士坦丁堡外的东欧最大城市。

大普雷斯拉夫建在一片平原上，海拔只有 92 米。从军事上来说，平缓的地势令其无险可守，可以说并不是一个建都的好地方。但是从物质供给方面来说，它又是个建都的极佳地点。因为卡姆齐亚河从城市北部流过，为城市带来了充足的水源；而南部又有巴尔干山脉横亘，有铁矿石和煤大量出产。所以说，该城又是一个物产丰富的好地方。

这座城市是西美昂一世仿照君士坦丁堡建造的，所以很多建筑都可以在君士坦丁堡找到原型。

首先是城墙。就像君士坦丁堡具有两道城墙一样，该城的城墙也有两道，内外各有一道，是为了区别内城和外城。今天，我们所看到的城墙大部分是内城城墙，外城城墙已经基本被毁，仅有部分残垣断壁可供人们凭吊。

其次是三大中心的建设，即政治中心、宗教中心与学术中心。

政治中心在内城，内城同时也是重要的皇家用地，皇家宫殿及皇家教堂都在这里。在西美昂一世的授意下，两座建筑分别以金叶装点内壁；宫殿由 24 根立柱、教堂由 12 根立柱撑起；房顶以黄金包顶；在宫殿和教堂内都有大量的内龛，用以

▲ *大普雷斯拉夫城门与一段城墙*

保存各种需要的用品。外城具有宫殿区与住宅区，是贵族和平民居住的地方。在外城之外的地域，还有一些作坊，即前面所说的那些工匠所在区。考古人员曾发现一个涂有搪瓷的陶制纺锤锭盘，上面刻有接受馈赠的青年女工之名，可见当时的识字之风很盛。

再往南走，城南便是西美昂建立的宗教中心，也就是最为著名的金色环状教堂。这座教堂是当时斯拉夫世界最大的教堂，因此我们需要细致讲解一下。

该教堂坐落于整个城市的东南部，长约 38.5 米，宽约 10 余米，即使放到现在，也算是一个规模中等偏上的教堂。大普雷斯拉夫古城的导游图上称，该教堂始建立于 860 年左右，原名“圣约翰教堂”，后来改名为“金色环状教堂”，是鲍里斯一世专门为接受基督教信仰和皇家洗礼而用。但笔者查考后发现，正如前所说，这座教堂是在一座旧有教堂的基础上翻修的，而修建他的人名为约翰。约翰曾经是拜占庭的一位军士，后被保加利亚人俘虏，他因为久居军营，能力超群，被保加利亚人看中，负责到大普雷斯拉夫操练贵族骑兵。他是个虔诚的基督徒，为了传播信仰，也为了使当地人皈依基督教，特意捐款建立了这座教堂。该教堂是仿照意大利的拉文纳教堂与君士坦丁堡的索菲亚大教堂建造的，内部横梁和建筑风格也是拜占庭式的，圆顶显得十分大气。

西美昂一世即位后，立即对该教堂进行了大肆翻修，以达成他心目中将君士坦丁堡搬回家的想法。他注重金碧辉煌的感觉，特意使用了大量的金叶对教堂内外进行装点，使教堂在阳光下闪闪发光，进入其中就如同置身仙境一般。从此，金色环状教堂反倒成了它的本名，圣约翰教堂则被永远地遗忘了。后世认为，西美昂一世创立了保加利亚历史上最伟大的黄金时代，这座教堂就代表了他的丰功伟绩。不管他是不是好大喜功，总之这座教堂与他是十分相符的。然后，他将拜占庭式的圆顶改为具有斯拉夫风格的洋葱头式圆顶，使其更接近于城内的其他建筑。

之后，他将教堂分为三个部分，即庭院、前厅与圆形大厅。庭院长 14.3 米、宽 12.2 米，中间是一口水井，四周为回廊。另外，我们可以看出在庭院四周有 14 个房间，以供教士、修士、修女和教徒们使用。中间是前厅，有拱门可供进入。它是教堂的中心，约为 9.5×5 米，四角摆有四个陶土罐，似乎是为信徒洗礼和沾圣水所用。教堂最大也最重要的部分就是圆形大厅了，该大厅的直径为 10.5 米，是做弥撒的地方。在圆形大厅的顶端，有个 0.55 米见方的凹槽，是供圣像之处。教堂内壁用红色装饰，玻璃窗上绘有圣人、圣女画像，显得富丽堂皇，让人赏心悦目。

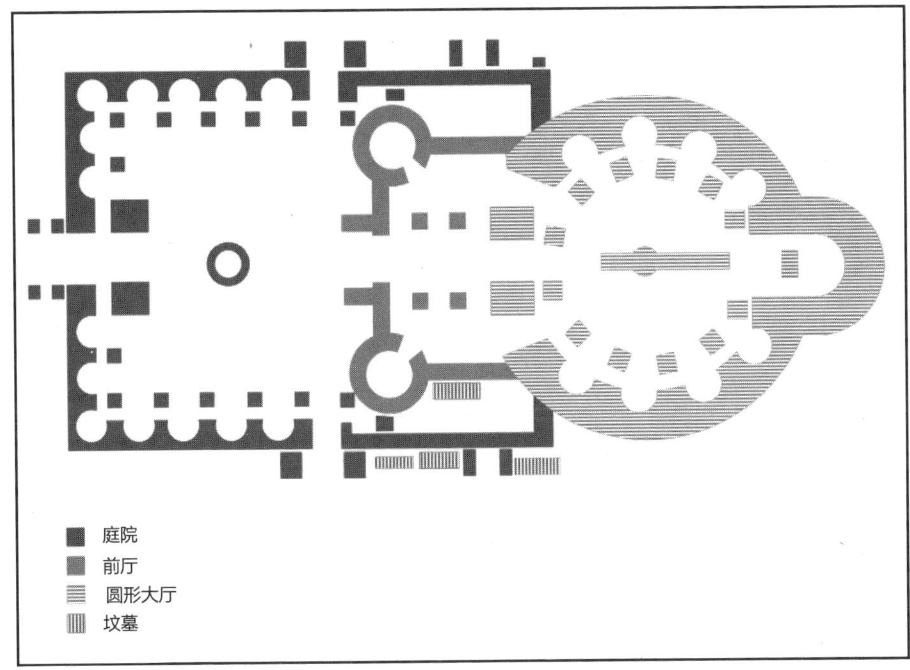

▲金色环状教堂平面图

▲金色环状教堂油画

▲金色环状教堂的正门遗址

学术中心即普雷斯拉夫文学学校（Preslav Literary School），位于城市东部，前身为普利思卡文学学校（Pliska Literary School）。该学校由鲍里斯一世于886年从普利斯卡迁来，893年被西美昂一世扩建为全保加利亚乃至全斯拉夫世界的学术中心。893年以前，瑙乌姆一直担任该校校长，而任教老师多来自希腊、拜占庭、意大利甚至是东、西法兰克王国。这些饱学之士为保加利亚的发展贡献了自己的力量。该学校使用西里尔字母，并建有图书馆，学术氛围浓郁，在它建立到毁灭的100年间，培养了无数人才。

同时，这里也是著名的翻译中心，约翰大主教（Joan Exarch）、大普雷斯拉夫的君士坦丁（Constantine of Preslav）都曾在这里生活，他们将大量的希腊文著作翻译为斯拉夫语著作。

约翰大主教生活于9世纪末至10世纪初，会多国语言，主要在保加利亚和塞尔维亚活动。他曾整理并翻译了拜占庭神学家大马士革的约翰（John of Damascus）的作品以及圣巴西尔（St.Basil）的作品。

大普雷斯拉夫的君士坦丁是美多德的弟子，也是个著名的反异端者。他曾被关押在大摩拉维亚的监狱，后来还被卖到威尼斯做奴隶，最后才辗转来到保加利亚。他在普雷斯拉夫文学学校一边开设课程，一边翻译图书，是西美昂一世时期保加利亚最多产的作家。他最重要的成就是翻译并扩写了 4 世纪亚历山大主教阿纳斯塔修斯的作品《驳阿里乌斯派》。除此之外，他还编写了许多宗教诗歌、祈祷手册、《圣经》节选以及斯拉夫语法书。后来因为能力突出，他于 907 年成为保加利亚主教。他的一生，一直在为以西里尔字母为载体的斯拉夫语奋斗，许多与拜占庭针锋相对的说辞最早都出自他的口中。

"黑袍"赫拉布尔（Chernorizets Hrabar）是另一位保加利亚教士，他编写了古教会斯拉夫语教材，教育学生学习古教会斯拉夫语。他的书基本都留存于世，可以在保加利亚索菲亚博物馆中看到。也有人说，"黑袍"赫拉布尔其实是西美昂一世的笔名，不过这已经无法考证了。总之，在大普雷斯拉夫，从国王西美昂一世到平民百姓，无不带有着浓厚的学术气息，而这也令大普雷斯拉夫成长为一个真正的帝国首都。

那么最后，让我们再来说说克莱门特和瑙乌姆吧。

前面曾说，克莱门特于 887 年到奥赫里德传教，可克莱门特为何要去那里呢？

▲ *保加利亚索菲亚教堂*

其实很简单，他本就出生于那里。那时候的奥赫里德还是拜占庭的领土，他追随圣西里尔和美多德成了一名教士，之后就一直想回到家乡将基督教发扬光大。对于克莱门特自愿去马其顿地区传教的请求，鲍里斯一世特地批了一些款项给他，还同意让一些传教士与他同行。在887年—893年的六年间，他的足迹遍布了整个保加利亚西南部地区。在这一区域，他至少建立了五个学术中心，让斯拉夫文化和基督教文化在这里有了长足的进步。克莱门特的努力，鲍里斯一世都看在眼里，于是在893年任命他为奥赫里德大主教。担任大主教后，激增的事务令克莱门特无暇在奥赫里德各地传教，不久便由瑙乌姆代替他继续这一事业。916年，克莱门特死在任上，被保加利亚教会封为圣人，安葬在奥赫里德的圣潘捷列西蒙修道院（Saint Panteleimon）。

与克莱门特经常在各地奔波不同，瑙乌姆一直在首都大普雷斯拉夫附近传教。因为他写作能力极佳且目光超前，鲍里斯一世和西美昂一世总将他留在身边作为顾问，再加上他的主要目标是使保加利亚的政治保持独立，所以待在保加利亚的前半段时间一直都在以首都为中心活动。886年，他被鲍里斯一世委任为普利斯卡文学学校的校长，而后便一直从事教学与翻译整理工作。893年，克莱门特成为奥赫里德大主教，不再从事奥赫里德传教的具体工作，因此西美昂一世派出瑙乌姆，希望他继续在奥赫里德传教。可以说，瑙乌姆在保加利亚的25年间，几乎为保加利亚的基督教事业肝脑涂地。所以在910年，他去世没几日就被保加利亚教会封为圣人。

另外，大普雷斯拉夫的手工业发展也呈现出多样性、复杂性的特点。针对大普雷斯拉夫的建设，考古学家业已发现石料的细致加工、泥砖的使用、马赛克装饰的盛行与瓷砖的大量铺设，涉及的职业包括石匠、木匠、铁匠、金匠、玻璃加工匠等。在这里，我们就像见到了一个缩小版的君士坦丁堡，包括建筑的排列和样式等，无不体现浓郁的拜占庭风格。尽管我们无法在文献中找到各种建筑的修建时间、建筑方法和建筑人员等具体数据，但留存至今的古迹，无时无刻不在向我们诉说那个时代的辉煌。

唯一美中不足的是我们并未发现保加利亚自己的货币。考古学家挖出了大量的拜占庭索利多（Solidus）金币与富利（follis）铜币、东法兰克王国的货币、阿拉伯帝国的货币，甚至还有中国的铜钱，但就是没有保加利亚自己的货币。我们知道，西美昂一世在长年的征战中，曾多次洗劫拜占庭的铸币中心——亚德里亚堡，不可能没有俘获一些铸币工，可是非常奇怪的是西美昂一世竟然没有开展铸币活动。这其中也许有两个可能：一个是他铸造了货币，但是现在还未发现；另一个则是由于保加利亚农业经济落后，大部分经济依靠转口贸易，只需拜占庭货币就足以支付一切开销，所以他认为没必要去发展铸币厂。要解开这一谜题，也只能寄希望于未来有更多的发现了。

令人惋惜的是，12 世纪末保加利亚第二帝国建立后，将首都迁到了大特尔诺沃，此后大普雷斯拉夫便被慢慢废弃了，所有的建筑都只存遗址，虽然现在已经部分修复，但再也无法重现当年的荣光了。

大普雷斯拉夫是西美昂一世的得意之作，但它的很多建筑和成就都是在鲍里斯一世时期就营造、奠基好了的，西美昂一世主要做的就是将其扩大化，使其更上一层楼。对于西美昂一世，身处修道院的鲍里斯一世一直是非常支持的；因为相比弗拉基米尔，西美昂一世更能理解鲍里斯一世话中的真正含义。另外，西美昂一世每个月都会到修道院去看望鲍里斯一世，如果有国家大事发生更是要与父亲商量。这都令鲍里斯一世感到欣慰，所以对西美昂一世的选择，基本上都表示支持；而营造新都，可以说就是完全按照西美昂一世的想法执行的。

907 年 5 月 20 日，鲍里斯一世在修道院去世，保加利亚教会将其封为圣徒，安葬在大普雷斯拉夫郊外的皇家墓地。他为保加利亚的黄金时代奠定了基础，而后的一切，就都要由西美昂一世来亲手打造了。

▲ *罗曼努斯一世时期的拜占庭富利铜币*

奇特的通信与马扎尔人的“失踪”

早在马扎尔人和拜占庭人开始撤退之时，西美昂一世就有了一个想法：不准备兑现对利奥六世承诺的义务。首先，对于保加利亚人遭受的损失，他准备报复马扎尔人；其次，他要让拜占庭人与马扎尔人之间没有任何联盟存在。西美昂一世故意将拜占庭使者赫埃罗斯法克特囚禁起来，并没让他回去。他表面上发信给利奥六世，表示与拜占庭人的和平将会一直持续下去；但对内则告诉大家，马扎尔人将在没有任何拜占庭人的援助下遭遇彻底失败。

可以说，西美昂一世之所以与利奥六世达成和解，就是为了在拜占庭人撤出后，可以集结足够的力量解决马扎尔人这个后顾之忧。优斯特提乌斯与尼基弗鲁斯率军撤离后，西美昂一世便开始了对马扎尔人的报复。他立即派人与所处位置比马扎尔人更偏北一些的佩切涅格人接洽，表示可以协助这个马扎尔人的仇敌，一起打击狂妄的马扎尔人。达成协议后，保加利亚人与佩切涅格人各自进行准备。西美昂一世没有将这个计划透露给拜占庭的使者，也没有一个字从保加利亚人的口中流向拜占庭那里。他希望将这件事做得隐秘一些，因为一旦让拜占庭知道，将会影响到刚刚签订的和平协议，到时拜占庭人不但不会遵守约定，还会对保加利亚产生不利影响。

尽管如此，但交换俘虏的问题一直悬而未决。不久，利奥六世从西美昂一世那里收到了这样一封信：“……前一年，你真的令我非常惊讶……我听说，你知晓日月星辰的运动规律，能测算日食在哪一年、哪一天、哪一分、哪一秒出现，还知道日食会持续多久。如此睿智的你，应当知道我们会如何对待你的俘虏。你感觉我们会是将其释放还是继续囚禁呢？我认为你一定希望我们将囚犯释放，对吧？祝好！”

在这封信中，西美昂一世用赞扬的口吻讽刺了被称作“智者”的利奥六世根本没搞清楚情况，就听臣下的意见将事情搞到现在这样。既然你这么厉害，那现在你就猜猜我们保加利亚人会将俘虏的拜占庭人释放还是继续囚禁呢？其中隐含的意思是，不要总听皇家占星家的话，他们经常把事情办糟，还不如按自己的想法行事。

结果利奥六世压根就没看懂西美昂一世的潜藏含义，立刻回信说：“你是最讲道理的国王，以前你在君士坦丁堡学习之时就声名远扬……我不希望我们像中间隔着一个翻译者那样，造成不必要的文意混乱……我不用礼品和赎金，相信你也会将囚犯送还给我。我知道你会模仿你的父亲的作为，自愿不再与我们为敌，从而抛弃邪恶……你一定会做到以上这些的，对吧？祝好！”

在这封信中，利奥六世宣称俘虏问题是很容易解决的。西美昂一世“原本就知道”应该将俘虏送还给优斯特提乌斯，两个帝国的事务本就应该在这时解决，西美昂一世应履行释放俘虏的约定。但西美昂一世是否会履行诺言，利奥六世毫无把握。利奥六世感觉得到，西美昂一世压根就不想将俘虏送还给他，即使是给予赎金甚至是赏赐也不可能。所以他希望西美昂一世能够像他的父王一样，永远不与拜占庭为敌。

西美昂一世是一个很会把握外交辞令的人，因此他在接到信件后，立刻便回信说：“……我不得不承认，你并不知晓未来的奥秘……更不知道如何去做。礼品和赎金确实不必要，而我们交换战俘的行为也没有必要。祝好！”

西美昂一世这次直接拒绝了利奥六世交换战俘的要求。他以对方不知道未来为托词，谨慎、委婉地告知自己还是希望获得赎金的（他手里的拜占庭俘虏更多）。结果利奥六世的回信令人匪夷所思，即使是现代的很多拜占庭与保加利亚历史学家都搞不清他是如何想到写这封信的，笔者也只能在此试析利奥六世的想法。

“……如果这里有个语法学家，他一定会指出你希腊语的书写错误。在‘不

▲ *在保加利亚第一帝国时期的城堡遗址上复建的房屋*

得不’后面你最好加个逗号……其实我看得出来，你和我一样，并不知道未来会发生什么？那又有什么必要奢谈未来呢？”这封信中，利奥六世从战俘问题转变成了讨论语法问题，他知道两人的通信很多都属于白费口舌，所以还不如稳住西美昂一世，自己继续备战。同时，利奥六世也在想方设法避免激怒西美昂一世，因此才从语法学上讨论，企图使对方产生亲切感。利奥六世已经开始消极应对西美昂一世咄咄逼人的态度，想从语法学上，更准确地说是从文法上将其打败，令其俯首称臣。这也许只是他的一厢情愿，试想对方一旦开战，还怎么会收回士兵去与你讨论文法问题呢？

西美昂一世当然也能看出这个问题，他在随后的信中直截了当地告诉利奥六世：“……放心，我绝对不会放回拜占庭俘虏。你说得对，我们确实都不知道未来的走向……”

利奥六世见西美昂一世态度转为强硬，便再次把回信的内容转到讨论文法上。当然，西美昂一世也只给了他一封含糊其辞的回信。笔者现在手中有他们互相来往的 25 封信件，越往后他们的信件越像白开水，所以也就不再多做引用了。

总之，利奥六世曾多次试图用信件将西美昂一世对君士坦丁堡的感情调动起来，同时还以希腊语为契机，希望两国能够和解，完成最重要的交换战俘问题。西美昂一世完全明白他的意思，但新官上任三把火，作为保加利亚的新任国王，他必须做出点成绩来，才能令臣子们心服口服。基于这个原因，他并不想求和，更希望进行一场与拜占庭的决战，来树立自己的英勇形象。

896 年春，佩切涅格人从草原带来了一个消息：马扎尔人举国出动，大部分军队已经离开本土，去劫掠更北方的斯拉夫人的土地，潘诺尼亚谷地完全处于空虚状态。潘诺尼亚谷地的原统治者——当地贵族萨兰（Salan），据称是大摩拉维亚为了延续阿提拉的血脉而特意分封的。西美昂一世于 2 月接到消息后，立即率领 2 万余大军北上，进入马扎尔人的领地，对其发动了“南布格河战役”（Battle of Southern Buh）。在一个月的时间内，保加利亚人与佩切涅格人将马扎尔人的土地几番蹂躏，马扎尔部落被打散，不少留守的马扎尔人成为他们的俘虏。当进攻斯拉夫人的马扎尔人成群结队返回时，才发现自己的领地已经化为一片焦土。他们知道不能再在这里停留，便向西迁徙到多瑙河中游、萨蒂河附近。据称，西美昂一世为了令士兵英勇杀敌，曾让士兵们在战斗前禁食三日，一方面向上帝承认自己的罪责，另一方面则是回忆马扎尔人在前几年对保加利亚所犯下的错误。

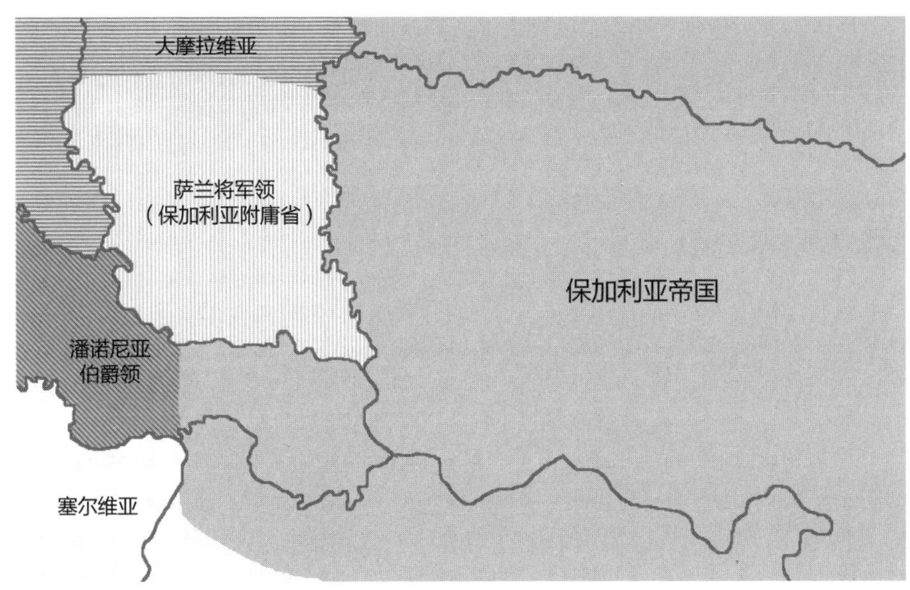

▲ *萨兰的领地*

事后，西美昂一世扶植萨兰成为伯爵，专门统领这片土地。

3 月，利奥六世见春暖花开，希望能再次与马扎尔人一起南北夹击保加利亚人，但是他派出与马扎尔人商讨联合的使者回来告诉他，马扎尔人突然从北方消失了。这时利奥六世才意识到事情的严重性。他被迫停止了与西美昂一世的信件往来，派遣更多的人去寻找马扎尔人。西美昂一世的计策已然成功，接下来就是对拜占庭的报复了。

西美昂一世回到首都大普雷斯拉夫后，写信对利奥六世说："我感到了胜利的骄傲，我要求你用金币赎回那些马扎尔俘虏。"大将[①]塞奥多拉 · 希格里特萨（Theodore Sigritsa，？—924 年）作为使者到达君士坦丁堡，将这封信递交给了利奥六世。这时，马扎尔人的使者也到了利奥六世的宫廷，希望能协助赎回马扎尔俘虏。利奥六世知道现在说什么都已经晚了，便同意了西美昂一世的要求。接着，他和阿拉伯人订立了和约，约定休战。阿拉伯人获得了好处后，暂时停止了对拜占庭的进攻。但和平并没有维持多久，第二年阿拉伯人就又率大军回到了小亚美尼亚。

① Voevodes，也可翻译为省长，近代俄罗斯仍旧在使用这个官阶。

最后，12 万保加利亚俘虏从拜占庭回到保加利亚，比之更多的马扎尔俘虏也被送到拜占庭。双方签订了一纸几乎不可能实现的和约：拜占庭将给予保加利亚一些金币以保证和平的可能性。

保加罗塞永战役

对于一个渴望战争的君王来说，是永远不会有和平的。这句话用在此时的西美昂一世身上，再贴切不过了。

896 年夏，西美昂一世再次发动了对拜占庭帝国的战争，史称“保加罗塞永战役”（The Battle of Boulgarophygon）。战役开始后，西美昂一世的军队攻城略地，几乎没有遭受任何损失就到达了色雷斯，来到距君士坦丁堡仅十余公里的地方。这时，拜占庭名将尼基弗鲁斯已经去世，措手不及的利奥六世只好令普罗科皮奥斯·克里尼特斯（Prokopios Krenites）与克尔特提科斯（Kourtikios）两人指挥皇家禁卫军，迅速转为防守。普罗科皮奥斯和克尔特提科斯带兵抵抗保加利亚的进攻，典衣大臣狄奥多西乌斯作为副将随军一起战斗。两军在博斯普鲁斯海峡以东的保加罗塞永碰面，随即开始战斗。因克尔特提科斯不善于指挥，拜占庭军队几乎全军覆灭，副将军狄奥多西乌斯阵亡，剩下未被俘虏的人则逃到君士坦丁堡城墙附近，组织起并不有效的防御。由于《拜占庭编年史》并未对这场战争多费笔墨，我们几乎不知道其具体进展，唯一可知的就是西美昂一世在战争中俘虏了 12 万拜占庭人，并在胜利后立即向君士坦丁堡挺近。

阿拉伯史学家阿尔·塔巴里记载：“那些斯拉夫人（保加利亚人）攻占了拜占

◀ *896年爆发的保加罗塞永战役，载于《纪事》一书，现藏于马德里博物馆*

庭的城市和乡村，并杀害了许多人。他们摧毁沿途村庄，来到君士坦丁堡。”无奈的利奥六世不得不要求西美昂一世停止战争，他对西美昂一世说：“这是我们共同祖先的国度，我们具有相同的信念，在这个城墙下，我们应该达成和解。”然而西美昂一世对此置若罔闻。绝望的利奥六世将在前几年战争中俘获的阿拉伯战俘组织起来，告诉他们只要能打败保加利亚人，就可以重获自由。

随后，两军在君士坦丁堡郊区相持不下，进入对峙状态。这一过程中，利奥六世不失时机地再次向西美昂一世提出和平要求。西美昂一世终于点头同意，两军议和，签署了一纸和平协议。该协议的内容为：

一、利奥六世和西美昂一世共同表达了对和平的渴求，承诺和平永久有效。两人以兄弟的姿态签署条约，未来将遵守共同的信条和荣誉。

二、拜占庭帝国有义务向保加利亚提供金银与丝织品，作为每年的贡物。保加利亚将拜占庭战俘交予拜占庭军队。

三、割让黑海到斯塔兰德山（Strandja）附近的土地及普利莫尔斯克镇给保加利亚。

由此可见，西美昂一世虽然没有进入君士坦丁堡，但他的目的和野心已经基本实现。他一方面报了拜占庭联合马扎尔人进攻保加利亚的仇，另一方面也缔结了对保加利亚有利的和约，可谓一举两得。虽然此后拜占庭政府还是以高人一等的姿态来做事，但保加利亚已经得到了应有的实惠，不再需要唯拜占庭马首是瞻了。

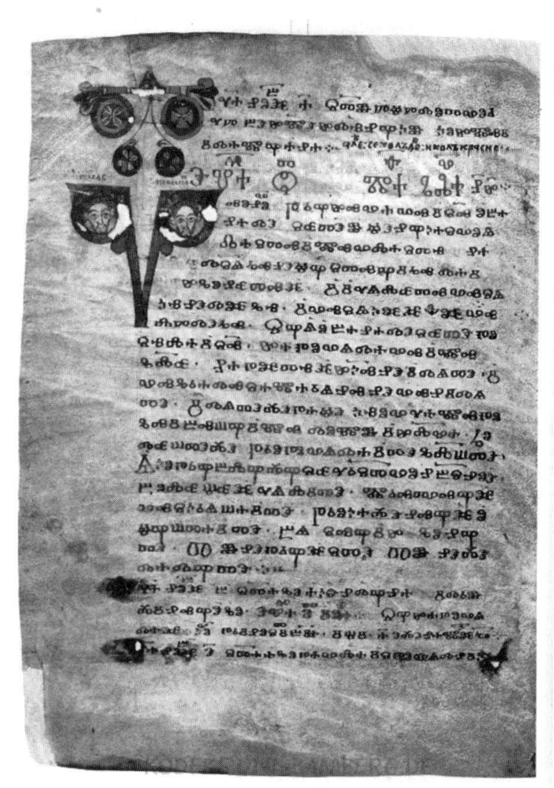

▲ *用斯拉夫语签署的和平协议原文*

这个和约的签订，令西美昂一世和整个保加利亚都感到非常满意。签订后，西美昂一世满口答应不再侵夺拜占庭的领土，但实际上，在接下来的、直到利奥六世去世的 17 年里，他仅仅在色雷斯地区做到了。

得到西美昂一世所做的保证后，利奥六世将军队重新调回南方，继续与阿拉伯人厮杀。很显然，他并没有将保加利亚看作心腹大患，仍旧认为阿拉伯人才是拜占庭最大的敌人。

条约签订后，拜占庭西部边境有 30 个城市、城堡与其他割让土地一起倒向了保加利亚。今天我们无法得知这些城市的名字，唯一知道的是这里大部分住的是斯拉夫人，讲斯拉夫语。他们向往以斯拉夫语为主语言的保加利亚，从而抛弃了拜占庭。

西美昂一世认为，只有吞并拜占庭西部地区的土地，才能令保加利亚可以直接插手亚得里亚海沿岸诸国的事务。这些倒戈的城市，恰好位于这个地方，而且还切断了拜占庭西北部地区与拜占庭的联系，这都令他非常满意。

当然，这些城市的倒戈是拜占庭所不能容忍的，他们收买当地上层人物，并对这些人威逼利诱，最终还是将这些城市拉回到了拜占庭的怀抱之中。西美昂一世眼见倒戈并未成功，只好另寻他法。

塞萨洛尼基之战

从 900 年开始，世界上的诸大帝国几乎都处于分裂之中。在东方，唐帝国即将燃尽最后的余晖，节度使和将军已经将整个帝国瓜分完毕，就等着某个人去将皇帝废掉。南亚的印度，正处于北方的伊斯兰诸国与南方的印度教诸国的对掐之中。从中亚到北非，阿拉伯帝国正处于四分五裂中，阿巴斯王朝将哈里发的权威彻底消磨殆尽，除了首都附近，其他地方几乎都出现了独立王朝，起义更是此消彼长。在欧洲，强盛一时的法兰克王国早已分裂，不复强大。在东南欧和小亚细亚，拜占庭帝国的领土也正在被几个近邻蚕食，国家变得动荡不堪。这其中，蚕食拜占庭领土最多的一个是阿拉伯诸王国，另一个就是保加利亚。

对拜占庭来说，无论是阿拉伯诸王国还是保加利亚，都是十分难对付的敌人。这些强盗时常无事就去拜占庭的首都君士坦丁堡附近转一圈，让拜占庭人胆战心惊。尽管拜占庭人基本将敌人的进攻抵御在城墙之外，但经常被这样骚扰着实令他们有些吃不消。然而，令拜占庭人更为头痛的是，这两个敌人竟然在 10 世纪前后握手言和，同意南北夹攻拜占庭。

9 世纪末，爱琴海的克里特酋长国突然兴起，他们依靠埃及的图伦王国，以克里特岛为中心，向其他爱琴海岛屿呈放射性扩张。他们建立起强大的海军，无时无刻不去骚扰拜占庭的海上贸易。不过，当时的拜占庭正在与阿巴斯王朝决战，大部分陆军和海军都处在边境之处，根本无暇去理会爱琴海附近的事情。然而，拜占庭根本没有想到的是，从 9 世纪到 10 世纪的仅仅 100 年间，阿拉伯帝国竟然分裂成如此多的国家，如塔希尔王朝、萨曼王朝、萨法尔王朝等。它们各自为政，经常声东击西地打击拜占庭人，令拜占庭非常懊恼。

902 年，经过长时间的拉锯战，拜占庭在西西里岛的最后一个据点——陶尔米纳 (Taormina) 被阿拉伯人占领。接着，克里特岛的阿拉伯人又开始对爱琴海诸岛进行无休止的骚扰和劫掠。他们几乎封锁了整个色萨利海岸，随后直抵拉里萨（Λάρισα）。经过短暂的围攻后，拉里萨城破，阿拉伯人洗劫了该城，带走了大量战利品与奴隶。接着，他们马上又退回到克里特岛，继续对其他地区进行骚扰。903 年，拜占庭的利姆诺斯岛（Lemnos）被阿拉伯人占领。然而，阿拉伯人对拜占庭形成最大威胁却是在 904 年，那一年，拜占庭第二大城市塞萨洛尼基被阿拉伯人攻下。

此时的利奥六世在岳父斯提连努斯·扎乌奇斯死后，终于能摒除其旧党，自己独干了。他先是增加军区，接着将军队大部分调往与阿拉伯人作战的东西两线。正如前文所说，在西线他接连遭遇惨败，不过在东线却屡获成功。902 年，拜占庭军队成功夺回小亚美尼亚。但好景不长，904 年，阿拉伯舰队便来到了塞萨洛尼基城的大门口。

关于塞萨洛尼基城的战事，我们以拜占庭教士约翰 – 哈梅尼阿特斯的著作为参照进行讲述，他在书中详细记述了自己在 904 年的历险生涯。

904 年 6 月上旬，阿拉伯舰队犹如从天而降般来到了拜占庭位于小亚细亚的安塔利亚城（Antalya）。这时的安塔利亚城虽然不是一座大城，但却是非常重要的海港城市。这次，指挥阿拉伯人的是一名叫利奥的人，他来自的黎波里（Tripoli）。注意这里的的黎波里可不是利比亚的那个，而是小亚细亚南部，位于今黎巴嫩的的黎波里城。这个人是一名拜占庭叛徒，具有非常丰富的商业知识和战略构想，后被克里特酋长国的埃米尔所重用。

随后，利奥率领阿拉伯舰队北上逼近君士坦丁堡，在达达尼尔海峡（Dardanelles Strait），他们遇到了拜占庭海军将军优斯特提乌斯。优斯特提乌斯见到强大的阿拉

▲赛萨洛尼基之战，载于《纪事》一书，现藏于马德里博物馆

伯舰队，还未接触就先撤退了。他在阿拜多斯（Abydos）驻扎下来，希望借用马尔马拉海的港口优势设防，引阿拉伯人来这里决战。不过利奥并没有落入他的圈套，而是在马尔马拉海入地中海的海口突然左转，放弃进攻君士坦丁堡。

利奥率领着这支舰队沿爱琴海海岸向西行进，先后占领了萨莫色雷斯（SamoThrace）、萨索斯（Thasos）等诸多岛屿；然后向西南航行，绕过哈尔基季基半岛（Chalkidiki），到达塞萨洛尼基湾。在这里，他找到了一个海上防御薄弱的大城市——塞萨洛尼基。

约翰－哈梅尼阿特斯写道：“那时候，保加利亚人从北方发起的入侵还令人记忆犹新。因此，几乎所有的军队都用于陆上防卫保加利亚人了，海上早已空荡荡，无人防守。阿拉伯人不知道，还以为拜占庭防御得像铁桶一般，但拜占庭叛徒利奥可是非常清楚这一点的。因此他才能用最快的速度，如此方便地来到这里。”

大致从 9 世纪中叶开始，与拜占庭连续签订的两个条约使保加利亚拿到了巴尔干半岛的半壁江山。保加利亚南部边境从中南部的罗多彼山，向西南马其顿地区延伸到沃拉斯山，奥赫里德湖和普雷斯帕湖为其西南边界。此时，大部分南部斯拉夫部落都在保加利亚境内，只有极少一些部落还在拜占庭境内，而这些阿拉伯人舰队的登陆之地，就选在这个被分割成两国的斯拉夫部落的交界之处。

约翰－哈梅尼阿特斯继续写道：“这里有座山一直向西延伸。在山坡上有一个小城，名叫维罗纳（Verona），这座城市住着两个斯拉夫部落，他们的经济一直需要塞萨洛尼基来维系……从这里向东就是塞萨洛尼基。”这两个部落分别叫察格维塔（Dragovita）和萨古达提（sagudati），他们与保加利亚人关系非常紧密，前文所说的30个倒戈的城市中就有它们。

7月，阿拉伯人开始进攻。

几天的围攻令这些人感到绝望。904年7月29日，的黎波里的利奥发动了第一次进攻。他们的船在塞萨洛尼基港口停泊，在海上围成半圆形。一艘艘小船被他们放下，上面站满了持着弯刀的阿拉伯奴隶兵。他们登岸后便像被鞭子赶着一样迅速向前进攻，即使是受伤也不后退。在塞萨洛尼基的城头，大量弓兵在他们到达之前纷纷张弓射杀，但这些人的凶猛气势还是令塞萨洛尼基的士兵心惊胆寒……第一天的战斗结束了，阿拉伯人仍旧没有攻到城墙之下。

7月30日晨，这些阿拉伯人出现在了塞萨洛尼基以东的城镇里。他们在夜晚降临前将两座城市毁于一旦……趁着夜间的蒙蒙雾气，偷袭者从东边城墙爬上，杀死了守军，赚开了城门……这些阿拉伯奴隶兵进入城市后便开始到处烧杀抢掠。他们杀死任何能在大街上看到的人。一部分人趁乱逃到了山区，而剩下的只能到处乱跑或躲藏起来。

我看到，塞萨洛尼基的人民哭喊着到处逃跑。很显然，他们对于阿拉伯舰队的突然袭击，并未做出任何有效的抵抗。不过，我感觉更有可能是，他们在厌战情绪下对战争产生了最基本的反应……与之同时，君士坦丁堡传出保加利亚某大将正在进攻君士坦丁堡的途中。为此，拜占庭人根本顾不得去解救在塞萨洛尼基的那些可怜人，迅速开始对君士坦丁堡进行防御，并强化陆上与海上的防御工事。不过，一部分拜占庭海军还是开往了塞萨洛尼基。他们在路上便听说阿拉伯人的舰队所向无敌，船员们个个杀人不眨眼。尽管他们加速航行，但到达时塞萨洛尼基早已城破。不得已，将军只得寻找附近的斯拉夫人，希望他们能够协助自己赶走阿拉伯人。

之后，拜占庭人把当地的斯拉夫人组织起来。“一大群周围地区的斯拉夫人聚拢起来，他们大部分是娴熟的弓箭手，甚至有些人从北方而来，就是为了协助将阿拉伯人赶回大海……接着，他们开始了第一次进攻。”这里的“北方”代指保加利

▲阿拉伯人劫掠赛萨洛尼基，载于《纪事》一书，现藏于马德里博物馆

亚，很显然，这些斯拉夫人还向保加利亚境内的斯拉夫人求得了救援。可是，这次进攻失败了。

拜占庭将军尼基塔（Niketa）虽然组织起了有效的攻击，可是斯拉夫人的弓箭并未发挥任何作用。约翰－哈梅尼阿特斯写道："这是由于斯拉夫人互不协作、各自为战，只希望从拜占庭人那里获得更多的金银与好处，最终丧失了一次很好的进攻机会。随后，尼基塔尝试了第二次和第三次反攻，但每次都收效甚微……尽管如此，他还是不敢向拜占庭政府报告这一事实，更不希望与阿拉伯舰队正面冲突。因此，直到第10天，也就是战斗的最后一天，他仍旧没有收回塞萨洛尼基……但阿拉伯人已经结束了他们10天的抢劫行动，在对拜占庭人的嘲笑声中，22000名青壮年奴隶和大量战利品被阿拉伯人送到船上。随后，他们开走了船，给拜占庭人留下一片狼藉。"

因为这次拜占庭人的失败，留在拜占庭境内的斯拉夫人对其失望透顶，丧失了最后的信心。他们开始纷纷离开拜占庭，转而投向保加利亚的怀抱。

同时，约翰－哈梅尼阿特斯还提到另外一件事，在塞萨洛尼基被洗劫的过程中，有一支拜占庭舰队出现在附近，但却没有施以任何援助。

就在战斗的同时，另一支拜占庭舰队正在爱琴海海面之上，这是由宦官霍多弗勒斯（Rhodophyles）率领的一支大型舰队。该舰队满载军队和黄金，为的是重新夺回西西里岛，而那些黄金便是军队的军饷……远远地，他们其实已经看到了阿拉伯人对塞萨洛尼基的劫掠，但宦官却命令离开这里，继续航行。尽管他有充足的士兵和饷银，而且从阿拉伯人背后袭击的时机正合适，但他还是丝毫不管塞萨洛尼基人的死活。随后，他们与阿拉伯人通信，希望用黄金换取西西里岛城市的自由……

▲ 塞萨洛尼基远景一角

阿拉伯人最终同意了，这也是为什么他们并未在塞萨洛尼基多停留的原因之一。

在拜占庭被阿拉伯人步步紧逼、残忍洗劫的这一过程中，保加利亚的西美昂一世是否也想分一杯羹呢？要知道，在896年签订和平条约后，保加利亚的边境与塞萨洛尼基的直线距离只有22公里，只需很短的时间，保加利亚人就能从陆上直抵该城。阿拉伯人已经从海上进攻了，保加利亚人为何不从陆上一起进攻，报鲍里斯一世时期累积的那些仇呢？

那是因为西美昂一世心里清楚，如果直接用兵，一旦阿拉伯人撤走，拜占庭将全力与保加利亚战斗。他蚕食的不少土地，很可能会因为战争重新被拜占庭夺回去。另外，他也知道阿拉伯人是拜占庭长期以来的敌人，如果能与阿拉伯人联合，那势必会令自己如虎添翼。而且，如果自己能使阿拉伯人退兵，拜占庭人也会对自己感恩戴德。由此，最好的办法就是在两国之间和稀泥。

于是西美昂一世宣布，自己可以充当两方的调停者。他偷偷派出使者到阿拉伯人那里，宣称可以协助对方将部分被囚禁在拜占庭的阿拉伯俘虏要回，但要求阿拉伯人必须给保加利亚好处。同时，他也派人向拜占庭皇帝利奥六世打招呼，声称可以令阿拉伯人退走，保证他们不再到爱琴海，条件是释放阿拉伯俘虏。

打到这时，双方已无战心，在西美昂一世的调停下，阿拉伯人与拜占庭很快便达成协议。拜占庭同意释放阿拉伯俘虏，阿拉伯人则答应离开爱琴海，不再进行骚扰。事后，为了表示感谢，阿拉伯人给了西美昂一世一些黄金。对于这些黄金的来源，最可能的就是拜占庭宦官为了收回西西里岛城市而送给阿拉伯人的那笔。本来就是无本的生意，作为未来盟友的见面礼，阿拉伯人何乐而不为呢？而且相信西美昂一世早就知道这些黄金的来路，对于正在大发展时期的保加利亚而言，获得更多的黄金，绝对是一笔好买卖。所以他才会在仗都快打完的情况下，突然跳出来表示可以帮助两国和解。

西美昂一世这次是有意干涉拜占庭事务，目的是希望能在未来更深入地干涉拜占庭的内政，直到有一天保加利亚彻底将拜占庭吞并。尽管这个想法并未实现，但至少有一次已经十分接近了。

在约翰－哈梅尼阿特斯的记述中，阿拉伯人离开塞萨洛尼基城时，城市和附近的村镇都已化为空城、死城。8 月 9 日，阿拉伯舰队撤锚离开的那天，一群斯拉夫人进入了这座空城。在一天的时间里，他们占据了整座城市，就如同自己本来就是这里的主人似的，开始在这里生活。这些斯拉夫人来自附近的村镇，也有一些是从保加利亚境内过来的。他们早就垂涎塞萨洛尼基的富庶，但始终不得而入。这次阿拉伯人的袭击，令该城居民死的死逃的逃，斯拉夫人终于可以名正言顺地占领这座城市了。

▲ *在保加利亚人的调停下，阿拉伯人与拜占庭结束了战斗，载于《纪事》一书，现藏于马德里博物馆*

住进塞萨洛尼基城后，斯拉夫人立即在城外挖掘壕沟，竖起木障，宣布塞萨洛尼基已经成为斯拉夫人的城市。斯拉夫人这个胆大妄为的行动，很明显是有人在背后怂恿、支持的，而这个人就是西美昂一世。正如前面所说，西美昂一世在签订了896年的和平条约后，一直在蚕食拜占庭的西部边疆。到904年时，保加利亚的边境离塞萨洛尼基只有22公里，只要向南侵蚀一点点，便可到达塞萨洛尼基，获得爱琴海的出海口了。一旦获得出海口，保加利亚就可以逃离拜占庭的控制，而不用在黑海发展出自己的海军了。另外，塞萨洛尼基是拜占庭的第二大城市，经济地位非常重要，获得这座城市就等于获得了欧洲经济中转站，它的战略地位可想而知。

因此，对保加利亚人来说，塞萨洛尼基的地理优势无时无刻不在引诱他们，他们早就对这个城市充满了觊觎。可是，刚刚调停了拜占庭与阿拉伯战争的西美昂一世并不想马上再起战端，于是他想到利用斯拉夫人对该城进行渗透，在人数上获得优势，使该城倒戈到保加利亚来。

利奥六世自然不愿意这样的事情发生。他知道，如果塞萨洛尼基倒戈到保加利亚，那么帝国在巴尔干西部的土地必将全部不保。这是一个关键的时刻，阿拉伯人的退出与保加利亚人的进入，无疑都会让本来就已混乱的局势更加混乱。如果西美昂一世是直接发兵，那么他就违反了和平条约，拜占庭有权出兵进行防卫。但现在保加利亚人没费一兵一卒，根本就没有挑起战端，着实令利奥六世大伤脑筋。

为今之计，只有劝阻西美昂一世不要打这里的主意，但他却突然发现，塞萨洛尼基以北22公里的保加利亚边境城市基尔基斯屯驻了大量士兵。这令利奥六世大吃一惊。要知道在904年时，拜占庭帝国的领土几乎已经缩小到马其顿王朝时期的最小范围，仅占有今希腊、阿尔巴尼亚、土耳其的欧洲部分、小亚细亚半岛的所有海岸城市，其他地方全部被邻国占领。如果塞萨洛尼基再丢失，就相当于丢失了整个希腊，帝国将失去重要的粮仓和兵源地，这无疑会使帝国顷刻间土崩瓦解。

经过多方考虑，利奥六世表示希望再次与西美昂一世进行和谈。利奥六世向西美昂一世发函，约定将部分拜占庭西北部领土割让给保加利亚，以换取塞萨洛尼基的斯拉夫人撤离，保加利亚不再入侵该城。经过多轮磋商，大致达成如下协议：两国边境，规定从罗多彼山向西南，沿阿利阿瓦蒙河向南，直到斯莫力卡斯山，再向西北延伸；西北以奥苏姆河为界，直到入海口，入海口城市费里（Fier）归保加利亚所有。

由此，保加利亚又从拜占获得了不少土地，而且得到了通往亚得里亚海的入海

▲塞萨洛尼基的一段城墙

口。未来，保加利亚将可以直接联系到罗马的教皇。拜占庭虽然收回了塞萨洛尼基，但因此失去不少土地却是得不偿失的。

改革

现在，让我们再回到保加利亚本土，说一说西美昂一世时期的改革。我们可以看到，9 世纪后期的保加利亚，斯拉夫文化正在利用希腊语与斯拉夫语重新被世人所知。这都要归功于“使徒们”的前来，他们为保加利亚人带来了西里尔字母，重拾了保加利亚人的民族自豪感。

这件事我们可以从保加利亚第一帝国西南部，也就是现在的马其顿管窥一下。887 年，克莱门特来到了奥赫里德，建立了保加利亚历史上第二个宗教中心。《圣徒传》作者纳乌莫夫（Naumov）写道：“他带去了这份字母，教当地人学习并使用。仅仅一年，他的身边就跟随了不少弟子。他就是一位教师，而那些人民都成了虔诚的信徒。西美昂时常给他写信……”（转载自伊凡诺夫的《保加利亚第一帝国史》）西美昂一世认为他就是另一个圣西里尔，因为他教会了人们用西里尔字母拼写斯拉夫语；而且他在数年内就令奥赫里德成为一个新的宗教和学术中心，这绝对是普通人做不到的。“他培养了大量的神职人员与学者……让所有人都用心灵来学习文化知识。”因为创造了这些“奇迹”，克莱门特在893年被提升为第一任奥赫里德大主教。在西美昂一世统治时期，克莱门特向他要求在教堂的玻璃窗上绘制《圣经》故事图，同样获得了西美昂一世的大力支持。

但是，克莱门特忠实执行鲍里斯一世和西美昂一世的强行基督教化政策，也招致了一些人的反感。在9世纪基督教进入保加利亚时期，一种被教会称为异端的保罗派（Paulicians）也进入了保加利亚。他们与保加利亚本土不愿意相信基督教的人群联合起来，在西美昂一世死后突然爆发，形成了保加利亚历史上第一个异端——鲍格米勒派（Bogomilism），给保加利亚造成了不小的动荡。

不过在西美昂一世在位时期，基督教文明几乎影响到了保加利亚社会的方方面面。不仅平民百姓对基督教怀有好感，上层官吏也经常光临教堂做弥撒，进行忏悔。随着基督教的不断推行，它甚至开始影响保加利亚帝国本身，官吏的设置、大区的拆分，都洋溢着浓厚的拜占庭式风格。以至于曾有一段时间，一些波雅尔还要求像拜占庭一样建立军区制，不过因为大多数人的反对，只能长期停留在纸面之上。

说完文化和宗教方面，接下来，我们再来谈谈西美昂一世时期的政治、经济和军事改革。

▲ *保加利亚教堂的牙雕*

政治方面，西美昂一世建立了保加利亚历史上最早的议会——普雷斯拉夫人民议会（People's Council of Preslav），也就是今大保加利亚国民议会的前身。该议会成立于 893 年，是保加利亚历史上最重要的大事件之一。

议会的产生要从鲍里斯一世统治末期说起。当时，波雅尔们经常作乱，不听从中央领导，特别是在弗拉基米尔在位时期，更是差点将国家推到了崩溃的边缘。鲍里斯一世为了使保加利亚传统贵族与斯拉夫贵族达成和解，特意与西美昂一世一起建立了普雷斯拉夫人民议会。该议会遵从斯拉夫传统，并引入罗马式的阶级分级，由一定数量的官员、贵族和平民组成，对国家大事以及其他事务进行商议，最后根据票数的多少确定是否执行。

这个议会的出现，令保加利亚的历史朝着另一个方向转变。先前的政令都由国王和贵族发号，现在人民开始参与其中，他们更清晰地知道了政令的对错以及未来的发展，这使保加利亚获得了极大的提升，进入至今为人们津津乐道的“黄金时代”。在这一时期，保加利亚无论是文学还是宗教都有长足进步，并使大普雷斯拉夫一跃成为斯拉夫世界的文化中心。

“放弃习惯法”也是西美昂一世改革的重要内容。鲍里斯一世执政期间，首次从大摩拉维亚引入了《斯拉夫民法典》。该法典是由圣西里尔和美多德编写的，参考了拜占庭的《查士丁尼法典》和《皇帝立法》等书，同时结合斯拉夫人的习惯法，综合而成。因此，这本法典十分贴近斯拉夫人的世俗生活，对他们很有价值。不过，鲍里斯一世虽然下达了使用该法典的命令，但是并未废除原来的斯拉夫习惯法，一直以来都是两种法律并行。而这也是为什么在弗拉基米尔时期会出现波雅尔反扑的原因之一。西美昂一世为了使保加利亚“文明化”，也为了不再出现那样的动荡，要求民众必须使用《斯拉夫民法典》，不得再使用斯拉夫习惯法。当然，这也不是对过去法律法规的一朝清算，而是为未来基督教国家意识形态的调整做好准备，使其适应保加利亚社会的新需求。

经济方面，有人认为在中世纪前半期，即公元 1000 年之前，除拜占庭外的东欧各国都处于自然经济之中。这完全是不对的，因为西美昂一世在位期间，就大力发展了保加利亚的经济。他首先确立了转口贸易。其实在鲍里斯一世时期，保加利亚已经有了完整的转口贸易。当时，保加利亚已经基本控制了拜占庭北部的贸易路线，几乎所有拜占庭向欧洲北部的货物输出，如东法兰克、西法兰克、基辅罗斯、波兰、立陶宛等，都要经过保加利亚。因此，保加利亚的很多商人专门做起了拜占庭的转口贸易。他们将保加利亚的初级产品，如粮食、水果、牛羊、皮革等汇集起来输出到拜占庭，然后再从君士坦丁堡和塞萨洛尼基等地输入奢侈品。到西美昂一世时期，普利斯卡、维丁、索菲亚等地都成了重要的商品集散地。商人们在这里每天讨价还价，以获取更高额的利润。当然，保加利亚政府也从中抽取了不少利润来填充国库，以应对各种开支。而且，因为转口贸易的利润非常丰厚，保加利亚政府还特意为商人提供多种便利，以期彻底垄断拜占庭北部的所有贸易。也正因为这个原因，保加利亚和拜占庭之间发生了多次战争。

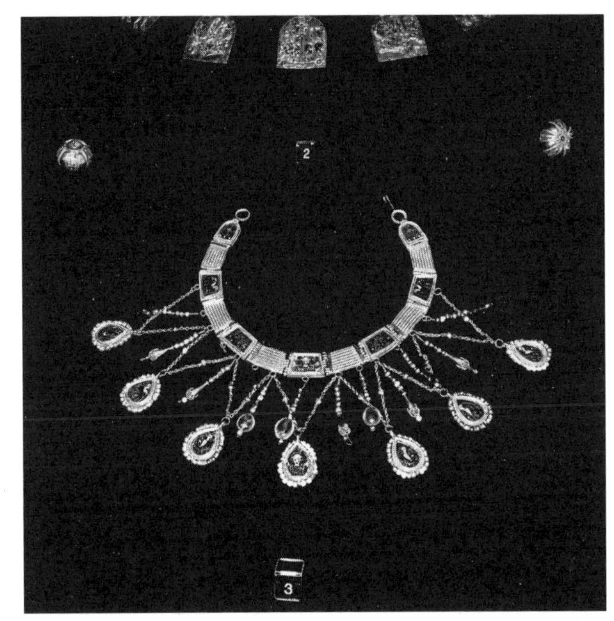

▲在瓦尔纳挖掘出的保加利亚第一帝国时期的黄金饰品

另外，西美昂一世要求所有人都力行节俭。在考古学者从大普雷斯拉夫挖出的诏书中，有很多关于某某大臣不节俭而被处罚的事例。这是由于当时的保加利亚内部经济并不发达，国家刚刚完成封建化，农业和手工业都还处在初级阶段，平民百姓几乎还生活在《圣经》中的时代。为了发展保加利亚的内部经济，西美昂一世一方面倡导积极发展农业和手工业，另一方面则厉行节俭，以期最快速度地将保加利亚变成像拜占庭一样富庶。

《农业法》的推行，是西美昂一世时期的另一重要政策。在西美昂一世统治末期，小农经济开始破产，大土地庄园和领主开始出现。西美昂一世为了限制土地兼并，将拜占庭的《农业法》引入国内，以保护小农的土地和财产安全。但《农业法》中的重税政策与当时保加利亚的经济情况严重不符，领主和农民都拒不接受，推广起来非常艰难。不过，在靠近拜占庭的地区和沿海地区，这一法律还是被强令推行，其他地方则暂缓推行。

军事方面，在保加利亚第一帝国的历史上，有过两次军事上的变革，第一次是在克鲁姆可汗时期，第二次则是在西美昂一世时期。

早期的保加利亚，即大保加利亚王国时期，其军事与诸游牧民族几乎相同，都是以家庭和部落为单位。他们好战，并把战争当作生活的一部分。为了统军需要，保加利亚可汗将部落子民按级别高低制定了相应头衔，即可汗（Khan）、伯干（Bogain）、巴加图（Bagatur）、博伊尔（Boil）和塔克汗（Tarkhan）。每次出征前，首领都会向下级伯干[①]下达命令，要求将部落里的男人们组织起来，从而形成一支军队。该军队主要由骑兵组成，可汗具有骑兵卫队，大军则分左右两翼。和其他游牧民族一样，他们善于使用诱敌深入的战术：先用骑兵冲击，之后快速后退，待敌军接近，骑兵迅速使用回马箭射杀敌人。弓箭使用完后，这一波骑兵就赶回去取箭，而第二波骑兵则继续重复这一动作。据最早接触他们的拜占庭人说："这些人就像蝙蝠一样黑压压一片。他们经常在夜间出现，劫掠我们拜占庭人……"目前出土的材料，也证明了这点。那时候的保加利亚军队，装备相比其他游牧民族还是很精良的：步兵拥有剑和长矛；骑兵除了携带很大的箭袋外，还有两把刀或剑，在箭射光后使用；只有重骑兵拥有头盔和金属铠甲。不过，也正是由于保加利亚军队的轻便迅捷，才能令他们在6世纪—7世纪时常劫掠拜占庭人并全身而退。

但之后，一切都改变了。大致在保加利亚第一帝国建立（681年）前后，保加利亚人进入了巴尔干半岛，由于该处山林纵横，马匹行动不畅，慢慢地步兵逐渐占据了重要位置，骑兵则退居二线。正因为这个原因，保加利亚第一帝国前期几乎被拜占庭压着打，一直没有翻身的机会。

克鲁姆成为可汗后（803年），对军队进行了第一次改造。由于他本身是保加利亚西北部的波雅尔，在国家内乱时崛起，因此他深知军队的重要性。他最后采用的，是最熟悉的法兰克王国那般的军队建制。首先，他增加了骑兵卫队、弓箭兵等，形成具有全面兵种的新式部队；其次，他改战时集结制为征兵制，从此斯拉夫人被大量招进保加利亚军队，增加了兵员，使常备军达到2万—3万人。而且，一些斯拉夫人由于战功颇高，被提升为贵族，与保加利亚贵族平起平坐。当他们具有话语权后，便逐渐促使保加利亚斯拉夫化。特别是在鲍里斯一世时期（852年—889年），斯拉夫人已经占据了半壁江山，保加利亚形成了保加利亚贵族与斯拉夫贵族平分天

① 保加利亚对部落长的称呼，不过建国后就改称"波雅尔"了，一般指保加利亚贵族。

▲东正教基督像，出自俄罗斯

下的情况。第三，统一信仰，他开始逐渐接受拜占庭的东正教信仰，加强军队的凝聚力，这一信仰接受最终在鲍里斯一世时期完成。

西美昂一世即位时，保加利亚军队已经成为一支恐怖的力量，在巴尔干半岛甚至是更远的中欧地区，都令人生畏。由于西美昂一世在君士坦丁堡几乎度过了整个青年时代，因此他对拜占庭有着极高的亲近感，在文化上和军事上几乎做到了全盘接受。于是，他在之前的基础上，增加、改变了一些军队构成。

首先，他建立了海军。过去，保加利亚全部由陆军构成，只能在陆地上施展自己的力量，可是只要一遇到拜占庭从海上进攻，或者用运兵船将远处的异族军队带来时，都会处于腹背受敌的状况。虽然这支军队只有一些划桨船，甚至只能作为围攻使用，但却在保加利亚首开先河，使其可以与拜占庭帝国军队正面对抗。这些战舰的简图，今天仍旧可以在普利斯卡的教堂墙壁上看到。

其次，形成军团建制。他将将军（warlord）与波雅尔合并，采用大将（Voevodes）这个称呼，塞奥多拉和柯西米诺斯是他最先任命的两名大将。另外，他还将保加利亚军队分割为诸多百人队，任命队长，让下级对上级直接负责。西美昂一世时期，常备军队增长到6万人，所以我们可以发现，在数次战争中，西美昂一世总是率领着一支6万人左右的军队。

最后，在军中采用护具。在西美昂一世之前，保加利亚军队中无论是波雅尔还是士兵，都是不戴护具的，甚至有些人赤膊上战，他们依靠自己的勇猛来吓退敌人。

而西美昂一世则采用了拜占庭式的护具，他本人身穿鳞甲，装备着铁护膝与护腿。其实，该战甲来源于早期游牧民族，主要是为了防护弓弩，但遇上锋利的刀剑就不一定起作用了。在8世纪左右，阿拉伯人对该战甲进行了改造，使其重新成为一种优秀的防具。后来拜占庭使用同样的技艺，制造了拜占庭式的鳞甲，这便是西美昂身上鳞甲的原型了。通常，保加利亚的将军披挂上阵时，士兵根据情况或多或少地装备护具。其中，步兵采用防护前胸和后背的护具，该护具材料不详，可能为鳞片铁甲；不过，他们没有拜占庭式的护肩与绑腿。一般，步兵使用短刀和小圆盾，小圆盾基本为木制，用柳条系在臂上。弓兵没有护具，使用短弓或者反曲弓。骑兵有少许护具，也基本集中防护前胸和后背。值得注意的是，骑兵，特别是最高级别的“热汤部队”（Boils），拥有两把刀，可以在敌人蜂拥而来时双手并用。

遗憾的是，西美昂一世因为帝国内冶铁能力较弱，没有建立枪兵与弓骑兵部队。

在战斗中，西美昂一世规定，军队的总指挥通常为国王或高级将军。而排兵布阵方面，军队分为三部分，即左翼、右翼与中军。一般情况下，左翼为步兵，右翼为骑兵，中军则是总指挥率领的骑兵卫队。当然，有时候也会根据战斗情况进行混编，如安基阿卢斯战役就是如此。

保加利亚历史上最著名的几位将军也都出现在西美昂一世时期。

首位便是本书中经常会提到的塞奥多拉·希格里特萨，他原本是保加利亚贵族，因英勇无敌被西美昂一世选为皇家护卫队队长。之后，他因在战斗中所向披靡、身先士卒，立下赫赫战功，又被封为将军。913年，他作为特使数次进出君士坦丁堡，为西美昂一世的加冕鞠躬尽瘁，当即被升任为首席部长（Kavhan），也就是首相。在保加利亚第一帝国历史上，仅有四位首席部长被记载下来，他便是其中之一。

第二位是阿罗格伯特尔伯爵（Alogobotur，？—926年），他是保加利亚西部某军区的统帅，在924年塞奥多拉去世后，成为保加利亚军队实际上的总指挥官。阿罗格伯特尔是西美昂一世的表亲，一个波雅尔，名字在保加利亚语中指的是“伟大的英雄”。他曾多次领兵与塞尔维亚人战斗，获得无数胜利，但最终不幸在与克罗地亚人的战争中折戟被俘，最后自杀身亡。

第三位是乔治·苏尔苏沃尔（George Sursuvul），他是西美昂一世第二位妻子的哥哥，也就是他的小舅子。他在924年成为首席部长，但并没有军权，军权属于阿罗格伯特尔。不过在926年，他正式拥有了军权，统领保加利亚军队。西美昂一世去世时，因新王彼得尚未成人，他又做了两年的摄政王。927年，当彼得向拜占庭称臣，去君士坦丁堡迎娶新妻时，他一路陪同。虽然没有统兵出征，但在西美昂一世末期到彼得一世前期，苏尔苏沃尔一直作为保加利亚的实际统治者而存在。据说，拜占庭为了维护他，还做过这样一件事。在罗曼努斯一世的一次诞辰上，各国大使都去祝贺。拜占庭人习惯按照国家的强弱排序，这次排的是：第一阿拉伯，第二保加利亚，第三东法兰克……东法兰克使臣认为他们的国家强于保加利亚，要求罗曼努斯一世更改顺序。没想到，罗曼努斯一世立刻斥责他说，保加利亚苏尔苏沃尔的统治非常优秀，而且他与我是亲家，我为什么不让他们排在第二位？接着，他命令将该使者剃秃头发，强迫其身穿黄色小衫和长裤，将人送回了东法兰克。

第四位名叫马尔麦斯（Marmais，？—924 年），他可能是保加利亚马其顿军区的统帅。他的家族是世袭波雅尔，从阿斯巴鲁赫时期就一直替保加利亚出生入死，在保加利亚第一帝国从建国到灭亡的 300 多年间，出过多名将军。他是其中第二著名的，第一著名的是萨穆埃尔——未来与巴西尔二世频繁过招的保加利亚沙皇。马尔麦斯生平打过无数次仗，但最重要的还是 917 年 8 月与塞尔维亚的那场战争。在那次战争中，他和塞奥多拉仅靠 1 万余士兵便挡住了塞尔维亚数万军队的进攻。不过，他的结局并不好，在 924 年与塞尔维亚人的战斗中被杀，头颅后被送往拜占庭。

最后一位名叫莫斯迪克（Mostich），他是西美昂一世时期骑兵部队的指挥官。莫斯迪克是一个出色的守卫者，曾多次在大普雷斯拉夫抵御马扎尔人和塞尔维亚人的入侵。西美昂一世去世后，他选择进入修道院，据说直到 80 岁高龄才去世。

总之，西美昂一世的改革，不仅令保加利亚得到了全面发展；而且在政治、经济、文化和军事方面的加强，使其成了主导东南欧的有力竞争者。而保加利亚的主人也有了另一个想法……

加冕与帝国梦想

10 世纪初，保加利亚已经基本上统一了巴尔干半岛的斯拉夫人，但西美昂一世希望成为整个巴尔干半岛的主人。他已经意识到，拜占庭虽然强大，但无休止的外部战争和内部动乱，令拜占庭永无宁日。所以“罗马皇帝”这个称号自己不是没有机会戴上，君士坦丁堡也不是不可能承认。所以，在 910 年左右，他在国内自称“保加利亚人和拜占庭人的皇帝”，希望有一天能成为现实。恰好，一件事的发生令他的愿望有了实现的可能。

912年5月11日，拜占庭皇帝利奥六世去世。他的前三位皇后都未为他诞下皇子，只有最后一位皇后“黑眼睛”佐伊在7年前生下了皇子君士坦丁。因情势突然，7岁的君士坦丁（Constantine，913年—959年在位）即位，世称君士坦丁七世。拜占庭及时向保加利亚通报了这件事情，西美昂一世表示，利奥六世的儿子就等于是自己的儿子，他愿意信守和平协议。

不幸的是，君士坦丁七世年岁太小无法理政，此外还一直体弱多病。最终经过大臣们商议，同意由他的叔父亚历山大（Alexander）摄政，主持国家事务。但可悲的是，亚历山大并没有政治能力，而且是个嗜酒如命的人。他上台第一步就是撕毁与保加利亚的协议，不再付给对方年贡。

西美昂一世派出使者，要求拜占庭恢复年贡，但是亚历山大并未同意。西美昂一世认为，“（他）完全是个愚蠢的疯子，将利奥六世积攒的与保加利亚的友谊和崇敬之情完全抛弃，他放使者回来，令西美昂一世为此蒙羞”。西美昂一世对拜占庭人和斯拉夫人宣传，拜占庭人已经疯狂地将和平协议撕毁，他们野蛮地破坏了保加利亚与拜占庭之间的关系，所以必须用战争来解决。

决定报复亚历山大的西美昂一世，开始积极备战，准备对拜占庭送上致命一击。在君士坦丁堡的亚历山大，这时才醒悟到自己盲目行动招致的严重后果，但为时已晚。913年6月6日，亚历山大突然死亡，据悉是因为饮酒过度致死，但更可能是被谋杀了。他死亡当天，佐伊皇后和大臣们经过协商，决定由7名拜占庭高官共同执政，其中大教长尼古拉斯（Nikolaos Ⅰ，901年—907年、911年—925年在位）的势力最大，不久后就成了拜占庭的实际掌权者。在此之前，教会并不承认君士坦丁七世的继承权，他们认为利奥六世的第四位皇后并未册封，君士坦丁七世没有正统继承权。因此，尼古拉斯大教长掌权后，贬黜了佐伊皇太后，并将其送入修道院。但事情并未就此结束，而是愈演愈烈，在意大利南部，君士坦丁·杜卡斯宣布自己为拜占庭皇帝，拜占庭内战爆发。西美昂一世知道，干预拜占庭内政的时机来了，于是立即率领大军南下色雷斯，自称愿意协助拜占庭剿灭乱党、恢复和平。其实他的

▲ 拜占庭人撕毁了与西美昂一世的和约，载于《纪事》一书，现藏于马德里博物馆

真实目的是想争夺“罗马皇帝”这一头衔。同时，他还命人到君士坦丁堡散布谣言，称“保加利亚的君主将会成为拜占庭的新主人”。

尼古拉斯知道西美昂一世的真正目的，所以他首先关心的是西美昂一世的去向问题，因此他一方面全力剿除杜卡斯的反叛，另一方面写了几封长信给西美昂一世。尼古拉斯表示，一切都是前摄政王的错，拜占庭愿意恢复年贡；不过同时也指出，西美昂一世做事不地道，欺负拜占庭的皇帝年幼，想当一个篡位者，他若对付拜占庭，那么在神和人面前都是罪大恶极的。“你不是孤儿的父亲，只是与皇帝同辈的人，更和拜占庭没有任何关系。他能成为皇帝，完全是因为他的父亲是皇帝。而你的父亲是保加利亚国王……你已经接受了基督教，就应该保持保加利亚和拜占庭的和平。你现在重新发动战争，就是在诅咒和平。”

西美昂一世回信说：“我根本不是诅咒和平，相反倒是为拜占庭的美德而战……我将让阳光重新照耀在君士坦丁堡城上，让所有人眼前一亮。”

尼古拉斯见西美昂一世一意孤行，便回信说：“上帝憎恶任何骄傲的思想，你现在做的正是这样的事。没有人能用自己的力量实现什么，都是上帝所赐予的……我相信，你会为你现在贸然采取的行动后悔，未来一定会为这些轻率的选择而忏悔终生的。”接着，他举例子说：“你看，眼前的亚历山大这个摄政者，就被上帝所惩罚。仅仅还不到一个月的时间，上帝就惩罚了他……”然后，他还说了一些波斯人和阿拉伯人的历史事件，并总结道：“……连波斯人都知道不能在幼主执政时攻打其国，你难道还不如他们吗？你应该继续做一个虔诚的基督徒，将野蛮和暴政永远抛弃。就像太阳和月亮，永远照耀人间。”

尼古拉斯在信中并没有奉承西美昂一世，而是用责备的口吻，希望能使其悔改心意，不再向拜占庭用兵。他相信，这个曾经的基督徒，一定会看懂信中的意思，停止制造流血事件，履行之前签在和平协议上的承诺。

可西美昂一世根本没工夫理他，直接势如破竹地直逼君士坦丁堡城下。913 年 7 月，大军围攻塞萨洛尼基。8 月，抵达君士坦丁堡城下。

西美昂一世联络了阿拉伯人，使用阿拉伯与保加利亚的混编舰队，将马尔马拉海的两边海峡堵住，他自己则率领 6 万大军陈兵君士坦丁堡城下。但是，保加利亚人对君士坦丁堡的城墙一直无力拿下的问题，又摆在了西美昂一世的面前。尽管他命令军士要求拜占庭俘虏赶制攻城器械，但效果不佳，城墙连个塌陷都没有。虽说围攻君士坦丁堡没有获得任何效果，可我们还是敬佩西美昂一世的精神，他不知道在冷兵器时代，即使使用更强大的武器也无法攻破君士坦丁堡的高墙。直到1453年，奥斯曼的巨炮才将君士坦丁堡的城墙轰倒。至于1204年那次十字军东征攻进君士坦丁堡，则纯属碰巧，毕竟拜占庭皇帝都逃跑了，更有人里应外合，配合十字军行动。

西美昂一世在君士坦丁堡生活学习多年，当然也明白根本无法轻易攻破城墙，便索性扎下营来，围而不攻，等待拜占庭自己投降。他知道，每逢拜占庭新皇帝即位，都会伴随着大量的宫廷阴谋，城内不多久便会内乱；到那时，他就可以提出条件，获得更多的好处了。

不过就在这时，大教长尼古拉斯竟然宣布同意西美昂一世进入君士坦丁堡议和。这样的结果，也许一方面是因为西美昂一世军力强大，拜占庭已被内乱搞得焦头烂额，无力守卫；另一方面则是西美昂一世在君士坦丁堡度过了他的整个青年时代，君士坦丁堡人愿意与一个希腊化的君主谈判，似乎这样就可以打打感情牌。

其实，当西美昂一世以弗提乌斯教子的身份去质问大教长时，大教长产生了莫名的负罪感，因此西美昂一世刚到君士坦丁堡城下，尼古拉斯就发出了愿意和解的信号。这时候，轮到西美昂一世表现出自己的大度了。他立即下令士兵后撤，解除

▲西美昂一世进入君士坦丁堡，尼古拉·帕夫洛维奇绘

围城，接着又发了一封信给尼古拉斯，表示希望可以带领一些亲信进入君士坦丁堡。尼古拉斯收到信后，立即回复，欢喜之情溢于言表："上帝保佑你，你是一个好人。尽管之前你还在……但是现在已经改邪归正，我愿意满怀深情地与你和谈……之后，我会拥抱你的头和身体，让我们一起成为……你已经获得了救赎和永恒的荣耀。我赞美你。"

获得允许后，西美昂一世立刻带领塞奥多拉等将士以及自己的两个儿子准备进入君士坦丁堡。在君士坦丁堡城门口，尼古拉斯举行了盛大的欢迎仪式。他和小皇帝以及很多大臣，在城门口列队欢迎西美昂一世的到来，还令市民们夹道欢迎。在君士坦丁堡城门前，尼古拉斯称西美昂一世为最高贵的客人，然后又送上了一堆赞美之辞。接着，一行人来到拜占庭王宫——著名的布拉海尔奈宫（Blachernae）。在宫殿前，西美昂一世下马向尼古拉斯鞠躬，然后在大家的陪同下一起进入宫殿，在这里西美昂一行人获得了最高的款待。

10 世纪末以前，拜占庭皇帝的宫殿叫大皇宫，位于君士坦丁堡的中心城区。到 10 世纪时，拜占庭将王宫搬到了布拉海尔奈宫，它位于君士坦丁堡的西北角。该皇宫建立于利奥一世（Leo Ⅰ，457 年—474 年在位）时期，原在君士坦丁堡城墙外，为皇家避暑之用。但 627 年希拉克略（Heraclius，610 年—641 年在位）又建了一道城墙，将宫殿围在了城市之内。后来这里经常成为皇帝和大教长的居所，甚至还有几位皇帝就是在这里被加冕的，足见其重要性。

▲ *西美昂一世与君士坦丁七世在布拉海尔奈宫饮宴，载于《纪事》一书，现藏于马德里博物馆*

▲西美昂获胜后回到大普雷斯拉夫

第二天，拜占庭的高级官员来到宫殿台阶下，分队而立。尼古拉斯为西美昂一世做了祈祷，之后将圣水点在西美昂一世的额头上。接着，他将王冠戴在了西美昂一世头上，称西美昂一世为“恺撒”（即沙皇），并对众人公布西美昂一世为“保加利亚人的皇帝”，他的两个儿子为共治沙皇，西美昂一世的女儿玛利亚（原名安娜）将嫁给君士坦丁七世。然后，尼古拉斯将权杖放到西美昂一世手中，要求他举起。这时，宫殿内外响起来了“恺撒”的呼喊声。待叫喊声小一些时，唱诗班开始唱起赞美诗。中午，大家一起用了丰盛的午餐，仪式总算成功谢幕。事后，尼古拉斯与西美昂一世会谈，约定以后拜占庭将长期与保加利亚合作，并希望西美昂一世可以经常到君士坦丁堡来做客。正如《西美昂大帝时代》所说：“在 800 年查理曼成为西部帝国皇帝的 100 年后，东南欧也出现了一个可以与之媲美的人，他就是保加利亚的西美昂大帝……因此他诚为东南欧的查理曼。”

加冕之后，西美昂一世带着大量礼物高高兴兴地回家了。就像他的几位祖先一样，拜占庭用空头衔将他们骗走，又用礼物将他们安抚，因为他们在拜占庭人眼里始终是野蛮人。

西美昂一世以为获得了“恺撒”的头衔就已经足够了，根本没想到拜占庭人又使出了他们的绝技——出尔反尔。

安基阿卢斯战役

西美昂一世回到保加利亚后，便开始自称沙皇（Tsar）。沙皇，即恺撒，在斯拉夫世界，代表的就是至高无上的皇帝。所以可以说，西美昂一世此时已经成为名副其实的皇帝了。自他开始，之后的保加利亚统治者便都自称沙皇，保加利亚第一帝国成了第一个将国王称作沙皇的国家。400 年后，塞尔维亚统治者开始自称沙皇；又过了 200 年，俄国统治者也开始自称沙皇。

当西美昂一世在保加利亚享受沙皇这一称号带来的美妙体验时，拜占庭却又出了变故。913 年 10 月，由于君士坦丁七世已经成为事实上的皇帝，皇太后“黑眼睛”佐伊重新从修道院出来。在接下来的几个月内，她将自己的党羽重新聚拢起来。914 年的 2 月，佐伊宣布自己为摄政者，然后历数大教长尼古拉斯的卖国行为，并宣布与保加利亚的联姻为非法，从而获得了拜占庭宫廷中多数人的支持。她说，君士坦丁七世与玛丽亚的婚礼不符合帝国传统，因此是无效的。她认为尼古拉斯身为大教长，就应该管理宗教这一亩三分地，插手政务是完全不对的。当时，尼古拉斯的权力还在，自然不能容忍“黑眼睛”佐伊针对他的这些言论。他再次宣布，利奥六世的第四次婚姻是错误的，是不被上帝和教会承认的。现在佐伊不仅扶植儿子上位，竟还想自己垂帘听政，根本就是对教会、对法律的践踏。接着，宫廷内乱爆发。几乎所有人都在观望，等待合适的时机选择站队。

由于众人都将注意力集中到君士坦丁堡的内斗，以致其他地方疏于管理，意大利南部刚被镇压下去的反叛又开始抬头，而小亚细亚也开始遭受阿拉伯人的连番攻击。

西美昂一世当然收到了拜占庭政府再次洗牌的消息，虽然他非常恼怒“黑眼睛”佐伊不承认保加利亚与拜占庭的联姻，但更重要的是，他希望在这个时候多捞些实惠，将自己成功入主君士坦丁堡的愿望转变为现实。他决定再次发动战争。这一次，他同样提前派人去君士坦丁堡传播流言：拜占庭皇帝将要由保加利亚人取而代之。

做足了准备的 914 年夏天，5 万人的军队被他组织起来，在西美昂一世的亲自指挥下，再次进入色雷斯。这时，保加利亚的领土几乎已经扩张到了整个希腊地区，拜占庭在巴尔干半岛只剩下君士坦丁堡与 7 座重要城市，其他地区悉数归于保加利亚。在这种形势下，西美昂一世索性将兵锋首先指向了亚德里亚堡，对其进行围攻。这时的保加利亚仍未建立投石机部队，所以西美昂一世选择围而不攻，对该城像铁桶一样围了 3 个月。最终，亚德里亚堡开城投降。

尼古拉斯在西美昂一世围攻亚德里亚堡时曾给他去信，表示希望西美昂一世不要逆天而行，撕毁和平条约。但信送到西美昂一世那里的时候，亚德里亚堡已经告破。尼古拉斯得到这个消息后，又发了一封长信，说他自己正在悲伤和哭泣中挣扎：“我怎么能不哭泣？这些事已经得罪了上帝——一切美好事物的创造者，魔鬼已经控制了你（西美昂）的心灵。现在保加利亚人与拜占庭人之间充满了敌意、冲突与仇恨，和平早已被抛到九霄云外。曾几何时，两国已经实现了和平，化剑为犁，而你却（用异教信仰）将他们推向死亡。恶魔已经独霸了你，但你还可以悔改，因为上帝是热爱和平的，祂是可以原谅人们的任何错误的。只要你放弃敌对，将武器扔下，用沟通取代仇恨，世界将会更加美好。我的孩子，我正在为你而哭泣，不过我的眼泪会变成面包……相信我们一定会实现最后的和平的。”接着，尼古拉斯赞美了西美昂：“你和你的父亲一样，谦虚谨慎、聪明自爱，不张狂、不傲慢。这样的你就应该做出和自己身份相符合的事来……我不是预言家，也不是未来的创造者，而你却能创造未来、拯救自己。希望你能将和平与爱再次撒满保加利亚人和拜占庭人之间……”

可是，西美昂一世并没有回信。

▲ *914年西美昂一世的进军，载于《纪事》一书，现藏于马德里博物馆*

攻下亚德里亚堡之后，人们都以为西美昂一世下一步将攻打近在咫尺的君士坦丁堡，由此获得与拜占庭人再次讲和的机会，但西美昂一世并未如此。9月，西美昂一世发兵攻打塞萨洛尼基。明眼人都能看出，西美昂一世这次前来根本不是要求结亲，而是稳扎稳打，将巴尔干半岛的城池悉数夺取，想要一举灭亡拜占庭帝国。皇太后“黑眼睛”佐伊当然也明白这个事实，她马上派人送去大量礼物，希望保加利亚人罢兵。同时，她还派使臣到俄罗斯草原，希望在那里的佩切涅格人能够协助拜占庭人袭击保加利亚的后方。

拜占庭人为佩切涅格人带去了无法想象之多的黄金和礼物，佩切涅格人立即转投拜占庭，不再协助保加利亚，并反过来在保加利亚后方搞各种小动作，使西美昂一世不得不回防。此时已是年末，大雪纷飞，不好行动，西美昂一世便暂时放弃了对拜占庭的进一步侵扰。其实，这么做还有一个原因，就是这次的进攻远不如上一次顺利。913年时，西美昂一世仅用1个月就打到了君士坦丁堡，而这次一个亚德里亚堡就用了3个月。如果所有的城市都是这种进度，那么不待他打到君士坦丁堡，拜占庭的10余万援军就会将保加利亚军队全歼。所以，西美昂一世认为此时最好的选择还是退兵。

史学家认为，西美昂一世这次是判断失误了。他以为拜占庭军队能够迅速赶过来，完全是受了拜占庭方面故意散播的错误消息的误导。原来，这时的拜占庭军队仍旧大部分在与阿拉伯人纠缠。为了报前一年的仇，拜占庭军队正与阿拉伯人在亚美尼亚以及意大利南部如火如荼地战斗，拜占庭人根本不可能快速撤回军队。而到那时，也许西美昂一世早已将君士坦丁堡城攻下了。不过，拜占庭方面并不是什么也没做。为了解除首都之忧，佐伊皇太后将22000枚金币送给阿拉伯人，暂时停止了战争。而后，她又命人假传消息，称拜占庭军队已经回援，这才让西美昂一世判断错误，最终解了君士坦丁堡的窘境。

此外，也有人根据一些新发现的信件认为，当时是西美昂一世的军队突然患病，军队损失严重无法前进，才放弃了对拜占庭的征伐。在此，我们仅作存疑。

西美昂一世回国后才发现，这一切都是佐伊皇太后的圈套。但这时再进兵已经为时已晚，所以他积极备战，准备两年后（917年）再次与拜占庭进行决战。他在边境两侧分别陈兵，同时努力寻找各种援助。

然而备战期间，保加利亚后院起火——塞尔维亚又开始谋求独立了。这里为什么要说“又”呢？因为在此之前，塞尔维亚早已多次谋求独立，失败和成功参半。

大约在保加利亚人来到巴尔干半岛的40年前，拜占庭皇帝希拉克略曾邀请塞尔维亚人协助抵御阿瓦尔人，并承诺事成之后把今塞尔维亚的北部山区送给他们。阿瓦尔人被消灭后，塞尔维亚人就一直生活在这里。以至于在之后保加利亚人横行整个巴尔干的时候，塞尔维亚竟然因为在这么一个群山环绕之地，获得了世外桃源般的安静。他们虽然一直自称是拜占庭的臣民，但因为保加利亚的阻隔，早已成了一个独立王国。

经过200多年的繁衍生息后，塞尔维亚因土地短缺走上了扩张道路。他们征服了巴尔干西部诸多小部落，其君主的名字也第一次出现在周边国家的文献里。到维萨斯拉夫（Višeslav，780年左右在位）统治时期，塞尔维亚基本完成了对各祖番（župa）[①]的统一。805年左右，塞尔维亚与保加利亚终于接壤，拉开了之后长达1000多年的恩恩怨怨的序幕。

839年，塞尔维亚与保加利亚之间的第一场战争终于打响。保加利亚史学家茨拉塔尔斯基在其所著的《保加利亚中世纪国家史》中认为，在830年左右，拜占庭遣使塞尔维亚，同意他们可以独立，拜占庭会保证他们不受保加利亚的入侵。正是由于这个原因，塞尔维亚军力迅速扩张，开始了自己的独立之路。

卧榻之侧，岂容他人酣睡。保加利亚可汗普雷西安一世（Presian，836年—852年在位）察觉到塞尔维亚的崛起，预感这个国家将来一定会对保加利亚产生威胁，便发动了对塞尔维亚的首次战争。839年，普雷西安一世亲自带兵进入塞尔维亚山区作战，史称“三年战争”（Three-year-war）。塞尔维亚君主弗拉斯提米尔（Vlastimir，830年—851年在位）联合附近的几个斯拉夫部落，采用游击式战术，令保加利亚人无功而返，塞尔维亚最后取得了胜利。

851年，弗拉斯提米尔去世，他的三个儿子争立，塞尔维亚因此动荡了一阵。不过，这场内乱很快便被长子穆提米尔（Mutimir，851年—890年在位）依靠拜占庭的军队平息了，两个弟弟被拜占庭俘虏，只得成为他的附庸。

次年，保加利亚的鲍里斯一世即位。即位之初，他毅然选择出兵塞尔维亚，报普雷西安一世时的仇。在853年或854年，鲍里斯一世封其子弗拉基米尔为将军，率领军队攻打塞尔维亚人。当时的弗拉基米尔还是个年轻人，有着一股不服输的冲

① 祖番是塞尔维亚人的专有称呼，他们称地区为“祖番”，称地区领袖为“祖潘”（župan），今天这个词仍旧保留着，不过意思已经转变为“教区”。

▲维萨斯拉夫

▲穆提米尔

劲，他并不完全听从波雅尔们的建议。而穆提米尔比他要年长不少，同时还有两个弟弟从旁协助。从这点来说，保加利亚就已经输了。结果也确实如此，保加利亚军队几乎全军覆灭，弗拉基米尔和 12 个波雅尔被塞尔维亚俘虏。鲍里斯一世大惊，但也无法，只能与穆提米尔签订和约，并交付了一大批财物，用以换回弗拉基米尔和那 12 个波雅尔。打败了强大的保加利亚后，塞尔维亚也做起了帝国梦来。

但是，穆提米尔的塞尔维亚梦又一次被内乱打断。他的两个弟弟在保加利亚人撤走后，立即又发起了反叛。这次的内乱持续了很多年，虽然他的两个弟弟最终还是被他打败并关入监狱，但塞尔维亚元气大伤，不得已又成了拜占庭的附庸。此后，在拜占庭的要求下，塞尔维亚派军队参加了几场拜占庭人与保加利亚人、阿拉伯人的战争，基本就是拜占庭的雇佣军。多年受制于拜占庭的事实，令穆提米尔的两个儿子和群臣们都非常不满。特别是 878 年割让达尔马提亚，令塞尔维亚南北两侧都被拜占庭包围，这引起了众人的极度不满，成了下一次反叛的导火索。他的儿子古加尼（Gojnik，？—896 年）和彼得（Petar，892 年—917 年在位）连同部分大臣发起政变，但穆提米尔还是将这次反叛镇压了。随后，古加尼和彼得逃到了克罗地亚，他们的另一个兄弟布朗（Bran）则逃亡到了保加利亚。这时候的塞尔维亚已经完全成了拜占庭和保加利亚争夺巴尔干霸权的关键棋子，两国都展开了积极行动，试图将塞尔维亚收为己用。

897 年，西美昂一世表示可以支持彼得将塞尔维亚从拜占庭手中解放出来，不再是附庸身份。此时，结束了保加罗塞永战役的保加利亚，获得了拜占庭割让的马其顿及附近领土，这一变化使塞尔维亚南部领土不再与拜占庭接壤，而是与保加利亚接壤。为了稳定这块新得的领土，西美昂一世想到拉拢彼得，用塞尔维亚一直希望的独立令其成为自己人。此外，西美昂一世手中还偷偷掌握着另一个砝码——布朗的儿子帕夫勒（Pavle，917—921 年在位），如果彼得不同意，就扶植帕夫勒替代他成为塞尔维亚的新君主。

彼得可不知道这个砝码，他想的是另一件事。塞尔维亚从拜占庭的附庸变成保加利亚的附庸，等于是刚出狼窝又入虎口，和以前又有什么区别呢？因此他表面上表示愿意向保加利亚称臣纳贡，但暗地里却在集聚军队、谋求独立。他的政策在保加利亚和拜占庭之间时而倾斜，力争做到不得罪任何一个国家。917 年，在准备了 20 年后，他突然宣布塞尔维亚为公国，意思就是塞尔维亚已经独立。这时候正是保加利亚与拜占庭决战前夕，两国都没空理会他。彼得自以为得计。

在 916 年下半年时，保加利亚和拜占庭就将军队逐步开赴边境，准备第二年的决战。西美昂一世除了阿拉伯人外，还希望获得更多的盟友，从而拥有百分百的把握将拜占庭军队置于死地。这时他突然想起了佩切涅格人。

从 896 年起，保加利亚和佩切涅格人一直保持着比较友好的关系，佩切涅格人经常为保加利亚提供兵员，而保加利亚也馈赠佩切涅格人相当多的谷物与皮毛，以巩固相互的协作关系。想到这里，西美昂一世便派遣使者到佩切涅格人的领地去，游说他们参加保加利亚与拜占庭的决战。可是使者在佩切涅格人那里，得到的信息却是他们不准备参加两国的战争，这让保加利亚使者摸不着头脑。使者经过了解后，发现原来拜占庭人在不久之前已经来过这里，他们携带了无数的珍宝和佩切涅格人所没有的东西，厚赂佩切涅格人，离间其与保加利亚的关系。当使者回来回复时，西美昂一世并没有恼怒，而是微微一笑。他知道这是拜占庭人一贯的伎俩，只挥了挥手，说了句："过些日子再去。"

西美昂一世继续将目光看向阿拉伯人。他与阿拉伯人协定，如果能一起攻下拜占庭，两国可以对半分割拜占庭的领土。可是当阿拉伯人刺探拜占庭人的军事秘密时，却发现拜占庭海军早已待命在塞萨洛尼基和德拉科马（Drach）两个海军基地，防范阿拉伯人的进攻。因此，阿拉伯人表示可以在海上威慑、牵制拜占庭海军，但绝不会发起进攻。西美昂一世表示没问题。

916 年底，西美昂一世再次派遣使者携带大量礼物来到佩切涅格人的领地，同时表示他们的上层人士可以与保加利亚的贵族互相婚配。这一信息令佩切涅格人死心塌地地表示，愿意唯保加利亚马首是瞻，绝对不会再与拜占庭联盟。

与此同时，君士坦丁堡方面发现了阿拉伯人的动向，认为保加利亚人已经和阿拉伯人达成协议，从两边夹攻拜占庭。为今之计，最好是让保加利亚沙皇打消进攻拜占庭的想法。为此，皇太后“黑眼睛”佐伊召集众臣，商量如何请西美昂一世罢兵。大臣们说：“现在，大部分保加利亚军队已经严阵以待，他们以色雷斯和马其顿为两个尖端，必然会在这两边先行进攻。我们不相信西美昂会放弃这次战斗，他在数年前就撕毁了停战协议，现在只是上次战争的继续。我们认为必须赶紧准备尽可能多的士兵抵御他们的入侵……现在最重要的就是联系佩切涅格人、马扎尔人和塞尔维亚人，让他们从保加利亚背后动刀子……”

经过数天的商议，拜占庭君臣一致认为应该给予西美昂一世一次沉重的打击。为此，他们制定了反攻计划：首先，要分散保加利亚的兵力；其次，要联合保加利亚北部诸民族对其进行牵制；最后，利用拜占庭的优势军队将保加利亚军队全歼。

917 年初，拜占庭向佩切涅格人、马扎尔人和塞尔维亚人分别派去使者，希望对方可以从旁协助；但由于西美昂一世的手腕更高，三方援助计划宣告失败。其中，佩切涅格人原本已经答应了拜占庭的要求，但因为保加利亚给予的实惠更多，所以在登上拜占庭罗曼努斯（即后来的拜占庭皇帝罗曼努斯一世）军舰的最后一刻反悔；马扎尔人正在与德意志人作战，无力援助拜占庭；塞尔维亚人虽然同意了拜占庭人的要求，但是反对派却将消息泄露给了保加利亚人，使塞尔维亚人还未出兵就被西美昂一世的军队击溃。

后援作战计划全部失败，拜占庭只好在其他地方寻求更多的兵员。他们通过做交易，和阿巴斯王朝的哈里发达成协议，暂停战争，从而将驻扎在亚美尼亚和小亚细亚的部分军队调往巴尔干边境。

这些调来的军队全部在君士坦丁堡集合，然后由君士坦丁七世委托各个将军领导，开赴保加利亚战场。拜占庭海军则直接通过博斯普鲁斯海峡向保加利亚的岸边驶去。

917 年 8 月 20 日，在君士坦丁堡郊区的安基阿卢斯，两军终于碰面。保加利亚约 6 万人，由西美昂一世亲自指挥；拜占庭约 6.2 万人，由将领约翰·博加斯（John Bogas）和利奥·福卡斯（Leo Phocas）指挥。这场战役史称“安基阿卢斯战役”（battle of Anchialos），也叫“卡塔斯尔泰战役”（battle of Katasyrtai）。

安基阿卢斯大部分为平原地区，仅有西部有部分丘陵，东部则紧靠黑海。在经过一番提升士气的讲话后，两军分列南北，准备开战。其中，保加利亚主力军队在北方，背靠阿克鲁斯河（Achelaos），另一部分骑兵在拜占庭军队的西北部丘陵地带埋伏；拜占庭主力军队则全部部署在南方，另有一部分后备军在东南方向随时听从将军的调遣。

拜占庭人与保加利亚人已经进行过多次战斗，双方都很熟悉对方的战术，因此西美昂一世试图使用一个不同于以往的战术。他不再学习希腊式战术，将军队斜线集中，而是将精锐部队集中到两翼，故意让中军虚弱，引诱拜占庭军队进攻；之后左右翼合围，西美昂一世的骑兵再从丘陵地区发起冲击，达到全歼拜占庭军队的目的。拜占庭军队并不知道西美昂一世已经改变了战术，他们还是习以为常地准备攻击保加利亚军队以往最薄弱的右翼。

随后，战斗开始。拜占庭人按照既定方针向保加利亚军队的右翼发动了进攻。西美昂一世抵抗了一会，便佯装失败开始逐步后撤。拜占庭骑兵见有机可乘，趁势冲入保加利亚军队的中军，到处斩杀保加利亚士兵。保加利亚中军无法据守河流南岸的高地，便与其他军队一起撤退到西北方向。

▲*安基阿卢斯战役，载于《纪事》一书，现藏于马德里博物馆*

这时，西美昂一世派间谍到拜占庭军队中散布谣言，说拜占庭主将利奥·福卡斯已经阵亡，这一流言立刻使拜占庭士兵人心惶惶，顿时混乱起来。西美昂一世发现拜占庭军队阵脚大乱，知道计策生效，马上下令全军停止后撤，开始反击；同时，他率领的骑兵从西侧突然出现在拜占庭军队的左翼。西美昂一世的奇兵计策立即使拜占庭军队左翼溃败，而保加利亚军队左右翼的同时包围，也令拜占庭军队应接不暇。一时间，拜占庭士兵纷纷逃逸，从而引发了整个军队的大溃败。根据 10 世纪史学家、助祭利奥（Leo the Deacon）的记载，即便是数十年后“仍然能够在安基阿卢斯，那败逃的罗马军队遭遇残杀的地方看到大量尸骸”。随后，保加利亚步兵冲向最后一批还在抵抗的拜占庭士兵，全歼了他们。

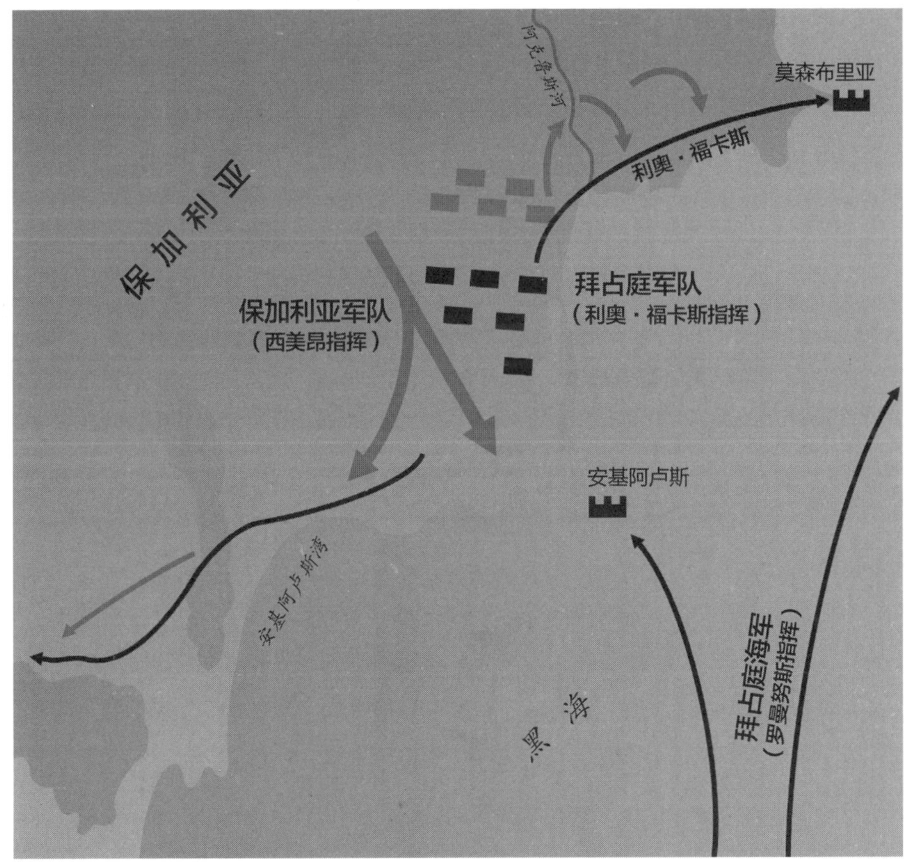

▲安基阿卢斯战役地图

在战斗中，西美昂一世的白马曾被拜占庭军队射杀，但他仍旧坚持指挥，一直到拜占庭军队被最终消灭。拜占庭方面，包括康斯坦丁·利普斯（Constantine Lips）和约翰·格拉普森（John Grapson）在内的许多拜占庭贵族与将士们一同丧命，利奥·福卡斯则率领残兵逃至莫森布里亚（Mesembria，位于今保加利亚东南部布尔加斯州内塞伯尔市）。当天晚上，保加利亚军队便攻克了莫森布里亚，利奥·福卡斯只身登上一艘小船再次死里逃生。

尼古拉斯得到消息后，给西美昂一世去了一封信，希望他能看在自己的面子上，暂时停在安基阿卢斯，不要进攻君士坦丁堡。同时，他又指责西美昂一世“正在大肆屠杀基督徒们，这是非常可耻的行为……你的心灵已经完全被魔鬼所占据……”虽然尼古拉斯斥责了西美昂一世的不道德行为，但他又表示希望能亲自赶往那里，求得西美昂一世的宽恕。这次，西美昂一世回信说：“尼古拉斯大教长，你的思维是混乱的。我这样做并不是消灭基督徒，而是执行上帝的旨意，让那些人不再接受痛苦和悲伤，直接升天来到上帝的身边……你是个愚蠢的人，虽然大家都是基督徒，但对于拜占庭人的背信弃义，保加利亚人必须要让拜占庭人接受教训……我发动的战争其实是我献上的卑微法器，最后必将得到上帝的宽恕……我们送给你的礼物就是上帝对你的话语，你不要忘记在君士坦丁堡学到的那些……”

▲*安基阿卢斯战役*

尼古拉斯知道，现在的西美昂一世早已杀红了眼，不太可能撤军。因此他联合诸多在君士坦丁堡的军政和宗教人士一起给西美昂一世写信，或到保加利亚军营游说西美昂一世退军。另外，他和皇太后“黑眼睛”佐伊商量，希望继续用丰厚的礼物联络塞尔维亚人，让他们在保加利亚背后动手。此举虽然不一定能让拜占庭人获胜，但至少能令西美昂一世回援，暂时缓解君士坦丁堡附近的压力。“黑眼睛”佐伊非常赞同，立刻派出使者去联系塞尔维亚人。

就在这些人准备出发的时候，西美昂一世让少量军队回到了大普雷斯拉夫，防止拜占庭利用这个机会让塞尔维亚人从北方攻打保加利亚，大部队则继续由他亲自率领，追击利奥·福卡斯的残兵败将。

利奥·福卡斯刚刚将残兵收拢起来，就在三天后遭到了保加利亚人的再次进攻。在君士坦丁堡附近的卡塔斯尔泰（Katasyrtai），两军于夜间交战，结果拜占庭军队又一次溃败。此时，君士坦丁堡前已经无险可守。但是，西美昂一世仍旧没有进攻君士坦丁堡，而是暂时撤军了。

他这样做，主要有两方面的原因：其一，他多次攻打君士坦丁堡，但因为攻城武器威力不足，每次都无功而归，因此他认为不如先将君士坦丁堡周边的所有土地蚕食光后，让该城孤军奋战更容易攻下；其二，塞尔维亚的问题还未解决，虽然拜占庭派出的使者仍在路上，西美昂一世并不知道对方的打算，但他早就想找机会收拾塞尔维亚人了，出征前他们狂妄地宣布成为公国就是一个不错的理由。

▲ *保加利亚的攻城器具*

对于这次失败，大教长尼古拉斯将所有气都撒在“黑眼睛”佐伊身上，认为是她还未等自己将西美昂一世稳住就发动了与保加利亚的决战，结果一败涂地。如果不是自己拼命用朴质的、上帝的语言规劝西美昂一世，君士坦丁堡可能早已被攻破，拜占庭帝国也跟着完蛋了。不管是不是真的如他所说，尼古拉斯大教长都开始以功臣自居，拜占庭政治、宗教领域的各类人都对他钦佩有加，争相投靠到他的身边。

另一方面，事实证明，西美昂一世的选择是正确的，他派回去守卫的士兵立即就派上了用场。安基阿卢斯战役爆发前，塞尔维亚亲王彼得联系了北方的马扎尔人，声称要为马扎尔人夺回失去的领土。他们一起从保加利亚的西部窜入，开始对保加利亚进行骚扰，还从北向南袭击了保加利亚三位亲王的三座沿海城市（皆位于今黑山）。在这里，彼得支持扎库卢米亚（Zachlumia）亲王米哈伊尔·维什维琴（Michael Vishevich，910 年—931 年在位）自立，并同意给予保护。911 年时，米哈伊尔曾捕获威尼斯叛徒送给保加利亚，西美昂一世认为他忠于自己，便将几座沿海城市分封给他，自此便有了“扎库卢米亚亲王”的称号。然而到 917 年时，米哈伊尔亲王的领土已全部处在塞尔维亚的势力范围之内。在彼得的威逼利诱下，米哈伊尔亲王不得不倒向塞尔维亚。

917 年 8 月，保加利亚和拜占庭的战争爆发，双方无暇他顾，塞尔维亚更以为得计。彼得趁着这个机会将先前袭击过的三个亲王的领土全部占领，这样一来，整个达尔马提亚几乎都成了塞尔维亚的囊中之物。随后，自信心膨胀的他竟然开始打起了进攻保加利亚的算盘。几乎就在安基阿卢斯战役结束的同时，他发兵进入保加利亚的马其顿地区。在这里，已被先期派回的保加利亚两位将军塞奥多拉与马尔迈斯进行了防御。他们利用塞尔维亚人的内讧，将塞尔维亚的进攻扼杀在摇篮之中。马扎尔人见塞尔维亚人失败，也撤了回去。彼得不得已同意与保加利亚人展开和平谈判，然后也准备撤回本土。

不过西美昂一世会让他就这么轻易地离开吗？

当然不会。西美昂一世借口说需要彼得亲自到保加利亚签署协议，向他保证以后不再入侵保加利亚领土，只要彼得做到，保加利亚就会遵守协议不予追究。不加追究这条使彼得非常高兴，见保加利亚人如此友好便仅带了一些随从来到保加利亚签订协议。可他刚进入保加利亚首都的大门，就被逮捕了。西美昂一世根本没有审问，便将彼得投进监狱，刺瞎眼睛，关到他死亡为止。之后，西美昂一世将彼得的侄子帕夫勒推为塞尔维亚亲王，使塞尔维亚成为保加利亚的傀儡。同时，帕夫勒的弟弟扎哈利亚（Zaharija，921 年—924 年在位）也投入到了保加利亚的怀抱。

安基阿卢斯战役的胜利是保加利亚第一帝国历史上最大的成功，它使保加利亚取代拜占庭成为东南欧的绝对权威，同时赋予保加利亚人强烈的民族自豪感，并能在被奥斯曼帝国灭亡400余年后还能重新站立起来。

“我要成为拜占庭皇帝”

此时的西美昂一世完全被胜利冲昏了头脑，他并不满足于这次伟大胜利为他带来的声望和名誉。在他眼中，拜占庭已经是个垂死的国家，缺的只是一根压死骆驼的稻草罢了。

917年末，西美昂一世与“黑眼睛”佐伊以及尼古拉斯大教长进行了多次通信。在信中，他声称要加冕为“保加利亚人和罗马人的皇帝”，同时要求与君士坦丁七世继续结亲，增加给保加利亚的年贡，否则他将让拜占庭在“火与剑的暴风雨下彻底倒塌”。由此可见，在一连串胜利的激励下，西美昂一世已经变得狂妄自大，殊不知历史上很多帝国的领袖就是因为丧失理智，才招致了可怕的下场。

尼古拉斯回信告诉西美昂一世，瘦死的骆驼比马大，即使拜占庭如今衰微，但军事实力很快就能恢复；况且西美昂一世已经被承认为恺撒，罗马皇帝的头衔不可能给他，只能由拜占庭人传承和使用。如果西美昂一世一定要逆天而行，那只会给自己招来失败与烦恼。

西美昂一世也马上回信，他首先对尼古拉斯的话进行了抨击，然后告诉尼古拉斯：曾经是阿瓦尔人奴隶的保加利亚人感谢拜占庭人帮助了他们，并将基督教传播给他们，但对于拜占庭人的反复，保加利亚人一定要严惩。之后，他又要求尼古拉斯为他加冕。

两人进行了多次言语交锋，但直到最后，尼古拉斯大教长都不愿意帮西美昂一世加冕为罗马皇帝。

随后，西美昂一世发动了数次针对拜占庭的战争，但君士坦丁堡的城墙总是令他败下阵来，这段城墙在西美昂心中永远都是一个无法逾越的山峰，令他望而却步。

然而，就在他们两个人唇枪舌剑之时，拜占庭内部却发生了一起重大事件，令历史朝着另一个方向偏移了。

与保加利亚战争的接连失败，令拜占庭人对执政的皇太后“黑眼睛”佐伊倍感失望。他们迫切希望能够有一个强有力的统治者上台，将一直以来笼罩在拜占庭身上的阴影一扫而空。由此，一幕幕宫廷内乱反复上演。终于在919年3月25日，

▲罗曼努斯的家族教堂，建于922年

拜占庭海军司令罗曼努斯结束了宫廷内乱，成为拜占庭帝国的实际主宰者。他确实是拜占庭人所希望的那种铁腕人物。上台的第一个月，他就将皇太后“黑眼睛”佐伊关进修道院，以确保他的权威。4月，他又把女儿海伦嫁给小皇帝君士坦丁七世，而后自称太上皇（Basileopator）。一年后，他又谋取到了拜占庭共治皇帝的位子，称罗曼努斯一世。

一个人绝不能在同一个地方跌倒两次，然而在与拜占庭皇帝的联姻上，西美昂一世再次跌倒，胜利属于罗曼努斯。罗曼努斯知道，自己比西美昂一世成功的唯一理由，就是自己是拜占庭人，能够被拜占庭人所接受。他知道，西美昂一世必定不会接受这个结果，一定会马上兴兵大举进攻。因此他一面重新修缮拜占庭的要塞，一面据守君士坦丁堡闭门不出，在他看来君士坦丁堡的城墙是永远不会被攻破的。

事实确如他所料，罗曼努斯上台的消息对西美昂一世来说不啻当头一棒。西美昂一世知道，现在与他为敌的不再是那个名叫佐伊的弱女子，已经变成了与他在战场上有过多次接触，身经百战的拜占庭将军。这是一个聪明的领导者，更是一个实干家，未来他的日子一定不好过。现在，罗曼努斯一世已经成了拜占庭的实际掌权者，其女也成了君士坦丁七世的妻子，再加上长年的战争，他在老百姓心中有着一定的号召力。对方身上如此多的优势，令西美昂一世清晰地认识到自己离成为拜占庭皇帝这个梦想越来越远了。

领军再次进攻君士坦丁堡？

绝对不可以！多次在君士坦丁堡前止步的事实早已令西美昂一世产生了畏惧之情。西美昂一世觉得最好的方式莫过于先征服除君士坦丁堡以外的整个巴尔干半岛，然后再与一个海洋上的盟友夹击这座城市。这个想法一出，群臣响应，备战立即开始。919年—920年，在西美昂一世的征召下，一支10万人的军队被组建起来。

西美昂一世的征兵行动，罗曼努斯看在眼里。他知道自己刚刚执政，现在最重要的是赶紧将国家稳定下来，而不是继续和保加利亚人开战。他也知道，如果自己的敌人握有重兵，自己不想打仗也绝不可能。其实，最简单的方法莫若龟缩在城内，打长时间的消耗战，这样保加利亚人一定会退兵的。群臣都表示同意。

920 年 9 月 24 日，罗曼努斯一世被君士坦丁七世宣布为恺撒。这之后，西美昂一世收到了一封来自尼古拉斯大教长的信件：“我亲爱的孩子，你现在是否还是每天站在耶稣像面前发誓，痛悔自己的过错？你是否还在每天祈祷获得更多的宽恕？我相信，现在的你恐怕已经许久不做了，即使做也是很久才有一次。魔鬼的工作就是戏弄所有人，你便是一直在被他戏弄。你正在让原本是兄弟姐妹的人相互攻伐，仇恨溢于各处……我希望你能将谋杀、流血与战争结束掉，我知道你有这样的能力……人与人之间应该以平和为重，而不是以兽性去做一切事情，如果你能将你的兽性脱离，势必会成为一个完人。基督降临世间，其目的就是教人爱人胜于爱自己……你如果继续发动战争，必将受到审判。你的名字是很好的，因为无论在人间还是天上都是永不转移的磐石。如果你能改邪归正，一定会成为一个仁慈、善良、厚道而沉稳的好国王、好父亲……即使你现在获得了各种财富、土地与荣誉，但你死后什么都不会带走，带走的只是你自己的身体和灵魂。希望你能听从我的忠告。”

如果您读过尼古拉斯大教长的其他信件，马上就能明白，这封信显然不是出自于他的手笔。因为其中满是宗教意味，根本没有尼古拉斯大教长平常写信时惯常将宗教与政治相联系的手法。原来，在开完军政会议后，罗曼努斯一世去找尼古拉斯大教长，希望他能继续给西美昂一世写信，以拖延时间。可是，当罗曼努斯一世见到尼古拉斯大教长时，着实吓了一跳。这时的尼古拉斯已经卧病多时，手脚颤抖，连说话都不方便，就更别提写信了。罗曼努斯一世亲吻了尼古拉斯大教长的头、脸、嘴唇、手和脚，希望他赶紧好起来。尼古拉斯听了罗曼努斯一世的提议后，表示赞同，唯一的要求就是要罗曼努斯一世找一个书记员来，将他的话写成信发给西美昂一世。因此，很有可能书记员在记录后，又进行了润色，他加入了自己的想法，并删除了一些过于偏激的说辞。可是书记员却完全忘记了，这封信的目的并不是让西美昂一世对自己的行为进行忏悔，而是说服他退兵。

西美昂一世阅信后哈哈大笑，然后将信给其他大臣传看。几乎所有人都在大笑，笑这个迂腐的人到底是从哪里找来的。西美昂一世扣留了拜占庭的送信使者，也没有再向君士坦丁堡方面回信。

这封信居然弄巧成拙，令罗曼努斯一世颜面尽失。罗曼努斯一世急于将脸面挣回来，便宣布在拜占庭宫中不许再提“西美昂”，而要以“保加利亚国王”代替。他这是从侧面告诉大家，他不承认西美昂一世成为沙皇的事实，现在拜占庭的皇帝是他——罗曼努斯。不久后，他立刻主持召开了一次宗教会议，在会议上趁着尼古拉斯大教长重病未能出席，强行通过了多次婚姻合法这个规定。如此一来，利奥六世的四次婚姻都是合法的，君士坦丁七世也成了合法的皇帝。罗曼努斯一世此举好像是在维护皇权和国家的完整，但真正的用意是在告诉众人，既然君士坦丁七世是合法的，那么他作为老丈人成为拜占庭的共治皇帝更是合法的。当年 12 月 17 日，罗曼努斯一世被君士坦丁七世同意加冕成为共治皇帝，这个亚美尼亚的农民之子由此取得了拜占庭的主宰大权。

对于多次婚姻合法这个规定的强行通过，尼古拉斯大教长非常愤怒，他不顾病体致信各地，其中便包括罗马和大普雷斯拉夫。他说，现在的教会已经被恶魔占领，必须要打倒这个恶魔，才能恢复耶稣基督对地上的统治。不过，他不希望大家用武力干涉，因为这是拜占庭教会内部的事情，应该由拜占庭人自己来解决。

但在西美昂一世眼里，这又是干涉拜占庭内政的绝好时机。他马上召集十大波雅尔与将军们，进行军事会议。对于这封信带来的契机，大家的认知很快便达成一致：为我们沙皇加冕的人现在发来了请求信，说他们正在遭受恶魔的袭击，作为拜占庭 200 余年的友好邻邦，保加利亚绝对不能坐视不管；不论从关系上还是道义上，保加利亚都应该派出军队去援救他们，让他们重获自由。当然，如果西美昂一世能够成为拜占庭皇帝那就更好了。

不过，对外可不能这么说。10 月，西美昂一世专门给尼古拉斯大教长写了一封道歉信：“作为一个基督徒，对于过去的错误我已经深刻反省。我竟然……现在我希望您能宽恕我，我会协助您将恶魔赶出君士坦丁堡。不过您放心，我不会再次使用军队，而是使用上帝赐予我的力量，协助您和您的教士们。因为罗曼努斯一世的倒行逆施，现在君士坦丁堡的人们已经对他憎恨至极。我想光凭舆论就足以将其推下皇位……”在发出信件的同时，西美昂一世领军，向着拜占庭进发了。

这封“感情真挚”的信令尼古拉斯大教长高兴异常，他认为西美昂一世的确已经开始悔改了。不过他还是留了个心眼，怕西美昂一世只是放烟幕弹，真实目的还是夺取君士坦丁堡，因此他寄信道：“你的友好令我感到非常幸福，我知道你已经彻底悔悟了。感谢上帝，感谢我们之间的友谊……你让我忘记了身上的疼痛，驱散

▲君士坦丁堡大皇宫的马赛克人像地板

了一直以来的阴霾。希望你能在未来令我感到幸福和幸运。你的谦卑是值得赞许的，让我们一起忘记过去的不愉快，共同将身体和灵魂交给我们的基督……我希望我们可以在梅斯穆拉尔（Mesemvria）会面，一起聊一聊未来的一切，一叙你对拜占庭的向往之情……”梅斯穆拉尔即今天希腊的佐恩（Zone），当时正好在保加利亚与拜占庭的边界上，而且离大普雷斯拉夫和君士坦丁堡的距离基本相同。

实际上，西美昂一世已经率军来到拜占庭的领土上了。10 月 17 日至 24 日，西美昂一世的兵锋向着达达尼尔海峡直逼而去，将拜占庭在巴尔干的领土彻底一分为二。虽然保加利亚军队占领了大片土地，但几个大城市都遵守罗曼努斯一世的要求坚壁不出，这使没有攻城武器的保加利亚军队束手无策，只得放弃对几座大城市的围攻。斯希里茨斯（Scylitizes）在其所著的《编年史》中记载道：“西蒙（西美昂），这位斯基泰人的国王，打破了与罗马人（拜占庭人）的约定，在罗马人的土地上转来转去。他一次次地蹂躏和奴役希腊的土地，将自由人的生命随意夺取，仅剩的人们纷纷往南逃去。这里只有埃维亚岛和伯罗奔尼撒半岛没有受到影响。”西美昂一世寄希望于蹂躏希腊迫使拜占庭就范，承认他是拜占庭的皇帝，但是很显然罗曼努斯一世更加聪明，他宁可守住仅剩的城堡也不与西美昂一世正面对战。

恰好，尼古拉斯大教长的信也在这时送达。因为路途较近，西美昂一世当即同意会面。他率领部分军队提前到达，等待尼古拉斯大教长的到来。10月底，两人在当地的一所教堂内会面。大教长是坐船而来的，因此并未看到路上的悲惨画面，他带着书写的部分《圣经》文稿和随行教士，幻想着可以让西美昂一世改邪归正。但会议根本没有任何进展，西美昂一世对大教长的各种和平要求都只是敷衍了事，根本没有付诸实际的想法。虽然最后两人签订了一个协定，但那仅仅是一纸空文而已。

无论是罗曼努斯一世还是尼古拉斯大教长，都没有令和平的窗口打开。此时，西美昂一世的政治理想就是成为拜占庭皇帝。如果罗曼努斯一世不下台，西美昂一世就永远上不了台。所以，他就像疯了一样，根本听不进他们的话，一心想要进入君士坦丁堡。

920年以来，拜占庭即将倾亡的征兆越来越明显，保加利亚沙皇也越来越危险，君士坦丁堡的君臣和人民在越来越深的恐惧中煎熬。所有人都能看出，从道义上说服西美昂一世放弃战争、实现和平根本不起任何作用。因此，尼古拉斯大教长希望用战争的残酷性来要求西美昂一世答应和平，他说："保加利亚人之于罗马人的不幸，就是将罗马人置于死地。两国人民正在进行着一场血流成河的战争，而战争的结果只是两败俱伤……这是兄弟与兄弟之间的战争。我赞叹保加利亚军人的英勇善战、视死如归。每个人也许会为这件事或那件事感到幸福，但战争一定是不幸福的。不要认为胜利一定属于你，你即使胜利了但也会付出沉重的代价，最后的结果一定会令你抱憾终生……你是一个穷兵黩武的人，并没有能力获得智慧和力量的象征——拜占庭的权杖。"我们可以看到，尼古拉斯大教长的信里通篇都是对战争残酷性的描述，想使西美昂一世知道这次战争只是为他人作嫁衣裳。不过，他丝毫没有透露，拜占庭其实已经没有多少军队了，长时间消耗下去，拜占庭一定会输掉这场战争。

到921年时，拜占庭帝国在巴尔干半岛只剩下了7座大城市，其他都已落入保加利亚之手。对此，尼古拉斯又写信给西美昂一世，向他建议：虽然没能成为君士坦丁七世的岳丈，但可以与罗曼努斯一世的女儿埃林娜结婚；倘若未来罗曼努斯的儿子去世，就有可能让西美昂一世的儿子来当拜占庭皇帝。西美昂一世当然不是傻瓜，他明白真要这样做，他将受到拜占庭的制约，而且再也不可能是太上皇，最多只是个罗曼努斯一世之下的副手。西美昂一世断然拒绝，继续发动进攻，表示要把

▲ *夕阳下的君士坦丁堡*

除君士坦丁堡外的所有拜占庭帝国在巴尔干的领土变成保加利亚的领土，从而逼迫罗曼努斯一世让出皇帝的位置给他。

921 年春，君士坦丁堡门前，一群拜占庭军人装扮成客商悄悄离开，他们的目的地是塞萨洛尼基。这些人实际上是拜占庭的将军和各自的随从，他们遵从罗曼努斯一世的计策，到塞萨洛尼基与从爱琴海赶来小亚细亚的军队会合，然后从后面攻击保加利亚占领的拜占庭城市。

西美昂一世当然知道对方这种声东击西的目的是让他回援，他也知道君士坦丁堡现在一定十分空虚，便要求士兵加快行军，迅速赶往君士坦丁堡。数不清的武器和粮草源源不断地运往君士坦丁堡城下，西美昂一世准备与拜占庭展开最后决战。

突如其来的保加利亚军队，着实令罗曼努斯一世大吃一惊，他立即调派各处人马回援君士坦丁堡。海军也匆忙在海上展开守势，希望能从远处威慑保加利亚军队。但保加利亚军队也不是吃素的，他们在 921 年 3 月全部集结完毕。

3 月 11 日，在拜占庭军队还未全部到位的情况下，战斗突然打响，史称“帕吉尔战役”（Battle of Pegae）。这天早晨，保加利亚军队总司令塞奥多拉要求军队以最快速度开赴君士坦丁堡东北部的山丘帕吉尔（pegae）附近，在那里扎营并进行远程武器的制造。没想到的是罗曼努斯一世的军队也驻扎在附近，一场战争在两军都未完全做好准备的情况下打响了。从 11 日到 18 日，两军一边打一边增兵，进攻与败退的情况几乎相同。

西美昂一世与罗曼努斯一世都将自己的精兵填入到这场战役中，但两军一直处于僵持状态，死伤极大，谁都没有占得上风。7 天后，几个拜占庭将军不愿再与保加利亚军队纠缠，竟然临阵脱逃，强行到金角湾登船离开。这一变故使军心本来就不稳的拜占庭军队立即兵败如山倒，士兵们争相找船返回君士坦丁堡，以致本来就不多的海军战舰大多超载。然而，逃出的士兵在金角湾遇上风浪，大部分人被淹死；剩下未逃走的士兵则被赶来的保加利亚军队斩杀殆尽。

18 日，战斗结束，拜占庭人死伤惨重、一败涂地。罗曼努斯一世紧闭君士坦丁堡城门，坚决不与西美昂一世正面交锋。他任凭保加利亚军队叫阵，就是不发一兵一卒。

胜利后的西美昂一世非常自负，他见罗曼努斯一世坚决不见他，便写信派人送入君士坦丁堡。信中写道："你真的拥有这个皇帝的宝座吗？……现在已经被摔下来了吧，因为所有的拜占庭人都知道谁才是他们真正的皇帝……你是不被上帝接受的，我才是！"西美昂一世在信中还说，拜占庭人的所有灾难都是罗曼努斯一世带来的，皇太后"黑眼睛"佐伊和他都是保加利亚的手下败将，现在没有人能反对他冠上"拜占庭皇帝"的称号。西美昂一世声称，他的到来就是为了推翻罗曼努斯一世的统治，建立由保加利亚人主导的拜占庭新王朝。

在这封信中，西美昂一世以嘲讽的口吻将罗曼努斯一世推入了拜占庭罪人的境地。同时，他明确地表明了自己的目的——为了拜占庭皇帝的宝座。如果罗曼努斯一世不愿意给，他就要将拜占庭闹个鸡犬不宁，直到对方妥协为止。

但他等来的并不是像 913 年那样，由拜占庭人引他进入君士坦丁堡拥戴他成为沙皇。拜占庭使者送来了一封信，上面只有一个词——和平，其他什么都没有。气愤的西美昂一世撕烂了信，指着使者的鼻子说一定要让拜占庭人付出代价。随后，西美昂一世亲自负责对君士坦丁堡的攻击，另几位将军则去围攻其余 6 座大城市，颇有一副不攻下来誓不撤军之势。

拜占庭会在西美昂一世的围攻下土崩瓦解吗？

当然不会，因为他们除了出尔反尔外还有一招，那就是送礼求援。无数宝物和金钱被送到塞尔维亚，见钱眼开的塞尔维亚君主帕夫勒无法抗拒拜占庭的珍宝，马上表示愿意帮拜占庭这个忙。帕夫勒不敢与西美昂一世直接作对，因为他的叔叔彼得就是前车之鉴，但收了拜占庭的礼物又不能什么都不做。他预料保加利亚大军在秋季会十分疲敝，于是在这个时候，宣布不再接受保加利亚的保护，重新自立为公国。

921 年秋，西美昂一世仍旧在拜占庭的土地上对大城市进行围攻。除塞萨洛尼基和亚德里亚堡外，其他城市已经全部投降。为了将亚德里亚堡攻下来，他亲自率军第四次围攻亚德里亚堡，然而就在他即将完成围攻之际，却听到了一个震惊的消息：塞尔维亚君主帕夫勒反叛，正带领大军吞并保加利亚西部领土，马其顿即将不保！

对于塞尔维亚的反叛，西美昂一世早已见怪不怪，他并未回援，而是派了帕夫勒的弟弟扎哈利亚率领部分军队回援。仅仅一个月的时间，扎哈利亚就将帕夫勒的军队制服，自己成了塞尔维亚的新君主。随后，扎哈利亚发布了即位后的第一条法令：塞尔维亚以后将成为保加利亚的领土，并希望保加利亚派部分军队来塞尔维亚维护他的统治。

对于塞尔维亚为何反叛，西美昂一世心知肚明。他立即发信给罗曼努斯一世与尼古拉斯大教长，斥责他们的行为。同时，他非常明确地说，这场战斗将一直持续下去，直到拜占庭的军力全部耗光、君士坦丁堡打开城门为止。他还表示，拜占庭不要再做什么外援的梦了，阿拉伯人已经同意继续在小亚细亚发动战争，拜占庭离灭亡的日子已经不远了。

但是，一年多的连续战斗同样令西美昂一世的军队精疲力竭。几位将军向他建

▲ *创造了保加利亚“黄金时代”的西美昂一世*

议罢战，来年再战。西美昂一世虽然还在气愤拜占庭所做的一切，但为了增强士气，还是命令暂停进攻，回保加利亚休息一段时间，次年再战。

正巧，这时候尼古拉斯大教长的回信也到了。尼古拉斯首先承认了拜占庭的错误，然后又谴责了西美昂一世给保加利亚人与拜占庭人带来的灾难。他说，即使西美昂一世的确是上帝派来的使者，为了惩罚拜占庭；但对两国人民产生如此大的伤害，是谁都不愿意看到的。最后，尼古拉斯总结道，战争已经持续了一年多，保加利亚军队早已疲惫不堪，接下来选择战争还不如选择和平。

这封信对西美昂一世来说，正中下怀。他回信说，感谢尼古拉斯大教长的理解，他也希望能够实现和平，创造美好的未来。西美昂一世还建议，是不是可以交换一下战俘，从此罢兵不战。

尼古拉斯大教长向罗曼努斯一世报告了这件事，他们都知道西美昂一世一定还想继续打仗，不过因为兵员不够，只好要求交换战俘。不过现在拜占庭的兵员同样严重不足，亟须补充。交换战俘对两方来说，无疑都是最好的选择。出于几乎相同的目的，两国最后在921年末于边境交换了战俘。

922年，塞尔维亚的反叛已经被镇压，西美昂一世又将军队带到亚德里亚堡，试图以这里为突破口将君士坦丁堡一举攻破。然而他发现，保加利亚军队虽然非常勇猛，但因为没有攻城武器和大型军舰的协助，想要攻破君士坦丁堡的城墙可以说比登天都难。因此西美昂一世派出使者，希望能借助法蒂玛王朝哈里发赛义德的力量一起进攻。西美昂一世的如意算盘是，阿拉伯人善于海上攻击，保加利亚人善于陆上攻击，只要两方军队一起对君士坦丁堡进行长年累月的围攻，自然能令拜占庭人就范。而且战争结束后，阿拉伯人势必会回到家乡，不太可能常驻君士坦丁堡，这样西美昂一世就能名正言顺地成为君士坦丁堡的主人，成为拜占庭的新皇帝。

在914年和918年阿拉伯人进攻拜占庭期间，西美昂一世都曾给过对方协助，两国的关系非常亲密。因此，保加利亚的使者一到达法蒂玛王朝，立即受到了哈里发赛义德的欢迎，他爽快地同意了与西美昂一世再次签订盟约。届时，法蒂玛王朝将从小亚细亚、意大利发起双向进攻，与西美昂一世一起置拜占庭于死地。923年，使者从阿拉伯人那里乘船准备回到保加利亚。

再来看西美昂一世的动向，此时他的军队已将君士坦丁堡的郊区全部扫荡干净，可唯一的问题是君士坦丁堡的高大城墙阻止他的进入。不过，因为数次对君士坦丁堡进行围攻，他的将军们已经基本熟悉了君士坦丁堡外的构造，并在一系列进攻中，获得了拜占庭皇帝避暑用的山丘城堡，甚至差点将紧挨布拉海尔奈宫的城墙凿塌。不久后的一天夜里，部分保加利亚军士偷偷从凿得千疮百孔的城墙缝隙中穿过，他们准备在布拉海尔奈宫门前集齐，然后一起打下宫殿以便大肆掠夺。然而不幸的是，他们中了拜占庭人的埋伏，在布拉海尔奈宫门前被从四面八方赶来的拜占庭军队团团围住。经过数个小时的厮杀后，只有少部分保加利亚人逃到城墙附近，可在这里他们又遇到了第二波埋伏，几乎全军覆没。

因为拜占庭人的行动不动声色，一直在等待偷袭结果的西美昂一世直到第二天才获得部队失败的消息。当他率领大军在破损的城墙附近集结时，却赫然发现拜占庭步兵、骑兵和弓箭手早已在此严阵以待。在冷兵器时代，进入君士坦丁堡实在太难。尽管此后保加利亚军队又进行了数次偷袭，但每次都被拜占庭人打败。整整6个月，西美昂一世毫无收获。

西美昂一世发现君士坦丁堡根本就没有被攻陷的可能。一大堆补给源源不断地从海上运抵，君士坦丁堡越来越强，而西美昂一世的军队却越来越弱。明白事不可为的西美昂一世开始与罗曼努斯一世和大教长通信，表示希望迎来和平。这一年，西美昂一世正好60岁，在信中，他提到了913年的故事，就像一个老人行将就木之前回忆自己的那些丰功伟绩，希望再次经历一遍。

但大教长尼古拉斯却告诉他一切都不可能重现了，“除非停止你所制造的一切流血和灾难，也就是寡妇和孤儿的眼泪不再流的那一天，你才能获得上帝的宽恕。亲爱的儿子，你开始就应该继续坚守你父亲给你的土地，不要因为自己的愿望付出无数生命的代价……”尼古拉斯对西美昂一世说，他现在所做的一切都是错误的，对君士坦丁堡这样一个上帝创造的奇迹，怎么能只想着毁灭它呢？之后，他又用一个基督徒的口吻，对西美昂一世进行了劝导。

接到大教长尼古拉斯的信后，西美昂一世以一副温和的姿态回信表示：首先，他愿意放弃渴望已久的拜占庭皇帝宝座，但是要求进入君士坦丁堡与拜占庭皇帝会谈；其次，他可以放弃对土地和年贡的要求，只希望拜占庭赐予衣物和食物即可。他还说：“这一刻，我的内心已经获得了平静。我正在每天反省这些年的错误，并寄希望能有一个永远的和平。”其实，西美昂一世正打着另一个如意算盘：在围攻君士坦丁堡期间，他偷偷派出使者，给予拜占庭地方位高权重的将军恩惠，希望他们能够在保加利亚人退兵后再次叛乱，然后依靠宫廷政变将罗曼努斯一世赶下台；接着，他就可以借平叛之名，继续干预拜占庭的内政。

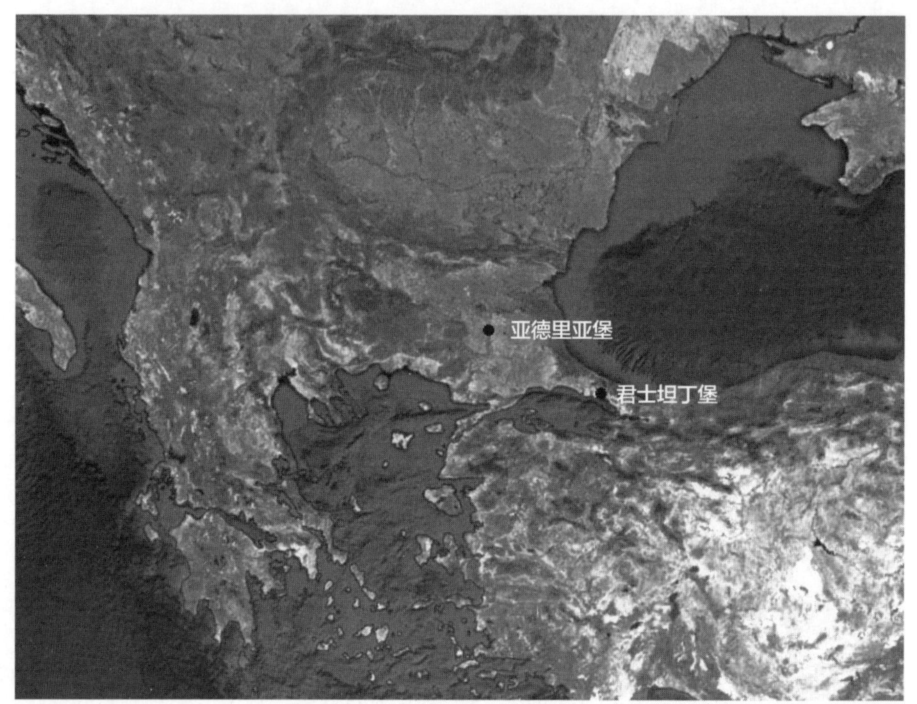

▲ *亚德里亚堡的位置*

与此同时，西美昂一世偷偷来到亚德里亚堡，准备下一次的攻城行动，以加重他的谈判砝码。923 年夏，亚德里亚堡第五次被围攻，据一位拜占庭传教士记载：“西美昂，这位保加利亚的国王骑马绕着城市视察了一圈后，宣布开始攻城。他们驱使从拜占庭掳来的工匠为他们制造攻城锤和攻城梯。一批批保加利亚军人就像不要命一样，一次次冲向亚德里亚堡城下。他们是真的不害怕吗？不是，据说西美昂的粮食补充已经断了，他现在所下达的命令是攻进城市就可以随意抢劫。士兵被调动起积极性，自然会卖力来打垮我们。但是我们的守城将士是非常英勇的，他们使用石头和滚油，抛向那些冲击城墙的士兵，让那些保加利亚的罪恶灵魂在火中受到煎熬。但他们是如此固执，一批批倒毙，又一批批向前，死尸堆满了亚德里亚堡城下。拜占庭的守军震惊了，暂时停止了反击，但仅仅一刻钟后，亚德里亚堡便被攻破。人们的哭喊声响彻天际，但保加利亚人都在抢劫，没有任何人去理会他们……”

西美昂一世这次的冒险尝试，着实令罗曼努斯一世大为惊骇。他连忙向西美昂一世去了一封信，表示愿意给予丰厚的年贡并割让土地，只要西美昂一世不再继续

▲罗曼努斯一世时期的金币

这场战争。

可是西美昂一世似乎并不想如此快地开始和谈。整个 923 年的夏天，他都在亚德里亚堡坐镇，好吃、好喝，顺带等待阿拉伯人对自己建议的回应。在这期间，尼古拉斯大教长写了大量信件，催促他启程，可西美昂一世就是不愿离开亚德里亚堡。8 月末，西美昂一世终于给尼古拉斯大教长回了一封信，说罗曼努斯一世绑架了皇帝——他的挚友利奥六世的儿子，就应该有人来解救，而这个人就是他自己。谈判又一次陷入了僵局。尼古拉斯大教长也发现，现在西美昂一世手握军队，自己无论是劝诱还是威胁都不管用了。西美昂一世要的还是拜占庭皇帝的称号，除此以外，恐怕还有拜占庭的所有土地。西美昂一世坚信，这次长达数年的战争绝对能令拜占庭就范，自己会取得最后的胜利。现在，西美昂一世离他 10 多岁就有的愿望只有一步之遥了。

可是，事情总是那么不如意。西美昂一世的使者随阿拉伯使节一起从希腊出发准备回保加利亚签约，但没多久，大船就被拜占庭人截获。在询问中，拜占庭人获悉了两国即将夹击他们的消息。现在，尼古拉斯大教长已经完全明白了西美昂一世为何在亚德里亚堡迟迟不动身的真正原因。拜占庭人将保加利亚使者关进监狱，却盛情款待起了阿拉伯使节，表示可以送给哈里发大量金银和礼物（包括每年 11000 枚金币），只要求不攻打君士坦丁堡即可。阿拉伯使节讨价还价，拜占庭人一概接受，这也令哈里发非常高兴。因此，他又派使者回复西美昂一世，说现在法蒂玛王朝的扩张重心在非洲，暂时没有力量去协助西美昂一世攻打君士坦丁堡，以前的盟约就此作废吧。西美昂一世得到消息后，气不打一处来，尽管他想跨海去进攻阿拉伯人，但他清楚自己的海军根本没那么强大，只能作罢，准备单独去围攻君士坦丁堡。

拜占庭人记述道："这位保加利亚国王，将整个色雷斯地区付之一炬。大多数城市被他占领，君士坦丁堡的陆上补给也被悉数切断。"早在西美昂一世率领大军压境前，色雷斯各地的人民便已经向南和向东逃走了，他们将城市抛弃，以致西美昂一世到来时竟然比比都是空城。西美昂一世遂将这些城市纷纷烧毁，将君士坦丁堡的一切补给路途全部切断。虽然西美昂一世的计划被破坏，但他还在抓住一切机会，试图征服拜占庭。然而，他的兵员早已捉襟见肘，即使他再想继续征服，也根本不可能向君士坦丁堡前进了。由于这个原因，西美昂一世主动向罗曼努斯一世要求和平。西美昂一世明白，再这样打下去，他必将从一个"征服者"变为一个"失败者"。

罗曼努斯一世也意识到西美昂一世的军队现在已是强弩之末，想打下君士坦丁堡是根本不可能的；他更清楚，如果放西美昂一世进入君士坦丁堡谈判，只会令自己的统治趋于消亡，西美昂一世必将成为真正的拜占庭皇帝。因此，他和尼古拉斯大教长决定不让西美昂一世进入君士坦丁堡，而在城外的金角湾找一个比较合适的地方进行和谈。

尼古拉斯大教长向西美昂一世写信说："我的孩子，上帝的荣光已经照耀了你。尽管你给罗马造成了大量的损失，但所有人都已经原谅了你。现在和平的曙光就在眼前……我们可以同意给予你要求的金银和财物，甚至是土地，因为我们相信你能够像我们一样将其哺育。在上帝的帮助下，你所要求的对人民有益的可能都能获得。上帝已经将和平的神圣纽带一端系在拜占庭身上，另一端系在保加利亚身上。"随后，他又提出了双方在城外金角湾和谈的计划。

收到信的西美昂一世满脸不高兴，谁都能看出他希望进入君士坦丁堡城内，而这封信完全给了他一个大大的拒绝。但在军队几乎损失殆尽、阿拉伯人又不愿协助的情况下，西美昂一世自知根本没可能攻进君士坦丁堡，更没可能在城内进行和谈，所以不得不勉强同意这个要求。不过他也忍不下这口气，虽然不能在武力上征服这座城市，但至少在气势上要超过拜占庭人才行。想到这里，他立刻向下传令，命令军队中的上级军官和主力士兵都穿上金色的战甲，威慑拜占庭人。接着，他向尼古拉斯大教长和罗曼努斯一世写信，说完全同意他们的要求。

三天后，正在军营中休息的西美昂一世突然被人惊醒。他原以为是君士坦丁堡的回信到了，可是等来的并不是信件，而是两位穿着灰色长袍的主教。他们从罗马来，是罗马教皇的使者。保加利亚与拜占庭长达数年的战争，不仅引起了周边各国的重视，更撩动着远在西方的罗马教皇的心。50 年前，罗马在与君士坦丁堡争夺保加利亚信仰的过程中输得一败涂地；现在保加利亚竟然对拜占庭开战，教皇认为这正是一个可以将自己的势力向东方发展的契机。因此他派出两名使者，希望能与西美昂一世联系上。如果试图恢复关系的努力成功，那么未来教皇将凌驾于君士坦丁堡大教长之上，而不会再受君士坦丁堡的制约。922 年西美昂一世处于绝对优势时，教皇就希望派出特使，但因为保加利亚人正与阿拉伯人商谈一起进攻拜占庭，所以他们并未出现。923 年时，阿拉伯人撤回了对西美昂一世的协助，教皇知道这时候该他出手了。

923 年夏，教皇的使者首先来到君士坦丁堡，希望拜占庭政府能令君士坦丁堡大教长与教皇和平相处，双方不要为了争夺更多的信徒而争斗。但罗马使者看到的却是西美昂一世围攻该城，君士坦丁堡危在旦夕。于是，他们根本顾不得与教皇联系便转向了保加利亚人，希望对方能协助教皇扩张势力。就这样，教皇再次与保加利亚有了联系，当然表面上，教皇自称是来做第三人的，目的是帮助两国实现和平。

教皇约翰十世写了一封信给西美昂一世，称保加利亚人和拜占庭人原本是兄弟，不要为了一点小矛盾而争个你死我活，最后弄得两败俱伤，使阿拉伯人和法兰克人坐收渔翁之利。教皇的使者带给西美昂一世的另一个消息是，如果西美昂一世能够转向教皇的天主教世界，他们愿意帮助他成为罗马皇帝，而且会为他加冕。

失之东隅收之桑榆，教皇带来的这个礼物着实令西美昂一世感到高兴。他虽然没有攻破君士坦丁堡，成为拜占庭皇帝，但如果能获得教皇的承认，即使是在自己的土地上，也能号召拜占庭人，何乐而不为呢？因此他同意转向罗马方面。

就在西美昂一世答应教皇使者的几天后，尼古拉斯大教长的回信也到了。大教长很显然已经知道了教皇的动向，他在信中特意告诫西美昂一世说：“你以为教皇能够协助你？其实他给你的只是一句空话，最重要的还是得有上帝的帮助，你才能成为自己想要成为的人。如果你在这个问题上听了教皇的话，达成愿望无异于痴人说梦，因为拜占庭人才是离你最近的人，罗马离你还有一重大海，根本不可能帮助你实现任何愿望。”很显然，尼古拉斯大教长不希望西美昂一世转向罗马，他很害怕这两方结成联盟，因为那将对君士坦丁堡大教长造成致命一击。

对此，西美昂一世怎么能看不出来，他当即回信说："你的言辞中充满了讥讽，远不如罗马教皇来的友善。我不会再转向你了，现在我要与教皇结成联盟。"

尼古拉斯大教长对西美昂一世的回答恼羞成怒，他又写了一封信给西美昂一世："你是一个基督徒，强烈的杀戮心与已经造成的灾难，根本就是无法用祈祷来弥补的。记住，即使你转向教皇那边也于事无补……只有我，在罗马的中心——君士坦丁堡的圣索菲亚大教堂才能将你的罪过赎清。希望你还是以和平为重……我的孩子，你的嚣张其实来源于你内心的软弱，只有你的软弱才会让你盲目发动战争。我愿你意识到自己早已获得的荣光——你的先祖的荣光，你为何要抛弃他们呢？……我对你的尊重令我不愿意谈及你的那些罪恶，但我还是希望你能回想它们，将它们从你的脑中驱走。"

就在西美昂一世准备回信时，他收到了塞尔维亚再次爆发起义的消息。这次起义的就是他刚刚扶上王位的扎哈利亚。扎哈利亚伙同崛起的克罗地亚人一起反抗保加利亚的统治，并向拜占庭称臣。在这个事件中，拜占庭并未对塞尔维亚施以恩惠，完全是塞尔维亚人对拜占庭文化的向往，促使他们再次做出反叛保加利亚、倒向拜占庭这一决定的。尽管西美昂一世早已料到这个事实，并留下了其最看重的将军塞奥多拉等人防范，但在进军中塞奥多拉的军队却受到了塞尔维亚人的伏击，全军覆没。保加利亚将军的头颅被塞尔维亚人送到拜占庭，作为归降拜占庭的信物。由此可见，拜占庭人在巴尔干问题上，处理得要比保加利亚人更加高明。对于这一突如其来的消息，西美昂一世被打了一个措手不及，他毫无办法，只得同意罗曼努斯一世的要求，在金角湾的船上签订和约。

从君士坦丁堡到罗马

923 年 9 月初，西美昂一世与罗曼努斯一世达成协议：除了约定将战俘交还对方外，还决定在金角湾的最东端修建一个大码头。码头上搭建临时平台，其上有帐篷，两人将在那里进行和平条约的签订。

对于西美昂一世的这个决定，罗曼努斯一世感到非常满意。根据记载，他随同大教长一起来到哭泣圣母教堂，向圣母祈祷。一群孩子扮成天使，呼唤圣母，罗曼努斯一世则向圣母由衷表示感谢。这时，地板突然涌出了许多水，人们寻找来源才发现，竟然是从圣母的眼中流出。罗曼努斯一世表示自己的行为已经感动了上苍，便画着圣号，再次对圣母表示感谢，其他随从也一起跪下表示感谢。他们纷纷取了圣水撒到头顶和衣服上面，祈求圣母保佑他们。

9月9日是个星期四，上午10点，西美昂一世率领部分军队，前呼后拥地来到金角湾。这些人身着铁甲，携带着黄金盾牌和银制长矛，西美昂一世则穿着华丽的拜占庭式长袍，在将领们的簇拥下出现。另一边，罗曼努斯一世的拜占庭军队也身着铁甲，手持长矛、短剑等，站立在码头上等待保加利亚军队的到来，元老院的议员们则在城头观看这一切。

罗曼努斯一世见西美昂一世到来，便率先登上平台，西美昂一世随后也下马登上平台。在平台上，两人开始了交谈。罗曼努斯一世率先开腔："我知道你是个虔诚的人，是个真正的基督徒。一个虔诚的基督徒就应该做到爱人如爱己，平和地对待他人。而你现在做的根本就不是这样……你让大量无辜的人为你的妄想牺牲了生命，这不是一个基督徒该做的事，你应该停止这些流血行为。试想，今天你已经令很多人家破人亡，在不远的将来那些人的后代就不会令你的后代也家破人亡吗？你为一己之私伤害了如此多的人，根本就不是基督徒应该做的事情。我听说，这些年你的国家内部起义不断，人民怨声载道，你难道听不见吗？这可都是你一手造成的。如果你当年一直以平和的态度来对待一切，令人民安居乐业，又有什么是你不能获得的呢？我相信如果你接受，上帝必将重新引领你到达天堂，否则你一定会下地狱。"

对于罗曼努斯一世的这番话，西美昂一世进行了驳斥，但他的回复却显得那样苍白无力："这是我们国家内部之事，你不应该参与。而且我已经接受了和平协议，我们只要一起签订就可以了，何必要再翻出以前的旧账，让我们两国君主的脸面继续受损呢？"

▲ *923年，罗曼努斯一世与西美昂一世展开了和平谈判，载于《纪事》一书，现藏于马德里博物馆*

罗曼努斯一世当即反驳道："你来到这里，不也是在干预我们国内的事情？眼下，你已左支右绌，我们展开和平谈判完全是你无奈的选择。现在还来谈条件，你不配！"

编年史作家说，正是这段话把西美昂一世搞得灰头土脸，不得已接受了拜占庭的所有要求。后世的作家则添油加醋地称，有两只老鹰从他们头顶飞过，一只去了君士坦丁堡，另一只则去了色雷斯，这个征兆预示着两国对抗的结束。

尽管西美昂一世在君士坦丁堡下炫耀了他的武力与军队，但他的狂妄最终却被罗曼努斯一世的一席话给击败了。不过，通过协议获得的丰厚贡品和领土还是令西美昂一世感到自己并没有白发动战争。可是，在回营地的路上，他忍不住对着君士坦丁堡的城墙哭泣，哀悼梦想的又一次破灭。

其实，如果西美昂一世敢于双线作战，一边围攻君士坦丁堡，另一边镇压塞尔维亚起义，也许历史将会有另一个走向。但西美昂一世没有胆量，也没有能力发动双线作战，最终使拜占庭的皇位离他越来越远。不过，他并没有放弃，他希望在将塞尔维亚彻底打败后再次进攻拜占庭。

923 年秋，西美昂一世急匆匆地回到了大普雷斯拉夫。在签订完条约后，他本可以不必如此马不停蹄地赶回去，但 4 年的连续战争早已令经济本来就不发达的保加利亚更加捉襟见肘。虽然有首席部长在首都坐镇，可是此起彼伏的起义早已令他应接不暇。如果西美昂一世再不回去的话，恐怕他用武力拼凑出来的保加利亚帝国就会一朝灰飞烟灭。

接下来的半年里，保加利亚被从未有过的恐怖气氛笼罩。西美昂一世为了铲除那些起义者，用了最残酷的政策。大量起义者被杀死，还有一小部分逃到国外，这之中绝大多数人逃到了塞尔维亚。

这下，西美昂一世有了更多理由整治塞尔维亚了。他立即将先前因告密被塞尔维亚君主逐出的三位王子——扎哈利亚的亲兄弟克宁（Knin）、伊姆尼克（Imnik）、伊陀斯维克利亚（ItsVokliy）找到，联合前塞尔维亚君主帕夫勒之子卡斯拉夫（Časlav），把他们手下的塞尔维亚军队与保加利亚军队进行混编。924 年初，阿罗格伯特尔伯爵率领大军，直抵塞尔维亚。在出发前，西美昂一世偷偷授意伯爵，无论以何种方法，一定要将塞尔维亚变成保加利亚的领土。

塞尔维亚君主扎哈利亚甫一听到保加利亚大军到来的消息，便惊慌失措起来，他不敢和保加利亚人硬碰硬，因为他知道西美昂一世此举旨在灭亡塞尔维亚，而且领军的是自己的兄弟们，他们对自己早已恨之入骨，塞尔维亚军队完全没有一点胜算。他听从了臣下的建议，立即收拾行装，逃到了克罗地亚，任由保加利亚军队在塞尔维亚的国土上横行。

保加利亚的先头部队将打探到的扎哈利亚逃跑的消息，报告给了伯爵。伯爵宣布大军停止前进，暂时驻扎在塞尔维亚边境地区。接着，他派人邀请塞尔维亚各地的大祖潘汇聚一堂，说有要事商量——协助选出一个新的塞尔维亚君主。看到保加利亚人如此友善，大祖潘们大部分都欣然前往，可是等待他们的却是牢狱之灾。所有赴会的大祖潘都被阿罗格伯特尔伯爵扣留。伯爵要求他们向自己的领地宣布，永

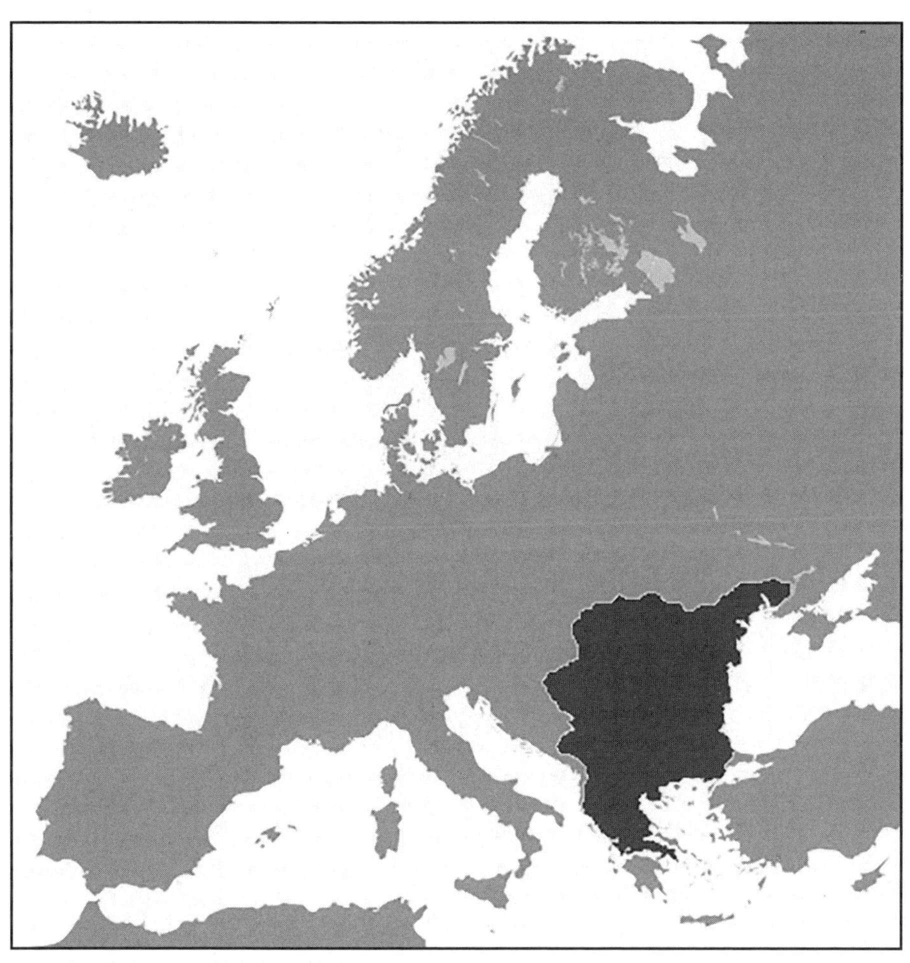

▲ *924年的保加利亚及其在欧洲的位置*

远接受保加利亚的统治，最后也不管他们同意与否，就将所有大祖潘都押送回了保加利亚。仅有一小部分大祖潘因为各种事务没有赴约，侥幸逃过一劫，最后他们只能遁往拜占庭或克罗地亚寻求庇护。

接下来，保加利亚军队对塞尔维亚进行了残酷的蹂躏。在一个月的时间内，塞尔维亚的 2 万余军队不是战死就是被俘，整个塞尔维亚大部分城市成为焦土，人民在保加利亚军队的铁蹄下苟延残喘。3 月，塞尔维亚无论是正规军还是地方武装悉数被缴清。阿罗格伯特尔伯爵随即任命了一些保加利亚官吏或亲保加利亚的塞尔维亚官吏，塞尔维亚不再有君主，成了保加利亚的一个省。

伯爵所做的一切令西美昂一世非常满意，他再次重申：因为塞尔维亚的屡次叛变，未来塞尔维亚将不再保留君主，直接并入保加利亚，由保加利亚人管理。原本还抱有幻想的卡斯拉夫与其他三位王子，已经彻底看清了西美昂一世的意图。他们知道如果继续待在保加利亚，根本不可能获得王位，便趁着保加利亚人还未想到整治他们的时候纷纷逃跑，他们在拜占庭和克罗地亚积蓄力量准备报复。虽然西美昂一世在获悉他们逃跑的消息后，指派了一些人前去追赶，但终究错过了最佳时机，几人还是成功逃掉了。

收服了塞尔维亚后，西美昂一世打算再一次对拜占庭进行讨伐。但在他召集众臣商讨备战时，保加利亚大主教利奥提乌斯一世（Leontius Ⅰ，919 年—927 年在位）却向他建议暂时不要发动战争。据他所知，因为连年的战争，各地人民已经怨声载道，如果继续打仗，不仅不能让拜占庭屈服，保加利亚国内更可能爆发连绵不断的人民起义，现在的塞尔维亚只是个开始。西美昂一世深以为然，决定暂时不和拜占庭计较。

对塞尔维亚的残忍，令西美昂一世树立起了一个新的敌人——克罗地亚。据说，克罗地亚人原本生活在乌克兰南部，隔河与东面的保加利亚祖先、北面的塞尔维亚祖先相邻。后在民族大迁徙中，他们迁到了白克罗地亚（即加里西亚地区）。626 年，在拜占庭皇帝希拉克略的邀请下，他们来到巴尔干半岛的西北部，成为抵御其他蛮族特别是马扎尔人入侵的屏障。9 世纪末到 10 世纪初，克罗地亚人逐渐崛起，形成了一个克罗地亚国家。到托米斯拉夫一世（Tomislav Ⅰ，910 年—928 年在位）统治时期，克罗地亚发展成了保加利亚西北部除马扎尔人外的另一强邻。由于西美昂一世破坏了与塞尔维亚的藩属关系，直接统治了塞尔维亚，这使西北部那些还未完全融合的领土整体暴露在了克罗地亚面前。

当塞尔维亚君主扎哈利亚到达克罗地亚后，游离在外的克罗地亚人就好像受到召唤一样，纷纷回国。此时的克罗地亚正处在上升时期，获得友邻的武力协助令托米斯拉夫一世感到非常高兴。但当听到扎哈利亚添油加醋的叙述后，托米斯拉夫一世顿觉后背发凉。他心里暗自盘算，塞尔维亚就是克罗地亚的前车之鉴，现在保加利亚人已经扩张到了家门口，贪得无厌的西美昂一世一定会举大军来征服他们，因为克罗地亚一直以来都受到拜占庭的照顾，也忠于拜占庭。托米斯拉夫一世认为，西美昂一世发兵之时，就是克罗地亚亡国之日；因此他立刻扩张军队，希望在西美昂一世到来之前就准备好迎接他们。

接着，克罗地亚人又向西美昂一世的宿敌——罗曼努斯一世发信，希望获得援助。实际上，在达尔马提亚，一直有一块拜占庭的飞地。这块土地原本是东法兰克王国的领土，因太远无暇顾及，于 871 年被拜占庭人占领。此后，拜占庭人依靠特殊的地理状况，长时间据有这块土地。不过，保加利亚崛起后，拜占庭也开始没时间管理这片土地。正巧，克罗地亚发信希望获得援助，拜占庭便送了个顺水人情，把这里赠给了克罗地亚，并答应在克罗地亚遭受攻击时协助他们打击保加利亚人。

得到拜占庭人的回复后，托米斯拉夫一世非常高兴，但他也不会仅指望这一个盟友。随即，他又给身处罗马的教皇约翰十世发信，将达尔马提亚作为信仰区送给

▲ *托米斯拉夫一世号召克罗地亚人联合起来，反抗保加利亚*

教皇发展西部教会，希望换取教皇的支持，从公国变成王国。克罗地亚的算盘是，比起远在天边的拜占庭，还不如找近在眼前的教皇，受教皇庇护无疑是眼下最好的选择。对于教皇来说，进入克罗地亚无疑可以将天主教深入拜占庭的东正教世界，等于是压了君士坦丁堡大教长一头，何乐而不为。于是两人一拍即合，积极准备对付保加利亚军队即将发起的入侵。

这样，托米斯拉夫一世获得了拜占庭与教皇的双重联盟，对保加利亚入侵的担忧降低了不少。

西美昂一世获知了拜占庭人与克罗地亚人联盟的消息后，知道情况对己方相当不利，但是他没有罗曼努斯一世那种气魄、能力以及足够的军队在数个战场同时作战。所以他还是希望先将克罗地亚解决掉，再去找拜占庭人算账。他知道，如果自己进攻拜占庭，那么克罗地亚一定会在背后动手。但如果自己进攻克罗地亚，拜占庭却不一定会动手。他认为只需要 3 万人即可摆平克罗地亚，而如果想摆平拜占庭则至少要 10 万人。对比之下，打击克罗地亚无疑是首选。

尽管确定了这一目标，但常年的征战使保加利亚国力不稳、内乱不断，这令西美昂一世无法专心备战，恼怒不已。924 年秋，西美昂一世从拜占庭分批撤回军队，并将他们部分投入到镇压此起彼伏的内乱中，部分用于准备与克罗地亚的战争。相比之下，拜占庭因为同仇敌忾、一致对外，并未发生大规模起义。从这点来看，在上一场持续 4 年的战争后，国际形势已经开始偏向拜占庭，虽然拜占庭没有承担起东欧领导者的义务，但至少国力正在逐渐恢复。西美昂一世想再像之前那样，将拜占庭打得一败涂地恐怕要难多了。我们也能清楚地看出，对拜占庭来说，西美昂一世统治下的保加利亚不再是一个危险的帝国，拜占庭的危机基本已经熬过去了。

多年的征战经历使西美昂一世发现，战争并非只有用武器才能成功，有时利用文化甚至是人心都能取胜，一味穷兵黩武只会使所有人都背叛自己。可是，保加利亚与拜占庭之间绝对不会有和平，只有拜占庭承认自己成为拜占庭皇帝才算完，这也是西美昂一世心中一直以来的愿望，或者说是从 13 岁就开始发芽的梦想。

收到保加利亚消灭塞尔维亚的消息后，罗曼努斯一世就预感到新的战争可能又要开始了。他委托尼古拉斯大教长继续给西美昂一世写信，希望能打消他对拜占庭发动战争的念头。大家已经知道，西美昂一世根本不想现在就对罗曼努斯一世动手，可是拜占庭人并不知道，因此尼古拉斯大教长还是向西美昂一世发了一封很长的信，这封信里提到最多的就是“和平”二字。

你在君士坦丁堡学习了礼仪和文化，获得了真理的洗礼，应该知道如何去做事。每个人的伟大，并不是因为他的蛮横，而是来源于他对真理的追求以及对其他人的忠诚。我知道你想获得荣耀，那么现在就应该从最基础的做起……虽然你获得了安基阿卢斯战役的胜利，但你的坐骑却为你殉命。不要以为是你自己命大，这是上帝对你的宽恕，希望你未来能够悔改。可是你却根本没有悔改，还是一如既往地向君士坦丁堡讨这讨那。你感觉不到自己犯下的罪吗？如果你再次发动战争，失去的恐怕不仅是你的马，你的生命也会一同消失……所以我希望我们还是以和平为重。现在拜占庭已经给了你大量的贡品和土地，请不要再贪得无厌了。人在做天在看，愿上帝宽恕你。

西美昂一世看到尼古拉斯大教长还是一如既往地先数落自己，再委曲求全地要求和平，只觉哭笑不得。尽管他暂时不想与拜占庭为敌，但还是想吓唬一下对方，因此回信说："上帝的耐心和宠信已经完美地触及我的心脏。我们保加利亚人是上帝拣选的，是相信上帝的；而你们拜占庭人已经道德败坏，很多人拿上帝开玩笑。你觉得你们还能当整个东方基督教世界的正统吗？我们不能总是容忍你们的嚣张气焰，以及你们总要打压我们一头的习惯。相信我，只要你们拜占庭人仍旧不公平地对待我们保加利亚人，我马上就会出兵踏平你们剩余的土地。"

尼古拉斯大教长接到信后，立刻转交给了罗曼努斯一世，称保加利亚人又在增兵准备对拜占庭搞突然袭击。罗曼努斯一世马上重视起来，也写信给西美昂一世，表示愿意永不兴兵、按照协议做事。同时，他要求西美昂一世一定要按协议去做，这样才能令两国保持长久的和平。

西美昂一世见已成功恐吓到拜占庭人，就回信说自己同意维持和平，之后便不再管他们，一门心思地准备与克罗地亚的战争去了。

罗曼努斯一世与尼古拉斯大教长见西美昂一世表示愿意按照协议去做，高兴得几乎跳了起来。他们来到圣索菲亚大教堂，虔诚地祈祷："主啊，感谢您的帮助。西美昂这个可怕的保加利亚君主在您荣耀的光辉下要求和平。如果您问我们做了哪些，我们会告诉您，我们用了大量的信件，将其心思重新拉回到虔诚的基督徒这里。我们写信给我们的兄弟，为他提供了大量的黄金和贡品，甚至还有土地。他已经和我们讲和，一切都朝着正确的方向发展……"

925 年 6 月 15 日，尼古拉斯大教长去世。他的一生都在致力于如何令西美昂一世维持与拜占庭的和平，尽管他大部分时候没有完成任务，不过对西美昂一世来

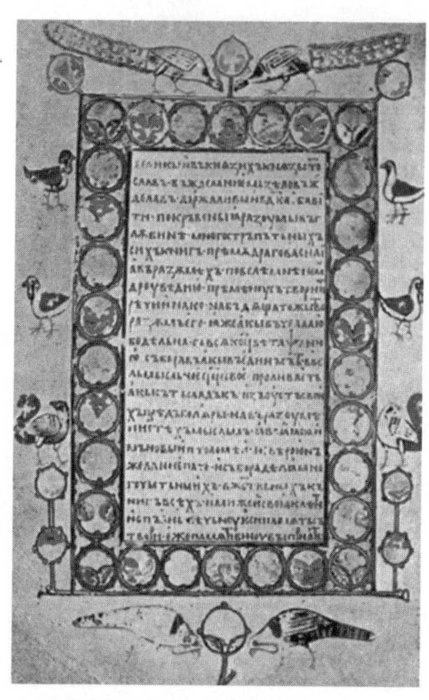

▲ *西美昂一世即位为皇帝的诏书*

说，他绝对是一个重要的对手。

西美昂一世获得了这个消息后，马上于当月底宣布自己是“保加利亚人和罗马人的皇帝”，并由保加利亚大主教利奥提乌斯一世在奥赫里德大教堂正式加冕。

接着，他用强硬的口气写信，要求拜占庭承认他是“保加利亚人和罗马人的皇帝”，否则将继续兴兵。

罗曼努斯一世仗着西美昂一世从未攻进过君士坦丁堡，以及东正教大教长在君士坦丁堡这两点，坚决不同意西美昂一世的要求。他说：“西美昂你可以在你的土地上随意，但是不能将上帝赐给我们罗马人的称号交给你。因为你身体内并没有流着我们罗马人的血液……你正在我们国家的西部奴役着我们的居民，尽管有些斯拉夫人维护你的统治，但更多的希腊人对你完全是腹诽的……如果你获得了这个称号，等于是宣称罗马人彻底被蛮族人打败；而我们的城市还在，国家还在，所以绝不可能给你这个称号……你知道吗，在你发动战争的这几年里，你们国家至少有 2 万人外逃，这还不是因为你的暴政！……你已经和我们订立了和约，现在如果想撕毁便等于是对所有人的欺骗。当然，我是不会怕你的，只有你将整个巴尔干半岛，包括君士坦丁堡攻下来之时，我才会承认你的皇帝称号。”

西美昂一世心知肚明，自己根本不可能攻下君士坦丁堡，便转而要求拜占庭增加年贡、割让土地等等。他说：“917 年时，你们的军队曾闯入我们的领土，完全违反了 904 年的约定。我当时决定给你们重重一击，没想到你们仍旧不予悔改，所以我才发动了旷日持久的战争……占领的土地，完全是上帝赐予我的，你不要妄想收回。武力征服并不是我的最终目的，但你的所作所为令我不得不这样做……你就应该和前任拜占庭皇帝一样，努力搞好与我们保加利亚的关系。如此倒行逆施，你一定会受到惩罚的……福音书上说过，‘如果有人要拿走你的内衣，就连外衣也一起给他’，因此，我获得了色雷斯的土地，你就应该连西部的土地一起给我，虽然我确实已经获得了那些土地……我现在比你要强大很多，你就应该服服帖帖地听从我的领导。而且我认为你的年贡确实不足以应付我们国家的开销，我希望你最好增加一些，否则我真的会继续大动干戈……这么多年来，你们一直认为我们是蛮族，即使我们承认了你们的信仰，仍是如此，你不觉得你们很理亏吗？……”

▲罗曼努斯一世时期的戏剧

罗曼努斯一世清楚自己暂时无法打败西美昂一世，便低三下四地请求他：“只要你不要求我们给予你这个称号，我们愿意继续增加给你的年贡，而且我们也愿意和你们保加利亚保持永远的和平……《罗马法》里也有规定，称号必须获得元老院的同意，你没有获得同意，恐怕也不能被称为‘保加利亚人和罗马人的皇帝’……”

从这封信可以看出，拜占庭人已经从过去的固执变得卑躬屈膝，他们经历了数年的战争，已经发展到听到“西美昂”三个字就会颤抖。只要西美昂一世同意维持和平，并不夺取他们的皇帝称号，他们几乎愿意答应任何条件。拜占庭人不能接受西美昂一世成为皇帝，因为他们认为这在法理上是行不通的，自然进行了强烈的抗议，但抗议真的管用吗？没用！

身在罗马的教皇一直对西美昂一世保持着很大的兴趣，当他知道西美昂一世自称“保加利亚人和罗马人的皇帝”后，立刻发信承认，并派出了代表团，专门为他加冕。

枢机主教梅达倍图斯（Madalbert）和约翰公爵（Duke John）两人携带着皇冠和权杖，准备在大普雷斯拉夫专门为西美昂一世做一次加冕仪式，希望他在未来能履行拜占庭没有履行的职责，成为整个欧洲东部的真正宗教领袖。不过同时，他们也要求西美昂一世承认教皇的绝对权威。西美昂一世对此并无异议，表示赞同。

925 年下半年（准确时间不可考），西美昂一世在金色环状教堂接受了加冕。在加冕仪式上，他被涂了圣油，枢机主教梅达倍图斯宣布教皇已承认西美昂一世成为“保加利亚人和罗马人的皇帝”。

波斯尼亚高地战役

承认西美昂一世为皇帝的同时，教皇约翰十世也承认托米斯拉夫一世为国王，但条件是克罗地亚的教会不允许使用斯拉夫礼仪，必须改为拉丁礼仪。925 年末，托米斯拉夫一世同意了该要求，成为克罗地亚首任国王。同时他宣布全国使用拉丁礼仪，只有在当地确实没有拉丁主教时才允许使用斯拉夫礼仪。

成为国王的托米斯拉夫一世，积极充当着教皇在巴尔干半岛扩张势力的急先锋。同时，拜占庭为了抗衡保加利亚，也拉拢克罗地亚，并许诺了各种好处。一时间，克罗地亚成了各方力量在巴尔干角逐的中心。西美昂一世当然也明白这个道理，遂以征讨塞尔维亚逃亡君主的名义，陈兵克罗地亚边境。

见两国即将开战，教皇约翰十世再次表示了他的“关心”。他派遣数名主教，来到克罗地亚，希望能进行调解，让两国重归和平，但两国都相当一致地没有参加这次会议。教皇本希望作为中间人使两国罢兵，从而在东欧地区树立起绝对权威，但两国的表现着实令他下不来台，其东进的可能性也被彻底堵住了。没有办法，教皇只得分派数名特使分别到两国宣布教皇的和平调解令，他希望两国给他个面子，

▲ *克罗地亚首位国王——托米斯拉夫一世的雕像*

怎么说保加利亚的皇帝称号与克罗地亚的国王称号都是他承认并派主教加冕的。

然而，令教皇没有想到的是，两个特使团的行动遭遇了重重阻碍。他不知道，在东欧，教皇的力量远没有像西欧那么强。在西欧，教皇坐镇罗马，名义上可以代表罗马帝国，长久下来西欧各国基本都接受了他在教权上至高无上的地位。因此，只要教皇出面，西欧各国君主通常都会给他面子，甚至被教皇辖制。但东欧的情况却不一样，罗马（拜占庭帝国）还存在，君士坦丁堡也有东部教会的主导者——君士坦丁堡大教长，教皇的力量可以说是微乎其微。况且，保加利亚和克罗地亚两国君主就是因为君士坦丁堡不承认他们的资格，才去找的教皇，事实上他们根本就没太将教皇放在眼里。

不过，西美昂一世并没有完全拒绝教皇，他回复说可以维持和平，但有两个条件：首先，将教皇拥有的达尔马提亚的部分领地交给他；其次，要求达尔马提亚附近的三个小公国承认保加利亚是宗主国。很显然，他想要从国土上完全包围克罗地亚，这样就能令克罗地亚无法获得任何协助，从而迫使其投降。这招恰如《孙子兵法》中的不战而屈人之兵，西美昂一世用得是轻车熟路。使者将西美昂一世的意思带给教皇，教皇当然不同意。达尔马提亚作为其东进的前站，无论如何都不能放弃。不过为了促使两国和平，他愿意退一步，令那三个小国承认保加利亚的宗主地位。

但克罗地亚人却认为教皇出卖了他们，不仅立马向教皇提出抗议，而且迅速向君士坦丁堡大教长寻求帮助。当时，君士坦丁堡大教长是新上任的斯蒂芬二世（Stephen Ⅱ，925 年—928 年在位），他对保加利亚的政策一直处于左右摇摆中。就在几个月前，也就是刚上任时，他曾承认西美昂一世的皇帝资格，然而不久后他表示反对，结果没几天却又重新点头承认。由此可见，斯蒂芬二世的政策摇摆得厉害，不过当克罗地亚的使者到来后，他彻底不再对保加利亚抱有期待，转而支持克罗地亚人。因为克罗地亚人送来了一份礼物——他们愿意向拜占庭称臣，在教堂中重新使用希腊礼仪，不再使用拉丁礼仪和斯拉夫礼仪。此外，他们还承诺，如果拜占庭能派出舰队和军队协助他们抵御保加利亚人，他们不仅愿意称臣，还愿意将达尔马提亚的宗主权重新交给拜占庭。

不过，拜占庭人不愿立即与西美昂一世撕破脸皮。数年的战争让拜占庭的兵力耗损极大，眼下，他们的主力正在布防阿拉伯人，根本抽调不出多余的人手去协助克罗地亚人。

克罗地亚使者在拜占庭碰了一鼻子灰，愤慨地回到了国内。托米斯拉夫一世见

▲君士坦丁堡大教长斯蒂芬二世

此情形，只得向北方寻求保加利亚的世仇——马扎尔人提供援助。当时的马扎尔人早已在多瑙河中游地区站稳脚跟。他们从 10 世纪初开始，便对西欧各国实行进攻政策，铁骑几乎踏遍了除科尔多瓦哈里发王国（后倭马亚王朝）统治的西班牙南部外的所有西欧大陆，尤其是当时有些孱弱的东法兰克王国，更是马扎尔人努力蚕食的对象。虽然在捕鸟者亨利（Heinrich der Vogler，919 年—936 年在位）统治时期，东法兰克曾建立大量城堡抵抗马扎尔人，但在 924 年，东法兰克人再次惨败，不得不向他们缴纳贡金。由此，马扎尔人的铁骑更加肆无忌惮地到处横行。托米斯拉夫一世看到马扎尔人的卓越战绩，认为找他们抵御保加利亚，实在是再合适不过了。使者带回来的消息也没让他失望，马扎尔人的君主佐尔坦（Zolt á n，907 年—950 年在位）同意了托米斯拉夫一世的请求，将在战争中派遣马扎尔骑兵协助克罗地亚人。

找到了盟友的托米斯拉夫一世立刻向教皇与拜占庭同时发信，表示不再与他们结盟，而改为与马扎尔人结盟。教皇看后，发出一声叹息，拜占庭人则仍旧不理。

西美昂一世见托米斯拉夫一世下定决心应战，便派遣一名将军去管理新占领的希腊地区，特别是那些新近加入的斯拉夫人。接着，他将部分军队从希腊地区撤回，换那些斯拉夫人驻防；撤回的部队则作为进攻克罗地亚的先锋，严阵以待。

926 年初，阿罗格伯特尔伯爵率领 3 万余保加利亚军队进入克罗地亚东部的波斯尼亚地区。托米斯拉夫一世立即派出数万军队进行抵御，规模方面，据拜占庭人记载至少有 16 万人，但笔者怀疑多了一位小数点，是 1.6 万人的可能性更大。两军在波斯尼亚高地相遇，战争爆发，史称“波斯尼亚高地战役”（Battle of the Bosnian Highlands）。

该战役约在今波斯尼亚弗拉希奇山附近的弗拉希奇镇打响。克罗地亚人凭借先发优势，比保加利亚人早进入战场，他们根据地形将骑兵隐蔽在附近的四五个山丘里，进行埋伏；其余大部分主力，则横在山谷之间的狭窄通道，与保加利亚军队形成对抗模式。

保加利亚军队进入战场后，克罗地亚军队迅速后退，目的是将保加利亚军队引

▲ *波斯尼亚高地战役*

到山谷之间的狭窄通道内。阿罗格伯特尔伯爵求胜心切，一直追击到山谷之间。等保加利亚军队完全进入包围圈后，克罗地亚骑兵突然从山上冲下，将保加利亚军队冲散，阿罗格伯特尔伯爵在乱斗中被杀。这一战，保加利亚军队全军覆没。

收到消息的西美昂一世十分震怒，欲亲自发兵攻打克罗地亚。就在此时，教皇的特使约翰公爵前来，再次提出希望能作为两国的中间人，使两国和解。约翰公爵认为保加利亚的主要对手还是拜占庭，而不是克罗地亚，而且现在的保加利亚也已经获得了相当多的领土，没有必要再扩张了。在陈述了利害关系后，西美昂一世暂时收起了进攻克罗地亚的想法，转而整顿军队，防备拜占庭的突然袭击。

但这时，西美昂一世又收到一个更令他气愤的消息。他在希腊地区派驻的长官，因为对斯拉夫人征收战争税，激起了人民起义。经历过战火洗劫的当地早已成为焦土，根本无力再支付更多的费用，可当地官员为了政绩，根本不顾百姓死活，强行收税，最终酿成了一场大起义。在马其顿地区的斯拉夫人联合塞萨洛尼基的斯拉夫人，一起围攻了驻在希腊的保加利亚军队。虽然当地长官发兵镇压，事件暂时平息，但他们没想到的是一场更大的起义已在酝酿之中。

马其顿起义，令西美昂一世着实烦恼了一段时间，不过终究被镇压了下来。与此同时，克罗地亚国王托米斯拉夫一世也害怕西美昂一世卷土重来，便与拜占庭停止了盟友关系，而改为与保加利亚成为盟友。

永远的丰碑

在经历了皇帝梦破碎与征战克罗地亚失败的双重打击后，西美昂一世开始消沉起来。不过他仍旧没有放弃继续围攻君士坦丁堡的企图，甚至还命令将军们严阵以待，等两年后再次由他率领军队直抵君士坦丁堡。但是在 927 年初，他得了重病，只好将朝政交由妻弟乔治·苏尔苏沃尔暂为管理。期间，他收到了罗曼努斯一世写给他的信，大意是希望拜占庭与保加利亚继续维持和平、共创美好的未来等等。

5 月初，教皇的使者再次来到大普雷斯拉夫。他们给西美昂一世带来了慰问，并说教皇正在用自己的力量，让克罗地亚交出达尔马提亚附近的 3 个公国的宗主权给保加利亚。至于为何迟迟未能交割，主要是因为托米斯拉夫一世接受教皇的加冕后出尔反尔，不顾教皇的命令自己做出令所有人愤慨的事来。枢机主教梅达倍图斯说，教皇对西美昂一世能够和教皇结盟感到非常愉快，希望玉成此事，以换取保加利亚的全面支持。而且为了巩固双方的联盟，教皇愿意为西美昂一世的儿子举行加冕仪式。

西美昂一世听后十分高兴，他自知将不久于人世，便要求枢机主教梅达倍图斯为他的次子彼得举行加冕仪式。枢机主教梅达倍图斯当即表示同意，在教堂为彼得举行了加冕仪式，并宣布彼得为沙皇。

927年5月27日，西美昂一世心脏病发作，崩于首都大普雷斯拉夫，终年62岁。也许在死前，他还梦想着自己有一天能跨马持刀杀入君士坦丁堡，坐上拜占庭皇帝的宝座。6月，保加利亚大主教在金色环状教堂为他祈祷后，将他埋入了大普雷斯拉夫城外的皇家墓地。

据拜占庭史书说，927年5月，拜占庭星象学家约翰夜观天象，发现西方有一颗流星坠落，便向罗曼努斯一世报告说："西方流星的坠落，象征着西美昂的去世。我们皇宫顶上那个俯瞰西面的雕像，就是西美昂，如果您能下令将其头砍下，那么西美昂也将在同一时刻死去。"罗曼努斯一世听后非常高兴，立即下令将雕像的头

▲ *埋葬西美昂一世的教堂外景*

砍掉，几天后他就获得了西美昂一世去世的消息。

得知西美昂一世逝世，罗曼努斯一世可算是去掉了一块心病，他知道巴尔干半岛的正常秩序已经恢复。所以他当即决定，在君士坦丁堡庆贺三天，表面上看这是庆祝西美昂的去世，慰藉在与保加利亚战争中死去的将士，实际上是庆祝终于没有这般强势的人来与他争夺拜占庭皇位。

无论如何，西美昂一世所处的时代称得上是保加利亚第一帝国的黄金时代，不管是政治、军事还是文化，都可以说是保加利亚第一、第二帝国的最高峰值。

在军事上，西美昂一世一手创造出了一个帝国，使保加利亚国土从喀尔巴阡山延伸到爱琴海，从黑海直到亚得里亚海，广阔程度与同时期的拜占庭帝国几乎相等。当然，获得如此大的领土，必然也和他对战争的向往相关。除第一次和最后一次战争外，西美昂一世几乎没有遭遇败绩，这归功于他对拜占庭军事制度的理解与发扬光大。特别是他进行的改革，将整个保加利亚推向了一个更高的台阶。他创造的军事名词，如 Voevodes（大将），到拿破仑战争前仍在俄军中使用；征兵制度、军事规定等，则成为除拜占庭外的巴尔干各国在整个中世纪的蓝本。其远见由此可见。

但是，西美昂一世的长期战争也为巴尔干半岛带来了巨大的灾难。在他统治时期，保加利亚几乎每年都在与拜占庭战斗，大量沃土成为焦炭，城市被多次洗劫。而其真实的目的竟然只是为了争夺拜占庭皇帝的称号，这对巴尔干诸民族来说，是一场浩劫。连年征战使保加利亚的国库极度空虚，到彼得一世即位时更是捉襟见肘，而各地又起义不断，可见用武力硬拼出的版图根本不会长久。

原本，拜占庭应该和罗马教皇一样，作为罗马帝国的后继者，巩固其在东欧的领袖地位。但是拜占庭宫廷内的大量内耗，令拜占庭不仅没有像教皇用基督教同化西欧各蛮族一样同化东欧各蛮族，反而令斯拉夫人反客为主，削弱了拜占庭的领袖形象和地位。以保加利亚和法兰克王国为例：教皇在法兰克人建国早期便同化了他们，并使他们认罗马为正宗；但保加利亚人在早期发展中却没有被拜占庭同化，反而是拜占庭在宫斗中利用他们作为外援，令保加利亚完全独立发展，抛弃了先进的拜占庭文化。拜占庭的退让，造成的后果便是巴尔干领土的重新划分。从拜占庭中期开始，巴尔干和小亚细亚便是拜占庭的中心领土，失去了哪部分都会令拜占庭处于亡国的边缘。而保加利亚就出现在巴尔干地区，这里丰富的资源、税收和可以成为兵员的斯拉夫人，都成了他们有意无意争夺的对象，最后争夺的就成了“罗马皇帝”这个称号。虽然马其顿王朝的几位皇帝已经看出这个先兆，并派遣一些传教士

▲ 西美昂一世时期的所有战役

去斯拉夫人世界传教；但强烈的民族感，令这些接受了基督教的人仍然保有极强的独立性，在行为做事上依旧不会听从拜占庭的摆布。

西美昂一世发动战争就是这一情况的具体体现。在西美昂一世时期，巴尔干地区大部分已被保加利亚占领，统一巴尔干半岛是以西美昂一世为代表的保加利亚人和斯拉夫人的共同主张，建立一个统一的帝国更是他们的梦想。对此，拜占庭一再忍让，还使用各种小动作明哲保身，未曾想他们的所作所为恰是给了这些人鼓励。从西美昂一世开始，争夺巴尔干霸权和整个东欧霸权的战争愈演愈烈，斯拉夫人之间的战争越来越频繁，而拜占庭总是坐收渔翁之利，不加以禁止，最终促使了“巴尔干火药桶”的诞生。

在政治上，西美昂一世其实已经接受了拜占庭的政治理念，不过他依据保加利亚的实际情况进行了改善。比如议会制度就是从拜占庭的元老院衍化而来，同时又兼具保加利亚习惯的贵族议事会传统。这种议会制度将保加利亚贵族与斯拉夫贵族联合起来，成为保加利亚政治稳定的共同支柱。直到现在，该制度仍在保加利亚有所保留，即大国民议会。

另外，保加利亚习惯法与斯拉夫习惯法被《斯拉夫民法典》替代。该法典问世前，人们使用的习惯法存在许多不合理之处，甚至有些还十分荒谬，只因是某个族长或君主根据自己的个人意愿制定出来的。但是，一直以来人民都使用这种习惯法，以致谬判的情况比比皆是。当《斯拉夫民法典》被强制推广后，保加利亚这个国家开始走上全面文明化、法律化的道路。此后，中世纪各斯拉夫国家也基本以《斯拉夫民法典》为蓝本，创制本国法典。

在文化上，西美昂一世根据拜占庭的文化传统，建立了一个个文化中心，并创造了许多官职。这个在前面已经提到过，就不多加赘述了。总之，西美昂一世在位期间积极吸收了大量的拜占文化，并把它们应用在保加利亚的建设上，开创了东欧历史上的许多先河。在他之后的历史中，塞尔维亚、克罗地亚、俄罗斯等国几乎全部都是在他的基础上重复他的伟业，可见西美昂一世确实是一个承前启后的伟大君主。

在现代东欧各国，甚至是英法等国，西美昂一世的名字仍旧常常被人提起。在电影、电视剧、歌剧和文化节目中，西美昂一世一直被诠释为一个武力不俗的强权者。1984 年，他的故事被保加利亚拍成电影《西美昂一世：黄金时代》，与阿斯巴鲁赫的《国王的光荣》齐名，至今仍是保加利亚人经常观看的电影。

西美昂一世的身后事

927 年 5 月，弥留之际的西美昂一世将首席部长乔治・苏尔苏沃尔叫到床前，希望他能成为其子彼得的得力助手，并代为摄政，等彼得可以介入军国大事时再将权力交还。

同时，西美昂一世强令长子米哈伊尔进入修道院，宣誓成为一名修士，永不过问朝政。他还派了一些亲信去监视米哈伊尔，相当于将其软禁起来。从某种意义来说，米哈伊尔非常像他的父亲，他同样喜欢拜占庭文化，在军队中威信颇高。如果让他即位，他马上就会继续发动战争，直到把拜占庭消灭才会罢休。他的弟弟彼得是个柔弱的人，他不像他哥哥那样残忍，甚至连流血都会感到害怕。一直以来，大臣们都认为西美昂一世会让米哈伊尔继续自己的事业，将拜占庭打得毫无还手之力。可是，命运如此弄人，新沙皇不是米哈伊尔，而是他的弟弟彼得。

其实，保加利亚从建国起，继承制度就非常混乱，他们没有规定长子继承制或者贤者继承制，而是大部分时间通过竞争由强者继承君主之位。不过，到克鲁姆时期，王位继承的方式开始逐渐稳定下来，通常国王都是以维持政局稳定为目的选定继承人。基于这一原则，西美昂一世为何选择彼得作为继承人就不难理解了。

西美昂一世在第一位皇后去世后，续娶了苏尔苏沃尔的姐姐为第二任皇后。除长子米哈伊尔（Mihail）外，其他子女全部为第二任皇后所生。乔治・苏尔苏沃尔军功赫赫，眼线遍布朝野，西美昂一世知道，如果想稳定未来政局，那么就必须牺牲长子，立次子彼得为保加利亚的新沙皇，其他诸子因岁数太小不作考虑。一方面，乔治・苏尔苏沃尔作为彼得的舅舅，定会尽心竭力地协助彼得；另一方面，保加利亚因为军费开支过大，早已财政枯竭，现在需要的是休养生息而不是继续开战，米哈伊尔显然不可能做到。综合考虑，彼得的确是最佳继承人选。

果然，西美昂一世死后仅仅几天，乔治・苏尔苏沃尔便以摄政王的名义发信给罗曼努斯一世，声明自己不会和西美昂一世一样与拜占庭为敌，并希望将来能一直维持和平。罗曼努斯一世阅信大喜，他希望双方能尽快再缔结一个协议，以使两国永不再战。乔治・苏尔苏沃尔回信说，等政局稳定后便马上携新沙皇前往君士坦丁堡，这次将与拜占庭结为亲家。罗曼努斯一世表示同意。

此时刚即位的彼得正在经历一场大灾难，因为他的即位并不被多数人认可，很多波雅尔已经起来反对他的统治。可见，收拾西美昂一世留下的烂摊子，绝对是他

▲瓷器拼彩，大普雷斯拉夫

即位后遇到的最大挑战。6月初，米哈伊尔逃出修道院，在马其顿地区自立为沙皇，与彼得分庭抗礼。仅过了半个月，就有许多波雅尔来到米哈伊尔身旁，宣誓效忠。一时间，米哈伊尔颇有压倒彼得之势。

与此同时，收到西美昂一世去世消息的克罗地亚人和马扎尔人也蠢蠢欲动，他们打算联手从西部进攻保加利亚，一雪前仇。

这样内忧外患的情况，如果只是彼得一人的话，他根本无法控制。但对于老谋深算的乔治·苏尔苏沃尔来说，就不是那么难办了。他首先宣布，赐予达尔马提亚诸公国完全的自治权，保加利亚从此以后不再过问。随后，他同意将部分西北部的贫瘠领土割让给克罗地亚，又给马扎尔人送去礼物，并允许其在边境通商，立刻就将两国的进攻遏制住了。接着，他又派了部分人，在马其顿地区散布流言，说米哈伊尔想分裂保加利亚，而且还出卖国家利益引克罗地亚人来占领马其顿。果然，仅仅用了两个月的时间，米哈伊尔就因为君臣不和被刺杀，马其顿的那些反叛者则纷纷逃到国外。

927年10月，乔治·苏尔苏沃尔与新沙皇彼得一起来到君士坦丁堡，与拜占庭人签订和约。这一天，君士坦丁堡敞开大门，欢迎他们的进入。在大皇宫，苏尔苏沃尔代表保加利亚与罗曼努斯一世签订了永远和平的协定，并保证再不兴兵犯境。几天后，君士坦丁堡大教长斯蒂芬二世为彼得加冕，宣布其正式成为保加利亚的新沙皇，称“彼得一世”。又过了几天，罗曼努斯一世宣布将女儿玛利亚（Maria）嫁给彼得为妻，两国喜结连理，不再有任何纷争。之后，罗曼努斯一世赏送给保加利亚人大量礼物，便送他们回国了。

然而一波未平，一波又起。乔治·苏尔苏沃尔和彼得一世在回国路上，又收到了一个坏消息——马其顿发生了第二次动乱。马其顿由于庄稼歉收，农民揭竿而起。前面说过，西美昂一世在统治末期，曾试图将拜占庭的《农业法》贯彻下去，但是由于人民的阻挠，大部分地区还是没有实行。927年秋，保加利亚西部地区蝗虫成灾，粮食歉收。为躲避赋税、寻求温饱，大量农民将土地抵押、捐献给大地主或教会，令土地兼并状况急剧增加。《斯拉夫民法典》规定，大贵族和教会不需要缴纳税赋，这使当地税赋急剧减少。而当地官员因无法获得足够的赋税，便向那些无地农民征税，一时民怨激愤，农民纷纷揭竿而起。

仅仅几个月内，这些农民就集中在了一个名叫鲍格米勒（Bogomil）的教士身旁，鲍格米勒建立了保加利亚第一帝国历史上最大的异端——鲍格米勒派。

鲍格米勒派起源于保罗派。保罗派兴起于7世纪的亚美尼亚，创始人是康斯坦丁-西尔瓦努斯（Constantine-Silvanus）。该派信奉善恶二元论，认为上帝制造的天国是善的，魔鬼制造的现实是恶的，耶稣是上帝的义子，是上帝派来拯救人类的。因为他们的教义与基督教相悖，拜占庭皇帝便下令扼杀他们，并将剩下的人压迫到希腊和马其顿地区，以抵御保加利亚人的入侵。

西美昂一世时期，这些地方全部成了保加利亚的领土，保罗派便与当地的保加利亚信仰合流，形成了鲍格米勒派。鲍格米勒派即“爱上帝者”（dear to God）的保加利亚音译。他们也信奉二元论，不过他们在保罗派的教义基础上进行了更改，使其更贴近农民。他们认为，恶魔撒旦是上帝的长子，耶稣是次子，上帝将耶稣放到人间就是为了将撒旦消灭。鲍格米勒本人反对大地主与基督教教士对人民的压迫，认为只有信奉了他的教派，才能消灭压迫，人民才能获得拯救。他的这些教义，非常符合保加利亚底层人民的意愿，所以从者甚重。他们之中的激进分子利用教义破坏社会基础设施、围攻沙皇派遣的政府机构人员、攻击大贵族与大地主，使马其顿地区的农民起义进展得如火如荼，颇有燎原之势。

为制止内乱，乔治·苏尔苏沃尔发动了大批军队，将那些起义头目、鲍格米勒派骨干一一铲除，然后又将鲍格米勒派的教堂封闭，以为这样可以将起义平息下去。这次起义直到第二年才被彻底扑灭，马其顿地区的人口也因此减少了一半以上。然而，披着宗教外衣的农民觉醒已经开始，在彼得一世统治的40年里，至少又发生了10次农民起义。

总的来说，彼得一世在位期间，保加利亚还是向着正确的方向发展的。

965年，罗曼努斯一世之女玛利亚去世，时间也恰好到了40年换约期。此时，

▲ *大普雷斯拉夫被攻破，载于《纪事》一书，现藏于马德里博物馆*

乔治·苏尔苏沃尔早已去世，而彼得一世也60岁左右了。他在位期间，保加利亚国力发展迅速，虽然不再有西美昂一世时期那样大的版图，但政治、经济的发展都趋于极盛，国库里的存粮和金银也可支撑5年的战争。为修订和约，彼得一世与贵族们进行商议，但多年和平仍改不了这些贵族的嗜血本性，他们希望能提高拜占庭缴纳的贡赋比例，如果不从就用开战胁迫。尽管彼得一世不愿如此，但他眼见国家繁荣，也就答应了贵族们的要求。

此刻的拜占庭正由尼基弗鲁斯二世（Nikephoros Ⅱ Phokas，963年—969年在位）统治。即位前，尼基弗鲁斯二世是一名将军，在与阿拉伯人的战争中几无败绩。保加利亚使者到来之前，他刚刚获得了东西两线接连胜利的好消息。对于保加利亚的这种“威胁”，他早已司空见惯，并无半点害怕。他告诉保加利亚使者，自己并不在乎多一个敌人，保加利亚的末日就要到了。

967年，尼基弗鲁斯二世联系北方新崛起的基辅大公斯维亚托斯拉夫（Sviatoslav Ⅰ Igorevich，964年—972年在位），约定从南北两方共同夹击保加利亚。969年，保加利亚首都大普雷斯拉夫被攻破，保加利亚第一帝国灭亡。

不过江山代有才人出，东部的保加利亚虽然完全失陷，但西部却崛起了一个名叫萨穆埃尔的人。他自称沙皇，与拜占庭的巴西尔二世上演了一场绝不亚于西美昂一世时期的大戏。不过这又是另一个故事了，西美昂一世的故事就到此结束了。

参考文献

[1]（保）科谢夫，赫里斯托夫，安格洛夫，编．保加利亚简史（上册）[M]．黑龙江大学英语系翻译组，译．哈尔滨：黑龙江人民出版社，1974.

[2]（英）斯坦利·乔治·埃文斯．保加利亚简史 [M]．黑龙江大学英语系翻译组，译．哈尔滨：黑龙江人民出版社，1979.

[3]（南）奥斯特洛格尔斯基．拜占庭帝国 [M]．陈志强，译．西宁：青海人民出版社，2006.

[4] 罗三洋．柔然帝国传奇 [M]．北京：中国国际广播出版社，2009.

[5] 孔寒冰．东欧史 [M]．上海：上海世纪出版股份有限公司，2011.

[7]（保）伊凡·拉扎洛夫，编．保加利亚历史教科书 [M]．索菲亚，2006.

[8] 陈志强．巴尔干古代史 [M]．北京：中华书局，2007.

[9] 王哲．上帝的跳蚤 [M]．北京：同心出版社，2015.

[10]（法）费尔南·布罗代尔．地中海与菲利普二世时代的地中海世界 [M]．上海：商务印书馆，2013.

[11] Steven Runciman. *A history of the First Bulgarian Empire*[M]. London:G. Bell & Sons, 1930.

[12] John Haldon. *Warfare, State And Society In The Byzantine World 565-1204*[M]. London: UCL press, 1999.

[13] D. rizoff. *The Bulgarians in their historical, ethnographical and political frontiers*[M]. Berlin: Königliche Hoflithographie, Hof-Buch- und -Steindruckerei WILHELM GREVE, 1917.

[14] Васил Н. Златарски. *История на българската държава през средните векове Том I. История на Първото българско царство. Част Ⅱ. От славянизацията на държавата до падането на Първото царство*[M].София: Наука и изкуство, 1971.

[15] Васил Н. Златарски. *История на българската държава през средните векове Том I. История на Първото българско царство. Част I. От славянизацията на държавата до падането на Първото царство*[M].София: Наука и изкуство, 1970.

[16] Професор Станчо Ваклинов. *Формиране на старобългарската култура VI-XI век*[M].София: Издателство Наука и изкуство, 1977.

[17] Константин Иречек. *История на българите*[M].София: Издателство Наука и изкуство, 1978.

[18] Иван Божилов. *Цар Симеон Велики (893-927): Златният век на Средновековна България*[M].София: Издателство на Отечествения Фронт, 1983.

[19] ответственный редактор Геннадий Г. *Литаврин. Раннефеодальные государства на Балканах, VI-XII вв*[M].Москва: «Наука», 1985.
[20] Иван Снѣгаровъ. История на Охридската АрхиепископияТом 1. *От основаването ѝ до завладяването на Балканския полуостров от турците*[M].София: изд. Акад. изд. "М. Дринов", 1995.
[21] Емил Михайлов. *Руси и българи през ранното средновековие до 964 г*[M]. София: Университетско издателство „Климент Охридски”, 1990.
[22] Петър Коледаров. *Политическа география на средновековната българска държава Първа част от 681 до 1018 г*[M].София: Наука и изкуство, 1979.
[23] oannes Cameniata, De excidio Thessalonicensi. *De Thessalonica eiusque argo*[M]. Berolini: Tafel press.1992.

大清“裱糊匠”的崛起

李鸿章筹练淮军与“天京之役”

作者 / 赵恺

与晚清戡乱名臣曾国藩相比，来自安徽合肥的李鸿章的人生似乎要坎坷和复杂得多，盛赞其“再造玄黄”者有之，痛斥其“丧权辱国”者更不在少数。这种争议之声自然而然地影响了由其一手组建的淮军，以及中国近代历史上号称“东亚第一”的海军舰队——北洋水师。虽然在中日甲午战争中，相比北洋水师的悲壮与雄浑，淮军几乎溃不成军，甚至畏敌如虎，以致跌落神坛，成了千夫所指的对象；但不可否认的是，在清朝末期，淮军确实是清帝国最为精锐的陆上武装力量，并拥有重要的历史地位。回顾这支部队的成立，则要从太平天国运动末期的上海说起。

当时，在曾国藩的举荐下，李鸿章以江苏巡抚的身份率军驰援上海，正式拉开了淮军独立发展的序幕。

在龙蛇混杂的十里洋场，李鸿章如何成功压制深得沪上中外势力认可的江苏布政使吴煦，并赶走自己的顶头上司江苏巡抚薛焕？面对由西方雇佣军组成的常胜军，李鸿章与英国军事顾问戈登之间的斗法又是否影响了中国近代陆军的发展？在与太平天国忠王李秀成所部对垒的过程中，淮军经历了怎样的血与火的考验？所谓“苏州杀降”事件的背后又是否另有隐情？在清廷围攻天京的收官之战中，李鸿章是否有意让功于自己的恩师曾国藩？以上这些问题，均将在本文中为读者一一解答。

领军申城：援沪之行与淮军草创

曾李之交

1861年9月5日攻克安庆，对于曾国藩及整个湘军集团而言，算是打开了通往太平天国核心统治区的大门，但在攻略天京（今南京）的道路上，如何有效地管理收入囊中的安徽省大部仍是绕不开的话题。此时的安徽名义上属两江总督曾国藩治下，但皖北地区的实际控制权却掌握在钦差大臣瓜尔佳 · 胜保及依附于他的团练武装头目苗沛霖的手中。对于屡战屡败而被朝野揶揄为“败保”的清朝贵族胜保，曾国藩并不太放在心上，如何与地盘横跨安徽、河南两省，“数十州县之练首无不望风归附，听其号令”的苗沛霖争夺安徽省内的人才和兵粮，才是令曾国藩颇为头痛的事情。正所谓“强龙难压地头蛇”，在向来看重乡望的农耕社会，没有一个安徽籍的重臣，湘军要想在当地打开局面并不容易。或许正是考虑到了这一点，曾国藩早早地便将合肥名流——李瀚章、李鸿章兄弟收入帐下。

▲ *湘军攻克安庆标志着其与太平军的战斗进入了最后的收官阶段*

曾国藩与李鸿章早年便已相识。1845 年，22 岁的李鸿章赴京赶考，按照清代儒林的“潜规则”，李鸿章首先找到了与父亲李文安是同榜进士的曾国藩。据说曾国藩对李鸿章颇为欣赏，可惜这一年李鸿章名落孙山，直到两年后才被点为二甲第 13 名，开始了自己的翰林生涯。在此后的 5 年里，李鸿章虽与曾国藩保持着师生之谊，但仕途上交集不多。1853 年，因母丧在家丁忧的曾国藩，趁围剿太平天国的东风，组建起了名为“湘勇”的团练武装，李鸿章也趁此机会跟随同乡——工部左侍郎吕贤基前往安徽，办理团练防剿事宜。

与曾国藩相比，同为六部侍郎的吕贤基没有在剿灭太平军一事上干出一番成绩来。究其原因，除了两人性格、才干之间的差异外，更为重要的是正处于太平军进攻轴线上的安徽省省内令出多门、权力分散。除了吕贤基之外，还有安徽巡抚蒋文庆、三朝老臣周天爵等大佬。对于眼前繁复的局面，吕贤基曾写信给周天爵，提议：“事当分任。团练专令歼除土匪；牧令守本境，统帅剿贼，不得远驻百里之外，以免推诿。”但这些建议在当时的安徽省内显然没有执行空间。

1853 年 6 月，太平军攻占安庆，巡抚蒋文庆战死；9 月，周天爵病死于军营，吕贤基似乎总算统一了安徽境内的军政大权。此时吕贤基依为根本的舒城仍处于太平军的兵锋之下，《清史稿 · 列传一百八十六》中记载，曾有人劝告吕贤基说：“无守土责，未辖一兵，贼锋甚锐，可退守以图再举。”这个主张“以图再举”的人是否为李鸿章，史料中并未给出明确的答案，但在吕贤基决定“以死报国”的同时，李鸿章以老父有病为由离开前线却是不争的事实。1853 年 11 月，舒城陷落，吕贤基投河自尽。

此后几年里，李鸿章以幕僚身份效力于新任安徽巡抚福济麾下。福济是满洲镶白旗人，出身上有优势并曾出任过兵部侍郎。福济抵达安徽之后一度调兵筹饷，颇有一番气象，加上太平天国方面恰逢“天京变乱”，因此李鸿章在福济麾下参与了收复含山、巢县等战役，积累了一定的军功。随着陈玉成、李秀成等太平军新生代将帅的崛起，清军在安徽的情况再度由安转危。眼见很难继续在福济手下建功立业，李鸿章只能另谋发展。通过当时正在曾国藩军中“综理粮秣”的大哥李瀚章的关系，1858 年 12 月，李鸿章正式赶赴南昌投入曾国藩的幕府。

在李鸿章看来，自己投身湘军属于强势加盟，理应受到特别的礼遇。正是怀着这样的心理，李鸿章初到南昌时生活散漫、晚睡懒起，对曾国藩每天黎明时分“必召幕僚会食”的规矩更是颇多微词，后来甚至忍不住直接以头痛相辞。不想曾国藩不断派人来催，更直接表示“必待幕僚到齐乃食”。无奈之下，李鸿章只能“披衣踉跄而往”，结果换来的却是曾国藩的一句告诫：“少荃（李鸿章表字），既入我幕，我有言相告，此处所尚惟一‘诚’字而已。”事实上，这不是曾国藩第一次敲打李鸿章了，早在李鸿章多方托人表示希望加入湘军时，曾国藩便揶揄他说：“少荃翰林也，志大才高，此间局面窄狭，恐艨艟巨舰，非潺潺浅濑所能容，何不回京供职？”

曾国藩的一系列反应，令李鸿章“为之悚然”，深知要在湘军中闯出一片天地，唯有勤奋自勉。在此后的一段时间里，李鸿章虽然仅仅负责书记文字工作，但却干得有声有色。曾国藩夸奖他说：“少荃天资于公牍最相近，所拟奏咨函批，皆有大过人处，将来建树非凡，或竟青出于蓝，亦未可知。”不过，李鸿章并不满足于周旋于公牍文书之间的秘书工作，在湘军大营进驻祁门之后，他不断制造舆论，希望能“及早移军”。李鸿章之所以如此积极，除了年轻气盛、好发议论之外，很大程度上还在于湘军此时的动向与其尽早规复安徽全境、衣锦还乡的设想不符。面对军中不断要求移营的呼声，曾国藩亲自出面，以“诸君如胆怯，可各散去”进行压制。以他的老辣，自然不难看穿李鸿章的小算盘，因此驻守祁门后不久，曾国藩便出面，向朝廷保举李鸿章为两淮盐运使。

加入曾国藩幕府之前，李鸿章的正式官职为从三品的福建延建邵道（即延平、建宁、邵武三府）道台。两淮盐运使亦为从三品，仅从官阶上来看，此番人事变动不过是同级岗位之间的调动，实则不然。两淮盐运使掌管食盐运销、征课、钱粮支兑等事务，而延建邵道地区此时正遭受太平军的袭扰，李鸿章的前任袁绩懋便死于太平军的乱刀之下。两者的“含金量”孰高孰低，一目了然，何况曾国藩在保举李鸿章的奏折中还提议，由李鸿章于淮扬一线“兴办水师，择地开设船厂”。如果真能顺利赴任，李鸿章可谓独掌两淮财政、水师大权，不仅本人平步青云，更能成为湘军布控江浙的重要一环。奏折刚刚送出，曾国藩麾下幕僚便纷纷向李鸿章道贺，甚至连湘军大佬胡林翼也亲自从湖北黄梅跑来找李鸿章套近乎。一时间，李鸿章在祁门的湘军大营中俨然是一颗冉冉升起的新星，但来势汹汹的第二次鸦片战争却令李鸿章的升迁之梦化为了泡影。

▲ *祁门大营遗址*

面对大军压境的英法联军，清廷号召各地驻军“北上勤王”，曾国藩手中的湘军集团虽然远离战场但也在征调之列。对于北京方面的局势，曾国藩表面上“四更成寐，五更复醒，念夷人纵横中原，无以御之，为之忧悸”，实际上却按兵不动，心存观望。其真实想法在家书中更是一览无余：“与其不入援而同归于尽，先后不过数月之间，孰若入援而以正纲常、以笃忠义？纵使百无一成，而死后不自愧于九泉，不诒讥于百世。”显然在曾国藩看来，入援京师无非是“正纲常”“笃忠义”而已，其结果必然是“百无一成”，甚至“同归于尽”。得到咸丰帝逃离北京的消息后，曾国藩“且愧且愤，涕零如雨”，在家书中写道：“今銮舆播迁，而臣子付之不闻不问，可谓忠乎？万一京城或有疏失，热河本无银米，从驾之兵难保其不哗变。”站在后人的角度来看，我们很难理解曾国藩“食君之禄，忠君之事”的情怀，但是纵观全局，如果清廷中枢此时在热河崩溃，那么太平天国和湘军集团无疑将是最大的受益者。

▲早年的李鸿章

事实上，就在英法联军逼近北京的同时，太平天国高层产生了趁势“扫北”的念头。但和此前的“北伐”相比，太平天国对如何利用清军兵败通州一线的有利战机并没有太过明确的战略部署，只是盲目地认为自己与英法联军“既系同教，宜切同胞”，英法联军理应给予北上的太平军支持。所幸受命率军“扫北”的李秀成此刻刚刚在上海城下吃了洋枪队的苦头，吸取了 1853 年林凤祥、李开芳孤师北伐，结果全军覆没的前车之鉴。第一次攻略上海失败后，李秀成回到了根据地苏州，随即便以德安等地天地会起义军纷纷差使至苏州表示愿意投靠太平军为名，出兵江西。其进攻轴线正对湘军的祁门大营。

曾国藩自组建湘军以来，虽然屡败屡战，但也曾三次对前途命运倍感绝望，甚至有轻生之举。第一次是在 1854 年，亲率水陆两军万余人大张旗鼓誓师出征的曾国藩于湖南靖港遭遇太平军的伏击。曾国藩起初还颇为镇定，“亲仗剑督退者，立令旗岸上曰：‘过旗者斩。’”结果，“士皆绕从旗旁过，遂大奔”。气愤之余，曾国藩只能“自投水中”。第二次则是在 1855 年，在湖口为石达开所败的曾国藩，面对“座船陷于贼，文卷册牍俱失”的局面，曾一度丧失理智，准备“策马赴敌以死”。而他的第三次轻生就发生在 1860 年 12 月的祁门大营中。

当时李秀成在皖南、赣北一线高奏凯歌。留在安庆附近长江两岸的李世贤、杨辅清所部太平军也在皖南与赣北一线展开牵制性进攻。随着李秀成部主力西进，驻守常熟的黄文金被李秀成以“擅违期限，不先申禀缘故”的名义移防芜湖，也被迫加入了西征的行列。加上驻守池州的右军主将刘官芳所部，太平军一度在皖南、赣北形成了五军齐发的态势。与之形成鲜明对比的是，曾国藩在祁门大营以东仅有非嫡系的张运兰所部 3000 余人。为了扩大防御纵深，曾国藩不得不将自己的心腹幕僚李元度从浙江前线调回，为其求得徽宁池太广道台一职，希望其能在徽州地区组建防线，保障祁门大营的安全。

李元度虽是举人出身，但多年跟随曾国藩南征北战，早已成长为屡立战功的武将。1857 年 8 月，太平军石达开所部以 2 万大军猛扑浙赣交界处的玉山县城。李元度仅以 700 守军，通过“断敌浮梁”“掘壕以防地道”“伏兵邀击”等战术，最终迫使太平军“技穷引去”。正是基于守御玉山的成功案例，曾国藩对李元度寄予了厚望。但李元度马不停蹄地从温州赶往祁门时，李秀成的堂弟李世贤已经攻破宁国。李元度赶到徽州不过三天，太平军便突破绩溪丛林关天险。李元度虽然组织部队展开反击，但最终无力抵挡太平军凶猛的攻势，徽州失守，李元度仅以身免。

从战场态势来看，李元度并不应该对徽州失守负主要责任。其在湘军服务多年，功劳、苦劳兼备，但令湘军上下都没有料到的是，消息传到祁门后，曾国藩竟第一时间要求李鸿章拟稿弹劾李元度。对于这一决定，李鸿章表达了自己的不同意见，声称“果必奏劾，门生不敢拟稿”。起初曾国藩还认为李鸿章只是不愿替自己背负“大义灭亲”的骂名，表示“我自属稿”，没想到李鸿章以“若此则门生亦将告辞，不能留侍矣”相要挟。曾国藩表现得很淡定，用一句“听君之便”就送走了李鸿章，但在其日记原稿中，仍能看到曾国藩对李鸿章种种表现的不满：“日内因徽州之败，深恶次青（李元度），而少荃不明大义，不达事理，抑郁不平，遂不能作一事。”

祁门之围缓解后不久，曾国藩便开始着手修补与李鸿章的关系。1861 年 2 月—3 月，面对横行江西境内的李秀成大军，曾国藩主动写信给李鸿章，请他协防南昌。李鸿章深恐步李元度的后尘，便婉言谢绝了。曾国藩对此似乎并不介意，又写了一份读来有些肉麻的公函招徕李鸿章：“阁下久不来营，颇不可解。以公事论，业与淮扬水师各营官有堂属之名，岂能无故弃去，起灭不测。以私情论，去年出幕时，并无不来之约。今春祁门危险，疑君有曾子避越之情；夏间东流稍安，又疑有穆生去楚之意。鄙人遍身热毒，内外交病，诸事废阁，不奏事者五十日矣。如无醴酒之嫌，则请台旆速来相助为理。”

曾国藩口中的“淮扬水师各营官有堂属之名”，指的是此前奏保李鸿章为两淮盐运使时，计划由其统率湘军水上作战力量。在更早之前，曾国藩还与李鸿章探讨过招募安徽壮丁组建骑兵的方略。在给胡林翼的信中，曾国藩这样写道：“江北军务非数千马队不为功，顷与李少荃议，可调察哈尔马三千匹，由上驷院押解来鄂。而亳州一带，有善马之勇可募，名曰‘马勇’。现在德（德兴阿）、胜（胜保）二帅亦系调江北之马，募淮南之勇，将来马队断非我湘人所能擅长，自不能不照此办理。吉林、黑龙江马队闻已通饬止调矣，宫保似可商之揆帅（指官文），奏调察哈尔牧厂马三千匹来鄂，国藩亦拟令少荃募马勇千人，试行操练也。”不过无论是淮南马队还是淮扬水师，在安庆战役尚未分出胜负之际，对于曾国藩和李鸿章而言均不过是未雨绸缪的远景规划而已。

一般认为，李鸿章在1861年7月间重回曾国藩帐下，此时距离他从祁门大营负气出走已逾半年之久。虽然曾国藩不计前嫌、待之如初，但整个湘军的形势已与此前有了巨大的变化。由于胜保和苗沛霖的阻挠，淮南马队的组建计划已由搁置转为彻底取消；而淮扬水师在李鸿章离开期间已初具规模，交由曾国藩的心腹爱将黄翼升统领。在这样的情况下，曾国藩即便再宠信李鸿章，也不可能叠床架屋，令草创的“扬水师出现李鸿章和黄翼升双头领导的局面。他只能另辟蹊径，以组建“淮扬陆勇”的名义让李鸿章自成一军。

进军江浙

事实上，在李鸿章的任用问题上，身为湘军二号人物的胡林翼始终有比曾国藩更为清醒的认识。早在1860年8月，胡林翼便致信曾国藩，表示：“少荃带勇多年，中道自画，若一劲到底，必有可观。兵事尚早，毋即厌苦也。扬州水师都督，亦须另筹陆师以翼之。”他首先肯定了李鸿章是练兵之才而非普通幕僚，而后暗示李鸿章的长处是陆战而非水战。此时的湘军中亦有多支由安徽籍士兵组成的武装力量，除了太平军降将李济元的济字营和程学启的开字营之外，最受曾国藩重视的还是昔日李鸿章协助吕贤基回安徽办理团练时留下的“星星之火”——张遇春的春字营。从战绩来看，张遇春的春字营自加入湘军以来表现颇为一般，但要想在安徽地区打开局面，春字营的存在和壮大是彰显“皖人治皖，淮勇守淮”的绝佳例证。因此在收复安庆之后，曾国藩第一时间将春字营调往皖北，准备让李鸿章将这一点“星星之火”引向苗沛霖的控制区，最终形成燎原之势。

然而，曾国藩任用李鸿章经略皖北的计划，刚刚起步便被一系列突如其来的变故所打乱。首先是1861年7月间，咸丰帝爱新觉罗·奕詝病逝于热河承德避暑山庄，随即引发了以肃顺为首的“顾命大臣集团”与以慈禧太后、恭亲王奕䜣为首的“后宫集团”的政治暗斗。从政治立场和个人品性而言，曾国藩、李鸿章等湘军高层与“喜结汉臣、优礼贤士”的肃顺更为亲近。在咸丰帝驾崩之后，肃顺也频繁向湘军集团伸出橄榄枝。1861年8月30日，肃顺不仅同意将湖北巡抚授予曾国藩心腹爱将李续宜，更一气加封曾国藩的好友毛鸿宾为湖南巡抚，湘军将帅彭玉麟、刘坤一也分别获得了安徽巡抚、广东按察使的顶戴。

▲ 垂帘听政的慈禧太后

不久，以肃顺为首的“顾命大臣集团”在政治斗争中失利。这场“祺祥政变”落下帷幕之后，曾国藩一度对肃顺之死扼腕叹息，称“此冤狱也，自坏长城矣”，深恐清廷使用汉人的政策再有波折。如此，不仅太平天国起义难以平定，他自身亦有被人陷害之危。当然，以曾国藩的政治智慧不难看出，在当时的局势下，以慈禧太后为主的“后宫集团”，尚不会轻易改变肃顺制定的“以汉制汉”之策；但从长远来看，湘军集团要保全自己的政治地位，必须谨慎布局。所以在湘军上下还都沉浸在加官晋爵的欢喜中时，曾国藩已经将目光转向了富饶的江、浙两省。

曾国藩之所以此时关注江、浙两省的战事，一方面固然是因为击破安庆之后，湘军即将在当地与太平军决战；另一方面则缘于规模不断膨胀的湘军急需江、浙两省的税赋来输血。关于这一点，实际上早在湘军草创之初，曾国藩便已然开始尝试。1855年曾国藩兵败湖口，损兵折将不说，军费更是极度空虚，于是他试图找浙江巡抚何桂清“商饷”。在曾国藩看来，浙江此时未遭兵燹，属于“全善之区”，每月接济江南大营的军饷便达6万两之多，拿出一点来救援湘军也只是九牛一毛而已。但万万没想到，何桂清竟然“丝毫未允”。从此之后，曾国藩和何桂清之间便有了芥蒂，而为了争夺江、浙两省的巡抚之位，湘军集团和何桂清更是势如水火。1860年，何桂清授意部下张玉良在驰援杭州的战事中，故意逗桡不进，令胡林翼推举的浙江巡抚罗遵殿兵败自杀。浙江全省随即为何桂清的心腹王有龄所占据。

王有龄主政杭州之后，积极招揽兵败徽州的湘军元老李元度。也正是李元度兵败后不逃往祁门大营，却选择败窜浙江开化的举动，令曾国藩对这位老部下极度不满，不顾李鸿章等人的反对坚决上奏弹劾。虽然事后胡林翼等湘军大佬站在维护内部团结的立场上，写信安抚李元度，并上下运作使其官复原职，但李元度最终选择回湘募勇，组建安越军，正式脱离湘军，加入了何桂清集团。眼见于此，曾国藩干脆上奏清廷，推举左宗棠统一指挥东援浙江的军事行动，有了尚方宝剑在手，就算他李元度自行组建了安越军，仍不得不受左宗棠节制调遣。

左宗棠在江西一线对李秀成、李世贤所部太平军始终保持着压迫姿态。但在李秀成第二次围攻杭州的过程中，左宗棠却借口“数军单薄，不足资战守”，始终将部队控制在浙赣边界。如果说左宗棠要等待湘军刘培元、魏喻义所部从湖南赶来才能进军，还有几分道理；那么必须会合从广西出发的蒋益澧所部，便是赤裸裸地摆出“友军有难，不动如山”的观望姿态了。可笑的是，左宗棠的这些举措在《清史稿》中竟成了“数千人策应七百余里，指挥若定”，连曾国藩也“服其整暇”。要知道当时左宗棠的军中仅李元度的安越军便有15个营的编制，兵力不下6000人，其余诸将如刘典等人皆起于团练，麾下兵马也不少于数千之众，杭州周边还有张玉良的水师在猛攻太平军的防线。在左宗棠的不作为下，李秀成猛攻20余日终于攻破杭州大城，此后面对八旗子弟居住的杭州“满城”，太平军又激战4日、损失3000余人方才攻克。回首这段历史，李秀成在其自述中也不得不承认：“那杭郡巡抚王有龄甚得军民之心，甚为坚守。”

王有龄在杭州城破之日自缢身亡，而在此之前，张玉良也因“军不用命，自知事不可为，战杭州城下，辄身临前敌，力斗，中飞炮，殁于军”。至此，何桂清集团遭遇重创，再难与湘军集团相抗衡。之后，曾国藩全力推荐左宗棠为浙江巡抚，参劾李元度，解散安越军，同时着手部署入主江苏事宜，对龟缩于上海的何桂清展开最后一击。

在江南大营崩溃之前，江苏巡抚本为何桂清的心腹徐有壬。可1860年太平军攻克苏州时，徐有壬死于任上，于是何桂清只能依附于退守上海的江宁布政使薛焕。清政府虽然一度下诏将何桂清革职并送北京审讯，但由于英法联军入侵，何桂清始终“逍遥法外”。面对这个死而不僵的“百足之虫”，曾国藩决心釜底抽薪，以盘踞荡口镇的团练武装头目华翼纶等人“冀上游之兵，早赴江东”为名，正式着手部署湘军援沪。曾国藩最初的计划是由其九弟曾国荃统率湘军老营为援护主力，但考虑到皖南前线一下子抽调走太多的老兵可能造成不良影响，因此将计划修正为：“沅弟（曾国荃）迅速招勇来皖，替出现防之兵，带赴江苏下游，与少荃、昌岐（黄翼升）同去。得八千陆兵、五千水师，必能保朝廷膏腴之区，慰吴民水火之望也。”意思是，曾国荃先在湖南训练一批新兵赴皖替换驻防的老兵，然后将他们带去江苏下游，配合李鸿章招募的淮勇、黄翼升的淮扬水师协同对抗太平军。

在与曾国荃的一系列通信中，曾国藩反复强调控制上海在经济上对湘军集团意义重大，“上海为苏杭及外国财货所聚，每月可得厘捐六十万金，实为天下膏腴，吾今冬派员去提二十万金，当可得也”。但曾国荃对此却并不积极。后世的很多学者都认为曾国荃之所以不愿前往上海，是因为其急于进攻天京，建立平定太平天国的不世之功。客观地说，曾国荃虽老于军旅，但在政坛上尚属后进，从其日后从政的表现来看，他似乎也不擅长派系角力。他在回复曾国藩的信中宣称，抵沪之后“恐归他人调遣，不能尽合机宜，从违两难”，仔细分析也并非全是托词。

湘军各部当时云集安庆，要抵达上海必须先打通长江下游的水陆交通，经过江宁将军都兴阿的防区，才能由镇江登船到上海。对于都兴阿这个正白旗出身的满蒙贵族，湘军上下感情颇为复杂。一方面，都兴阿早年曾统率马队南下参战，在收复武汉、九江等战役中均给予了湘军集团很大的助力；另一方面，当年正是为了配合都兴阿围攻安庆，湘军在三河战役中损失 6000 精锐，一度一蹶不振。或许正是出于对三河战役失利的愧疚，都兴阿此后便以腿脚不便退出了湘军的指挥体系，将自己带来的满蒙马队交给了部将多隆阿。此时的都兴阿名义上统揽江北军务，实际麾下多是江北、江南大营的残兵败将和太平军降将，仅据守镇江的冯子材部可堪一战。除了兵员质量堪忧之外，粮饷问题也同样令都兴阿颇为头大。因此在湘军积极筹划援沪的同时，都兴阿也向朝廷上奏，力保冯子材进援上海。慈禧太后向来看重满臣，都兴阿的奏请随即于1862年2月16日得到批准，湘军援沪的计划眼看便要胎死腹中。

都兴阿秉承上意又兼有近水楼台之利，曾国藩于公于私都不便反对。他只能写信给冯子材，打了一通官腔：“镇江最据形胜。将来规复金陵（天京）、苏常，必以此为根本。上海固属饷源，然尚非用兵要地，且业已借助洋人，一时犹可拄，缓急轻重，微有权衡。”好在此时长江下游双方战线呈现犬牙交错的态势，冯子材无法立即援助上海，湘军还有争取的机会。1862 年初，都兴阿趁安庆战役后太平军元气大伤之际，收复了江北天长、六合等地，随即引发了太平军在浦口方向的反击。都兴阿和冯子材所部一时间疲于应付，无暇南下。

经过这一番折腾，曾国藩深知盯着上海这块“肥肉”的绝非湘军一家，久拖下去必酿变故。但在取道镇江的方案一时无法实施的情况下，被太平军重重阻隔的上海对湘军而言又实在鞭长莫及。就在“山重水复疑无路”之时，由上海抵达安庆的英国货轮带来了转机。

顺江而下

通过第二次鸦片战争，西方列强从清政府手中获得了长江中下游的通行权，但太平军扼守着南京附近的江面，各国商船要想深入长江还必须获得洪秀全的首肯。因此在1861年，英法联军在北京逼迫清政府签署一系列不平等条约之后，巴夏礼随即跟随英国远东舰队自上海溯江西至汉口，中途于天京停泊。经过一番交涉，太平天国于4月2日颁发通令，同意持有英国通行证的船只可于长江自由航行。

洪秀全、李秀成等太平天国的领导人之所以选择与西方媾和，很大程度上是迫于曾国藩所部湘军的压力，试图摆脱两线作战的窘境。当然，“洋火轮”的大批涌入，也能极大地补充太平军装备和物资上的不足。甚至在被围困的安庆、黄州等要塞，湘军对不断向太平军兜售粮食、军火的西方商船也是毫无办法，最终不得不耗费巨资将路过洋船的货物全部买下。

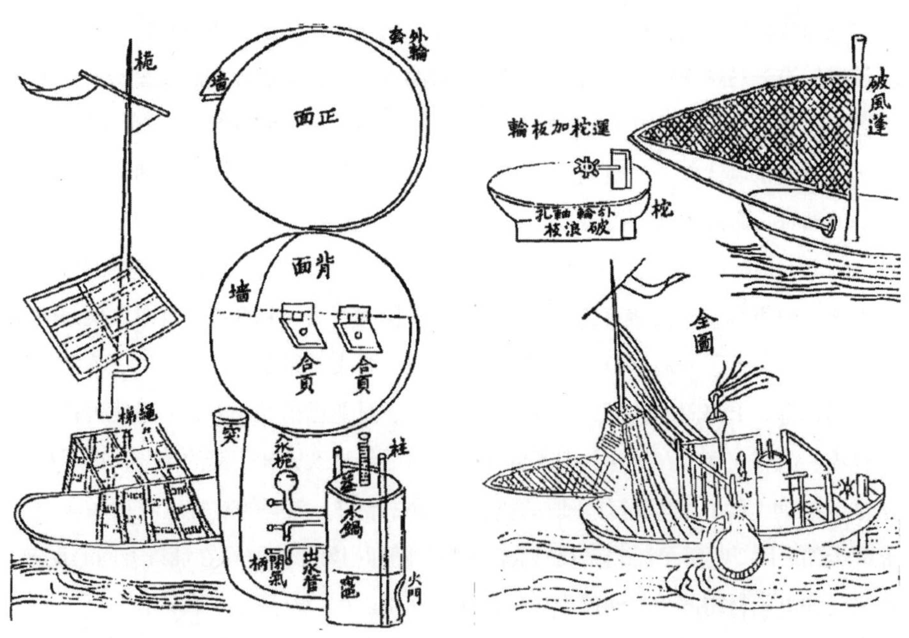

▲《海国图志》中的西方火轮船

既然西方货轮可自由通行于长江流域甚至各大战区，借助西方轮船将湘军运至上海，自然成为曾国藩等人的“暗度陈仓”之策。

1862 年 2 月 24 日，曾国藩写信给主持上海海关及外交事务的江苏布政使吴煦，提出：“若尊处能办火轮夹板等船，前来迎接，则水路行走较速。”不过对于数千湘军能否乘坐西方货轮安全地通过南京江面，曾国藩并没有信心。因此在写给吴煦的信中，曾国藩仍力主从陆路进军上海：“舍弟一军则必俟打开巢县、和（和州）、含（含山），而后放心东下；少荃一军或不待克此三城，即可且战且行，亦不定用船载也。”

身在上海的苏州学者冯桂芬一眼便看出了湘军由水路援沪的三大难点：“一则中丞（薛焕）不许也，迎师必具饷，权在官不在绅，以己为不能，以人为能，情之所难。一则夷官不许也，前年英与贼不相知，今互市已久，有两不相帮之说，肯赁船载兵，显然助我乎？一则曾帅（曾国藩）不许也，曾帅老于兵，计在持重，驱兵入敌国之舟，募越贼巢，涉重洋数千里，不知者将以为口实，曾帅能不疑乎？”这看似“吃力不讨好”的工作，江苏布政使吴煦却秉着“没有困难要上，有困难克服困难也要上”的精神，硬是通过与英国驻沪领事麦华陀的一番折冲樽俎给办成了。当然，吴煦此举有着极大的私心，只是最终结果却是自掘坟墓，个中缘由留待后文再一一为读者解答。

1862 年 3 月 28 日，吴煦以苏州太仓籍举人钱鼎铭为代表，乘坐英国商船由上海抵达安庆，向曾国藩告知已向英国方面租赁商船 7 艘，以每次 3000 人的规模直接从安庆将湘军运往上海。此时的曾国藩可谓骑虎难下：一方面，他仍视水路为危途，不愿以湘军精锐赴险；另一方面，对吴煦及上海士绅的“热情”邀请，他又实在没有拒绝的理由。权衡再三之后，曾国藩最终决定投石问路，让原本作为援沪辅助力量的李鸿章及其所招募的淮勇试水。

在日记中，曾国藩曾这样剖析自己决策时的心理：“余以少荃之兵，日内已订定由巢县、和、含陆路东下。今若遽改为舟行，则大拂兵勇之心。若不由舟行，则大拂江苏绅民之心。踌躇久之，不能自决……少荃来，与之言江苏官绅殷殷请援之意，有甚于蹈水火者之求救，其雇洋船来接官兵，用银至十八万之多。万不可辜其望、拂其情。决计由水路东下，径赴上海。”对于此时的李鸿章而言，能够单独领军入主上海，固然是其个人的发展机遇，但所部兵将、幕僚对从水路通过太平军控制区却和曾国藩一样充满了疑虑。李鸿章的幕僚周馥便曾回忆说：“时人多以江北巢县下抵浦口，数百里皆粤贼，重重守御，南京尚未收复，虑事不济。”于是，不少人打了退堂鼓，“先许戎者，临时多辞退”。但无论如何，1862年4月5日，李鸿章统率首批淮勇还是按计划登船，顺江而下，开启了援沪之行。

▲西方画家笔下的早期洋枪队和清朝官吏

在后世的许多李鸿章传记中，均不同程度地记载了其乘船南下的艰险。《清史稿·列传一百九十八》中也称：“时沿江贼屯林立……穿贼道二千余里。”客观地说，太平天国虽然拒绝了英国方面提出的悬挂英国旗的中国木船自由航行长江不受检查的要求，且在上海外围再度与以西方雇佣兵为主的洋枪队发生冲突，但太平军仍未对西方货轮进行拦截和检查。因此李鸿章所部此行可谓有惊无险。

正是借助西方工业革命的力量，李鸿章及首批淮勇仅用了3天便抵达了上海。但是迎接他们的不是箪食壶浆的热烈欢迎，而是一片对褴褛军服和落后装备的讥讽和嘲笑之声。之所以出现这样的局面，固然受上海当时政治氛围的影响，但主要还是李鸿章所部淮勇自身的问题。

李鸿章招募淮勇始于1861年的12月。尽管有湘军组建的成例可以借鉴，但除了张遇春的春字营之外，李鸿章所纠集的淮勇主要是长期盘踞在合肥地区的张树声、刘铭传、潘鼎新、周盛波及周盛传兄弟、吴长庆等地方团练武装。这些人之所以加入李鸿章的麾下，主要是缘于安徽儒林中的门生故谊，其中张树声曾是李鸿章之父李文安的幕僚。在李鸿章离开安徽加入曾国藩幕府的那段时间里，张树声在合肥地区自办团练，并与刘铭传、潘鼎新等人“讲信修睦，联络援应”。李鸿章始终与其保持着书信往来，因此李鸿章在安庆竖起“募勇”的大旗之后，这些人便“慷慨请从”。

当然除了私人情谊之外，合肥等地的团练武装加入李鸿章的麾下还有更为现实的政治、经济考量。收复安庆之后，安徽当地的太平天国及捻军运动均陷入了低潮，各团练武装昔日“筑垒御贼”的事实割据局面已不复存在，反而成了清政府眼中的不稳定因素。即便强如苗沛霖集团这样的“地头蛇”，也不得不寻求朝廷大员胜保的庇护，张树声等人依附于李鸿章、曾国藩自然亦在情理之中。另外，团练武装长期以来的经济来源，好听一点叫“耕战相资”，其实无非是凭借手中的武力压榨良民。安徽一带曾流传着这样的民谣：“若说敝处团练，做强盗则有余，做官兵则不足，接得一张谕帖，专门赫诈平民；筑成三尺圩墙，胆敢抗拒官长。贼骑突至，战兢兢帮草帮粮；客货远来，雄纠纠劫船劫马。”这样的行径在战乱年代还能维持一支部队的开支，但随着社会秩序逐渐趋于稳定，各地团练武装便逐渐步入了无米下锅的窘境。因此张树声等人才甘愿献出自己的武装，加入李鸿章的淮勇序列。

张树声等地方团练虽然号称与陈玉成相持多年，均为百战之勇，实则不过是乌合之众。曾国藩名义上提倡湘淮“本系一家”，但在具体的举措上仍不免有亲疏远近之分：湘军兵勇的军饷为每日银一钱四分，而新招募的淮勇则“每日给钱百文”。按当时 1 两白银约合铜钱 2000 文计算，淮勇的军饷仅相当于湘军的 35%。当然这也不是曾国藩有意克扣，而是受制于当时湘军糟糕的财务状况，另一支攻克安庆后组建的部队——淮扬水师此时也是“久食半饷，积欠四月”。

正是鉴于自身入不敷出的财务情况，曾国藩才急于控制上海财源，甚至不惜“截留其募勇之资，移为东征之需”。李鸿章的募勇工作既然被迫叫停，那么援沪兵员的缺口自然只能靠湘军补上。除了将程学启开字营所部太平军降卒纳入淮勇序列之外，曾国藩还抽调两江总督督标亲军两营，作为“赠嫁之资”。李鸿章在开拔过程中，也意识到自己麾下的张树声、刘铭传、潘鼎新、周氏兄弟所部尚不堪重任，因此亲自带领曾国藩所赠两营亲兵、程学启所部为先锋，但不想抵达上海后，仍被人揶揄为乞丐。

后世学者在记述淮勇初到上海所遭遇的冷嘲热讽时，大多认为是当时沪上的西方列强发出的嗤笑。自 1793 年英国马戛尔尼使团访华以来，清政府军在西方人眼中便始终如“叫花子一般”，似乎没有必要再特意对抵沪淮勇多作评论；但长期在背后支持上海士绅向曾国藩求援的却正是英国政府。自 1861 年末李秀成所部太平军攻陷杭州以来，上海周边局势便不断恶化。1862 年 1 月 7 日，李秀成在杭州发布檄文，号召上海守军投诚，并警告洋人不得助战，俨然已将上海纳入下一阶段的

▲*据守上海的多种武装力量*

攻略计划。英法两国出于自身利益，通过外交渠道威胁太平军“如进攻上海，乃自陷危险”，同时迅速通过其代理人吴煦与清廷上海政府组成“中外会防局”，统一指挥上海当地的中外军队，迎战太平军。

此时第二次鸦片战争已经宣告结束，英法两国在沪驻军达数千之众。其中从大沽口方向赶来的英法联军，正是昔日八里桥之战的得胜之师，装备精良、士气高涨。加上停泊于黄浦江上的蒸汽炮舰，他们配合猬集于上海地区的清政府军，击败来犯之敌似乎毫无悬念。但战争正式打响之后，局势的发展却出乎所有人的意料。

由于得知清军降将李文炳于后方谋反，李秀成并未亲抵上海前线，而是率主力回镇苏州。因此太平天国第三次围攻上海的前锋部队，实际上不过是慕王谭绍光、纳王郜永宽及忠王次子李容发指挥的偏师，一般认为其兵力不过万余人马。当时上海外围集结的清政府军及各类民团多达四五万人，但却“闻风丧胆，一触即溃”。即便有英法联军的炮舰沿江提供火力掩护，清军仍呈现“各隘防军，遇贼辄溃走，入夜火光不绝，人无固志”的景象。无奈之下，英法联军只能改为全力支援华洋混杂的雇佣军——洋枪队。1 月 30 日，洋枪队在美国人华尔（Frederick Townsend Ward）、苏州监生李恒嵩的统领下，于青浦一线对太平军展开反击，堪堪稳定了局势。为了鼓舞士气，更为了争夺这支雇佣军的指挥权，主政上海的薛焕改洋枪队为“常胜军”，算是将这支雇佣兵部队纳入了清军正规武装的序列。

改名的同时，常胜军扩编至4500人，但兵力的上升带来了一系列的“股权纠纷”。洋枪队草创之时，主要听命于吴煦、杨坊等苏南士绅阶层；但改名常胜军之后，它吸纳了大批薛焕麾下李恒嵩所部华勇，其控制权自然转移到了薛焕这样的职业官僚手中。吴煦虽然依旧挂名督带，杨坊、华尔同为管带，但“县官不如现管”，常胜军的实权逐渐落入了仅为副领队的李恒嵩手中。正是眼见薛焕有侵吞常胜军的迹象，吴煦才不惜摆出“申包胥哭秦廷”的架势，不断派人前往安庆求援，试图“驱虎吞狼”，利用曾国藩与何桂清的矛盾，干掉把持上海政坛的薛焕。

李鸿章率淮勇先锋抵达前夕，上海外围的战局已呈现相对稳定的态势。在英法联军的火力掩护下，常胜军于 4 月 4 日突袭太平军王家寺大本营，摧毁太平军营垒 6 座，彻底拔除了太平军威胁上海的前进基地。转危为安的局势令薛焕对李鸿章的到来颇为不满。但湘军集团此时仍处于上升之势，薛焕唯一能做的恐怕只有在英法联军面前诋毁这支新来的客军。因此淮勇初到上海时，各种不佳的风评可能并非只是西方列强对它的印象。而李鸿章所谓“军贵能战，非徒饰观美。迨吾一试，笑未晚也”的自我解嘲，也是针对对方的一种反击。

主政上海

4 月 25 日，抵达上海仅 17 天的李鸿章便受命接替薛焕署理江苏巡抚，这背后自然少不了曾国藩及整个湘军集团的助推。早在 1861 年 12 月 26 日，曾国藩便上书指责薛焕“偷安一隅，物论滋繁”“不能胜此重任”，全力奏保李鸿章，并许诺“若蒙圣恩将该员擢署江苏巡抚，臣再拨给陆军，便可驰赴下游，保卫一方”，将湘军援沪和李鸿章出任江苏巡抚一事牢牢地捆绑在一起。但此时的清廷中枢已不复肃顺主政时对湘军集团那般友好，所以尽管李鸿章署理江苏巡抚，薛焕却没有离开上海，而是继续以钦差大臣的身份与英法交涉，“办理洋务”。

李鸿章依照曾国藩的安排入主上海之后，第一时间逮捕了侨居于租界的何桂清，将其押送至北京受审。而出乎力主湘军援沪的吴煦、杨坊等人意料的是，李鸿章整肃上海官场的第一刀非但没有落在薛焕的头上，反而指向了他们这些苏南士绅。

李鸿章的选择，表面上看有“不分敌我，过河拆桥”之嫌，但若站在当事人的立场上考量则可谓是其主政上海的不二选择。李鸿章虽名为江苏巡抚，但真正能控制的地域不过上海一隅，要壮大所部淮勇，钱粮、兵员、武器皆需仰仗苏南士绅和西方列强的接济。而这两股势力在此前一系列抵御太平军进犯的战斗中早已沆瀣一气。唯有对苏南士绅施以重压，斩断其与西方列强的联系，夺取常胜军的控制权，李鸿章才能真正把持上海的财、政、军权。与之相比，薛焕已让出江苏巡抚之位，在政治上对李鸿章不再构成威胁，而清廷中枢任命薛焕主持上海“洋务”，足见其在恭亲王奕䜣心中仍有价值和地位。事实上，扳倒吴煦一事，曾国藩早在李鸿章援沪之前便有所部署。根据湘军幕僚薛福成的笔记，曾国藩曾在李鸿章前往上海前便秘授机宜：“不去（吴）煦，政权不一，沪事未可理也。”因此李鸿章署理江苏巡抚之后，首先“疏劾道府数人，去（吴）煦羽翼”；接着采取关厘分途、以厘济饷的政策，与吴煦“明定章程”。上海海关的相关事务仍由吴煦经理，厘捐总局则由李鸿章的幕僚薛书常管理。

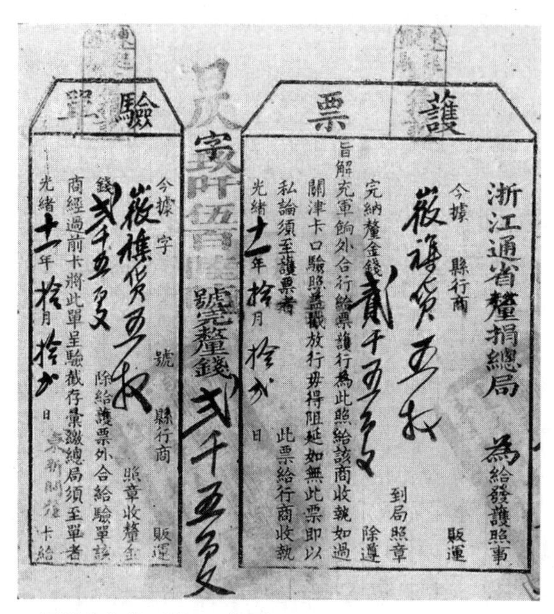
護票
浙江通省釐捐總局　為給發護照事
今據　縣行商　販運
完納釐金錢　到局照章
旨解充軍餉外合行給票護行為此照給該商收執如過　除遵
關津卡口驗照無截放行毋得阻延如無此票即以
私論須至護票者　此票給行商收執
光緒十年拾月拾　日

驗單
今據　字　號　縣行商　販運
錢　照章收釐金
除給護票外合給驗單該
商經過前卡將此單呈驗截存彙繳總局須至單者
光緒十年拾月拾　日
▲厘捐的收费证明——护票

所谓“厘捐”，其实是清廷为镇压太平天国开征的特别税，起初只针对商业流通领域，税率仅为1%。由于1%在当时写作“一厘”，因此被称为“厘金”。厘捐最早开征于1853年的扬州地区，为了筹措江北大营围攻天京的军费，清政府决定在按地亩肥瘠和业田多寡的基础上征收的土地税——亩捐之外，再对米行商贾以“每米一石捐钱五十文助饷”的方式，推行捐厘之法。随着战火的蔓延，厘捐制度逐渐在各地推广开来。至1862年，除了云南和黑龙江之外，厘捐制度基本遍行于全国。被加入捐厘的行业也渐次增多，最终遍及百货。

厘捐制度之所以盛行一时，除了由太平天国运动所引发的社会动荡波及各地，导致“盐引停迟，关税难征，地丁钱粮复因军荒免缓征”，清政府必须另辟财源、筹措军费之外；更缘于厘金由各省官府设立局卡，按各省所定税率征税，征收之后也无须上缴国库，只要向户部按季度上报厘金的收支情况即可。因此各省督抚、大小军头对厘捐制度趋之若鹜。曾国藩的湘军一路发展壮大更全赖“大设局卡，广征厘金”。

自鸦片战争以来，中国的对外贸易重心便由广州北移上海，一时出现了“江浙孑遗，无不趋上海，洋泾浜上新筑室，纵横十余里，地值至亩数千金，居民不下百万，商贾辐辏，厘税日旺”的局面。除了生丝、茶叶、鸦片等大宗商品的进出口关税之外，厘捐收入也颇为可观。因此李鸿章入主上海之后，第一要务便是接管厘捐总局。

李鸿章虽然着手收紧对上海财政大权的控制，但仍不愿意过度刺激吴煦、杨坊等人。毕竟太平军只是在王家寺遭遇小挫，依旧控制着七宝、南汇、嘉定、南翔、罗店、青浦等上海外线据点。李鸿章麾下淮勇除了程学启、张遇春所部之外，其余均为地方团练，不仅缺乏训练，更因鞍马劳顿，一时难以投入战斗。要打破上海被围的局面，李鸿章仍须仰仗英法联军和常胜军，而这两方面李鸿章均需要吴煦、杨坊等苏南士绅的协助。吴煦、杨坊此时也急于向李鸿章展示力量。淮勇前锋抵达上海后的第 10 天，常胜军便在英法联军的支援下收复七宝、南汇两地，此后常胜军又攻陷南翔、嘉定、青浦等地。

常胜军的表现令李鸿章对湘军注重白刃近战、摒弃西洋枪炮的理念产生了怀疑。4 月 30 日，他写信给曾国藩称：“连日由南翔进嘉定，洋兵数千，枪炮并发，所当辄靡，其落地开花炸弹，真神技也。鸿章遵师训‘忠信笃敬’四字，与之交往，密令我营将弁随从，随队学其临敌之整齐静肃，枪炮之施放准则，亦得切磋观感之益。”

长期以来，湘军虽然也注重火器，但每营火力仅小枪 100 杆、每四人一杆的抬枪 24 杆。所谓“小枪”，指的是国产的前装火绳枪。李鸿章对这样的火力配备早有微词，在淮勇招募之初，他便曾在写给部将潘鼎新的信中抱怨说：“所虑楚军不用长杆火枪，专用抬炮小枪，轻重大小，毫不参差。”在见识过常胜军和英法联军的战斗队列之后，李鸿章更认识到“小枪射远不过数十步，而洋枪可达两百步”的性能差异。因此在前方战事如火如荼展开的同时，李鸿章进一步加强了与在沪英法联军高层人士的沟通交往，设法采购西洋枪炮，并聘请西方军事顾问以教习的身份加入淮勇各营。

李鸿章深知如果麾下的淮勇不能在战场上证明其价值，自己早晚会成为第二个薛焕。因此在 5 月 16 日，程学启、刘铭传、潘鼎新等 5 营淮勇正式参战，配合常胜军和英法联军猛扑太平军据守的南桥、柘林一线，一举收复了奉贤县城。淮勇初战告捷，这令李鸿章颇为欣喜，他写信向曾国藩吹嘘说：“鸿章到沪，修营

▲抵达上海之前，淮军仍大量装备落后的抬枪和小枪

浚濠，兵勇无吸烟扰掠，佥谓大帅军容为苏省用兵以来所未见。鸿章惟照此做去，稳扎稳打，拟翻刻营制营规，遍给沪军。翻刻劝戒浅语，遍给属吏。翻刻爱民歌、解散歌，遍贴各城乡，以晓谕军民与贼中之百姓。此即是不才新政。能为佛门传徒习教之人，附骥尾以成名，则幸甚矣。”名义上，他将功劳归于曾国藩此前制定的湘军营规，但文字中仍可见其志得意满之色。

连番胜利令李鸿章认定围攻上海的太平军已是强弩之末，对方师老兵疲，唯有撤回苏州休整一途。因此在调动淮勇参战的同时，李鸿章命知府李庆琛率周士濂、王国安、梁安邦等部5000余人，沿水路在太仓一线登陆，奔袭太平军的后方。李庆琛其人在各类史料中均无记传，唯在清末民初学者徐珂记录掌故遗闻的《清稗类钞》中有如下描述：“知府李庆琛为统将，部兵数千，皆衣锦绣、排刀斧，出入自耀，有同优孟。淮军入境，则芒鞋短衣布帕，皆笑指为丐。然李文忠公（李鸿章）意气甚盛，不受薛（焕）节制。初以敌体相见，薛不能耐，与李庆琛定计，乘淮军未动，先复一二城，以夺其气。”如此看来，似乎奔袭太仓的军事行动出自薛焕的授意。

无论李庆琛奔袭太仓的军事行动由何人指挥，但其部主要为淮勇抵达上海前的本地驻军却是不争的事实。其中，周士濂的云字营来自云南，梁安邦的虎字营则为驻沪川勇，这些人马均非李鸿章的嫡系。

清政府军出现在太仓一线，极大地影响了太平军的战略部署。李秀成事后回忆说：“巡抚李鸿章到上海接薛巡抚之任，招集洋鬼与我交兵。李巡抚有上海正关，税重钱多，故招鬼兵（指英法联军及西方雇佣兵）与我交战。其发兵来破我嘉定、青浦，逼我太仓、昆山等县，告急前来，此正是十二年（1862年）四五月之间，见势甚大，逼不得已，调选精锐万余人亲领前去。”

李秀成之所以如此重视太仓，一方面是由于上海前线进展不顺，出现所谓“鬼兵攻城，其力甚足，嘉定、青浦到省（指苏州）一百余里，其攻城尔外无救，五六时辰，其定成功也。其炮利害，百发百中，打坏我之城池，打平城池，洋枪炮连响，一踊直入，是以我救不及。接到惊报，当即启兵，救之不及，失去二城”；另一方面则是他高估了李庆琛所部的实力，认为“鬼兵已至太仓开仗，我亦到来，外有清兵万余众、鬼兵三四千人，清兵自松江、泗泾、青浦、嘉定、宝山、上海连来大小营寨一百余座，城城俱有鬼兵守把”。李庆琛在上海盘踞多年，军中可能也有一些西方雇佣军，但绝不至于有数千之众，更没有建立与上海之间的陆路联系。

5月17日，李秀成率部抵达太仓，与李庆琛会战于太仓城东的板桥一线。太平军初战失利，双方各伤亡了千余人马。然而李秀成背靠苏州、太仓两座据点，可以迅速补充战损。次日再战时，李庆琛所部呈现后续无力的态势，李秀成趁势攻破其营垒。李庆琛及其麾下周士濂、王国安、梁安邦等人战死于乱军之中，仅有参将姜德率 200 余人冲出重围，逃往宝山。

板桥之役在上海外围一系列攻防战中，算是规模最大的一次合围歼灭战。有些学者认为李庆琛、周士濂等部都是经过战斗锻炼、有一定作战经验的老兵，此番几乎全军覆没，对清军而言损失惨重。何况按照李秀成的回忆，这支清兵还可能混杂有大批私募的洋人，装备诸多西式枪炮，李秀成曾吹嘘说："得其大炮洋枪不计其数。"其实从长远来看，李庆琛所部的覆灭对李鸿章而言有益无损。一方面，薛焕主政上海时，调拨、招募了大批各地清军和民团，合计有 3 万余众，但薛焕仍感不敷，在 1861 年冬，还派副将滕嗣林回湖南招募。如此臃肿庞大的军队势必造成巨额的军费开支，挤占李鸿章扩充淮勇的军费。因此李庆琛所部覆灭于太仓，对李鸿章而言，未必不是一件上海守军自我瘦身的好事。另一方面，李庆琛所部可是薛焕主政上海时打造的王牌部队，其覆灭之后，薛焕在上海政坛的地位更趋边缘化。《清稗类钞 · 战事类二 · 李文忠败粤寇于上海》曾这样描述太仓之役后薛焕和李鸿章的关系："当警报之四至也，薛乞援于文忠。文忠报以奉旨保城，不与战事。寇既大集，亦登陴固守，寇遂漠然视之。已而薛内召，文忠兼代其任。"这里的"内召"，指的是薛焕于 1862 年 6 月上疏清廷中枢，提出"洋务交涉地方，总宜总督兼任，徒假虚名无益"，最终被调入京城，做他的礼部左侍郎去了。

就此，李鸿章最终成为手握重兵、身兼巡抚和通商大臣要职的实权人物。这或许正是得益于板桥之役中上海守军的巨大损失。不过此时大权独揽，对李鸿章而言也未必是什么好事，因为统率得胜之师的李秀成已经再度打到了上海城下。

拉锯上海：李鸿章和李秀成的两雄对垒

凭城死守

1862 年 5 月中旬，已是第三次挥师上海的李秀成，可以说达到了其军事生涯的顶峰。一方面，自陈玉成败亡寿州以来，李秀成已经成为太平天国中地盘最大、兵力最为雄厚的军事主官；另一方面，在攻略苏杭及围攻上海的过程中，李秀成通过采购和缴获的方式获得了大批西式枪炮，并通过聘请外国军事顾问，组建起了自己的“洋枪队”。李鸿章曾在写给曾国藩的信中坦言：“李秀成所部最众，洋枪最多，牛芒鬼子（指西方投机军火商）满船运购，以获大利。”在西式武器的使用问题上，李秀成一改昔日太平军分散使用的模式，将其集中武装精锐部队，形成了“每进队，必有数千杆冲击，猛不可当”的局面。

▲西方画家笔下的太平军，其精锐部队已经开始大量装备西式火枪

太仓板桥战役之后，李秀成第一时间率部追击突围东逃的清军姜德所部，围攻嘉定、宝山两县。此前被逐出青浦的太平军陈炳文、部永宽所部也趁势反扑。一时间，本已转危为安的上海正面战线又出现了岌岌可危之势。不过此时的李秀成并不急于攻坚，而是摆出了围城打援的架势。在自述中，李秀成曾这样描述对嘉定、青浦的围攻：“困其嘉定城中之鬼未得出来。上海来救之鬼是广东调来之鬼，立即来救嘉定，这城鬼子由南翔而来，当与迎战，两阵并交，连战三日，俱是和战，两家伤二三千人，鞘奔（？）坏，派官把守，即下青浦。又将青浦鬼兵困稳，外又有松江洋鬼及省再调来救其浦县，用火舟而来解救，此之天意从事。我早架大炮等他，此正火舟来之候，不意我亦关炮打他，初一炮正中其舟，其火舟烧起，其救未由，其浦城鬼兵自行退去，自惊下水而亡数百余鬼子。”

李秀成口中“上海来救之鬼是广东调来之鬼”，指的是正在南桥—柘林方向扩张战果的英法联军主力。根据记载，5 月 24 日，撤回上海之后，英法联军驰援嘉定，最终被以逸待劳的太平军击败，仅英军统帅士迪佛立（Charles William Dunbar

Staveley）率部冲入嘉定城中。曾在香港当过三年陆军助理秘书，又参与过克里米亚战争、第二次鸦片战争的士迪佛立毕竟是老兵油子，他一眼就看出嘉定外围的清军无力救援这座孤城，因此入城后第一时间挟持清方知县李克勤和守将熊兆周弃城突围。至此，上海的门户嘉定再次落入了太平军的手中。所谓“炮击火船”，指的是5月21日太平军在南翔伏击了一支乘坐汽船向嘉定运送军火的英军分队，但比起“自惊下水而亡数百余鬼子”的说法，英国战报仅承认7名印度籍士兵战死、4名英军被俘（后被释放）。

▲上海前线的英军主将士迪佛立

嘉定易手、青浦被围、英法联军兵败南翔，眼看战局不断恶化，以英法主导的中外会防局连忙调集常胜军主力自松江进援青浦。然而，面对李秀成所部太平军精锐，常胜军竟也武运不再。5月29日，李秀成在青浦城下大破华尔所部常胜军，率部乘胜进围松江。向来指挥若定的李鸿章，终于坐不住了。

李鸿章虽然戎马半生，但真正亲临战线的次数并不多。之所以被李秀成逼到如此尴尬的境地，一方面固然是由于据守泗泾的原上海驻军姚绍修、林丛文、郭太平等部不堪一战，全线溃败不说，还将太平军引至距离上海县城仅20里的七宝、虹桥一线；但另一方面，此时的李鸿章对麾下的张树声、潘鼎新、刘铭传等淮勇将帅也缺乏信心，认为他们仍未具备与李秀成所部精锐正面抗衡的能力。因此在委派程学启抢占沪西要地——虹桥的同时，李鸿章亲率淮军主力抵达新桥一线。

新桥位于松江东北、青浦东南，从地理位置来看恰处在太平军南北两路进攻轴线的中间地带，同时与虹桥形成掎角之势。李鸿章此番部署可谓攻守两便、多路策应。与之相比，李秀成在局面大优的形势下却昏着迭出。面对青浦、松江、上海三个相对孤立的战略据点，李秀成没有进行战略上的取舍，在连营30余座、四面合

▲ *19世纪的重炮和葡萄弹*

围青浦县城的同时，将从湖州方面赶来的黄文金、谭绍光两部生力军用于强攻松江。如此一来反倒令本应是战略重心的上海正面战场，成了太平军进攻的薄弱之处。

5月30日，太平军开始强攻松江。按照太平军中的“洋兄弟”——雇佣兵呤唎的说法，此轮攻势由李秀成麾下悍将林和指挥。这位林和在呤唎的笔下堪称“中国绅士”，在李秀成二克杭州的巷战中，林和曾为救助一位中国妇女而被对方用长矛刺伤。在松江城下，林和更是奋勇先登，最终难敌近距离射来的来复枪弹和阵雨般的葡萄弹、霰弹而战死沙场。此后，松江守军烧毁所有城外民居以清扫射界，凭借火力优势多次击退了太平军的强攻，而李秀成在松江城西修筑的妙严寺炮台，也为对手的优势火力所压制。

就在太平军顿兵于青浦、松江两地的同时，6月2日，程学启与张遇春两部淮勇进逼漕泗泾，击败当地的太平军驻军，随后于虹桥一线修筑营垒。6月6日，程学启等部淮勇又奔袭七宝，拔除了深入清军防线内的太平军多处营垒。至此太平军被压缩回泗泾一线，上海城防危机基本得到了化解。同一天，华尔率领常胜军一部由水路驰援松江，摧毁了李秀成寄予厚望的妙严寺炮台后进入城内，太平军期望通过围困和炮击的方式夺取青浦、松江两地的计划宣告破产。李秀成最后决定在松江一线暂取守势，集中谭绍光、陈炳文等部精锐猛攻青浦。

李秀成所遭遇的尴尬，驻守青浦的法籍雇佣军法尔思德可谓洞若观火。他在回忆录中这样写道：“太平军认为青浦的投降不过是时间问题罢了，于是停止直接攻击，借以节约人力。他们增筑石垒包围全城，但最终却忍耐不住，开始每天攻城。”即便青浦被太平军重重包围，但 6 月 9 日从松江方向赶来的华尔与英国军官斯宾塞还是率领英军、常胜军，成功突破太平军的防线进入了青浦城内，并接应当地守军撤走。太平军虽然立即追击，俘获了法尔思德和近百名常胜军士兵，缴获了大批军事物资，但数万太平军精锐为夺取这座孤城所浪费的时间，足以令李秀成付出昂贵的战略代价。

在李秀成专注于青浦、松江攻防战的同时，李鸿章统率淮勇不断向泗泾一线的太平军发动攻势。太平军虽然在泗泾一线修筑了绵亘三四十里的营垒，但仍被李鸿章诱入伏击圈，遭遇重创。鉴于松江一时难以攻陷，泗泾又频频告急的战场态势，6 月 17 日，李秀成撤围松江，调集太平军主力从 3 个方向分 12 路直攻上海。客观地说，李秀成所部太平军在上海战场始终占据着兵力上的优势，如果在攻取嘉定之后，能够利用英法联军、常胜军分守青浦、松江的有利时机直趋上海，即便未必能一举破城，也能牢牢把握住战场主动权。但此时的太平军各部已在上海外围苦战近一个月，师老兵疲之余更形成了松江、上海前后受制的局面。李秀成虽然调集重兵摆出孤注一掷的模样，然而呈现出的却是强弩之末的颓势。

6 月 17 日，太平军骑兵部队率先突入七宝，试图隔断虹桥程学启所部与新桥淮勇主力之间的联系。李鸿章和程学启虽竭力试图夺回七宝这一战略要冲，无奈遭

▲ *太平军与清军的混战*

遇大雨，被迫各守营垒。6月19日，太平军主力抵达战场，迅速攻占法华镇、徐家汇、九里桥一线，形成了对虹桥的合围之势。此时的李鸿章遭遇了单独领军以来的最大危机。一方面，太平军主力距离上海县城仅10里，而城内几乎已无可用之兵；另一方面，程学启所部是李鸿章最为精锐的武装，一旦覆灭于虹桥，势必重挫淮勇各营的士气。因此李鸿章严令各部全力驰援虹桥，甚至出现不惜要拿老部下张遇春的人头来警示三军的局面。《清稗类钞 · 战事类二 · 李文忠败粤寇于上海》中是这样记载的："文忠于虹桥战时，坐胡马督战。寇（太平军）氛甚恶，张遇春败回。及桥，文忠顾左右取其首，遇春驰马反趣寇，各营皆奋勇直前不可当。"

李鸿章率援军于九里桥一线与太平军厮杀的同时，据守虹桥的程学启所部正遭遇着数万大军的反复冲击。关键时刻，李鸿章此前装备程学启所部的西式火器发挥了巨大的作用，一时间交战双方"填濠拔桩，洋枪大炮并力死拼"，甚至程学启本人也亲燃劈山炮猛轰。最终伤亡惨重的太平军在李鸿章、程学启的内外夹击下全线崩溃。趁势收复七宝镇的李鸿章随即猛扑太平军于泗泾一线的营垒，自知已无力再战的李秀成只得不战而退。

长期以来，很多史学家均根据李秀成自述中的描述，认为太平军从上海外围撤退是缘于"曾帅之军已由上下，破我芜湖、巢县、无为、运漕、东西梁山、太平关一带，和州亦然，有如破竹之声，而至金陵，逼近京都"，加之"天王一日三道差盲捧认到松江追我，诏甚严，何人敢违！"最终李秀成不得不全线回撤。这样的说法固然有一定的道理，但曾国荃所部湘军进逼天京的态势，事实上早在李秀成发动上海决战之前便已呈现。湘军攻克无为、运漕一线是在1861年的冬季，夺取芜湖、巢县，全面进攻天京是在1862年的春季。这些情况李秀成并非不清楚，但他仍执意猛攻上海，除了期望通过围魏救赵吸引湘军主力援沪之外，兼有一举荡平其根据地"苏福省"东线的威胁，待巩固后方之后，再回师与湘军决战的宏图。

李秀成最终不得不放弃这一正确的战略构想，与其说是受到了洪秀全"瞎指挥"的影响，不如说是依据战场实际情况进行的自我修正。毕竟李秀成所部自太仓板桥之战以来，已与英法联军、常胜军、李鸿章所部淮勇恶斗了一个多月，各项损失均亟待补充。太平军若继续强攻上海，不仅无法打开局面，还可能折损更多的有生力量。

此时回援天京也远非后世一些学者所臆想的那般艰难。曾国藩在谋划攻略天京时，本计划调动曾国荃、多隆阿、李续宜、鲍超四路大军分进合击，但计划制定后不久，多隆阿所部便被清政府调去镇压陕甘回乱，李续宜所部从湖北出发后不久便陷入了与捻军、苗沛霖所部的缠斗中，无法抵达战场。曾国藩又试图抽调江宁将军都兴阿所部参战，但由于江北太平军的反击，都兴阿一时也无兵可派。加上鲍超所部在宁国一线遭遇太平军杨辅清部的阻击，最后真正抵达天京城下的仅有曾国荃一部。

面对孤军深入的局面，曾国藩意识到了背后暗藏的危机，他曾写信告诫曾国荃不要贸然进军。但此时的曾国荃已经被胜利冲昏了头脑，对此他曾在日后懊恼地表示："自春夏秋在安庆经过恶风巨浪，以为贼不足制我，敢于悬均深入，不意事与愿违。"

此时李秀成也敏锐地捕捉到了战机，在他看来，太平军虽然经历了安庆之败，但仍有数十万机动部队遍布长江南北，如果能由自己统一指挥，歼灭曾国荃所部于天京城下，重现三河大捷的辉煌并非不可能。因此他果断中止了在上海方面与李鸿章的缠斗。但实际上李秀成并未立即离开苏州，赶赴天京战场，而是直到1862年9月份才率军北上。李秀成的行动之所以如此迟缓，除了政治层面的考量，希望洪仁玕、杨辅清等太平军其他派系诸王与曾国荃相互消耗之外，很大程度上是由于经过上海外围的连番恶斗之后，其麾下各部都需要进行补充、休整。对李鸿章而言，曾国荃孤军深入天京城下，给他和麾下的淮勇争取到了难得的喘息和发展良机。

大张羽翼

1862年5月末，隶属于李鸿章所部的垣字营和熊字营先后从安庆乘船抵达上海。对这两支部队，李鸿章并无好感，因为这两营兵将并非来自安徽，而是李鸿章曾经的竞争对手——陈士杰的部下。作为湘军集团的后起之秀，来自湖南桂阳的陈士杰一度是曾国藩眼中率部援沪的不二人选，但关键时刻陈士杰却因"家乡不靖，上书辞却"。对于此事，清政府的官方说法是："侍郎（陈士杰）自以前出时，家居为盗焚掠，惊忧太夫人，今边界日有游盗钞掠，而石达开党部往来郴永，以桂阳为衢道，不敢一日离。"大体意思是陈士杰为了留在家乡镇压反政府武装，而放弃参与援沪主帅的竞争。

据说陈士杰早年曾和李鸿章一同拜在曾国藩门下，一次师生宴上，"酒罢投壶，惟侍郎（陈士杰）与合肥李总督（李鸿章）立三马，及后并膺疆寄，傅以为验"。好事者记录这段逸事，似乎是为了说明陈士杰的才干不在李鸿章之下。但事实上，出身官宦世家的李鸿章具备了太多寒门子弟陈士杰所不具备的优势。或许正因如此，陈士杰才主动退出了竞争。

击退了太平军对上海的围攻之后，李鸿章的确需要扩充麾下军队，但垣字营和熊字营这两支旁系武装，在他眼中还不如在上海外围收降的太平军降卒可靠。短短几个月内，垣字营和熊字营便先后被取消番号，归入程学启的开字营。相反，在浦东战场上因与李秀成次子李容发不和而降清的太平军降将吴建瀛，因出身安徽泾县，所部被编为建字营。

吴建瀛等太平军降将加入淮勇序列之后，表现相当抢眼。除了献上其所控制的南汇县城之外，还与李容发所部太平军激战于川沙、奉贤一线，保障了李鸿章战略后方——浦东的安全。随着李秀成主力从上海泗泾一线后撤，李鸿章将注意力转向了上海南线，尤其是金山卫。除了潘鼎新、刘铭传等部淮勇之外，驻守奉贤的吴建瀛、刘玉林所部太平军降卒亦参与了接下来对金山卫的进攻。

在李鸿章看来，江浙交界处的金山卫，是扼守上海南线的战略要冲。要遏制浙江方面的太平军对上海的威胁，必须夺占该地；太平军方面亦视金山卫为从南线进攻上海的前进基地，因此双方围绕金山卫进行了反复争夺。直到 7 月 16 日，华尔率领常胜军抵达战场，才以重炮轰开金山卫的城墙，迫使太平军弃城而走，退入浙江境内。李鸿章随即在金山卫一线构筑防线，监视浙江方向太平军的行动。

在吞并异己、招降纳叛的同时，李鸿章委派三弟李鹤章回乡招募兵勇。1862 年夏季，李鹤章统带新组建的马队和亲兵营与周盛波、周盛传兄弟的盛字营、传字营，吴毓芬、吴毓兰兄弟的华字营，张桂芳、张士芳兄弟的桂字营、芳字营，张志邦的志字营陆续抵达上海。至此，李鸿章所部总算有了点兵强马壮的样子，足以自立门户。

有了生力军的加入，李鸿章开始部署收复青浦、嘉定的军事行动。8 月 2 日，李鸿章命李鹤章统率程学启等部，在常胜军炮艇的配合下反攻青浦。在常胜军水、陆炮火的猛烈轰击下，青浦南城坍塌，太平军不得不全线后撤。

青浦易手，令仍驻留在苏州的李秀成决心在驰援天京之前，对上海战区发起一次战略性的进攻尝试。8 月中旬，谭绍光出兵上海。或许是吸取了此前顿兵青浦城下的教训，谭绍光采取了长驱直入的战略，竟在 8 月 23 日击败李鸿章所部的层层阻截，进占法华镇、静安寺，再次逼近到离上海县城 10 余里的地方。李鸿章不得不调集各路人马驰援本阵。如果不是谭绍光所部兵力不足，太平军很有可能一举奠定胜局。

随着谭绍光损兵折将，被迫退守嘉定，太平军对上海的战略进攻至此画上了一句号。在金山卫、青浦战役中，淮军缺乏重型火炮的弱点，令李鸿章决心采购和仿制西式火炮。长期以来，湘军都编制了大量被称为“劈山炮”的国产前装火炮。劈山炮听起来威武，实则不过是明末清初水平的轻型火炮，炮弹则是生铁或铅制的霰弹。这种武器对抗太平军的人海冲锋固然有一定的作用，形成曾国藩所说的“喷薄而出，如珠如雨，殆无隙地，当之辄碎”的局面；但其在攻坚战中却作用不大，与常胜军及英法联军装备的新式西洋火炮相比，相差甚远。

因此李鸿章不得不倚重常胜军统领华尔，请他代为物色外国造炮工匠，并代购洋炮。这样的外交工作在当时存在一定的政治风险，因此9月8日李鸿章特意致书曾国藩：“华尔打仗，实系奋勇，洋人利器彼尽有之，鸿章近以全神笼络，欲结一人之心，以联各国之好，渠允为我请外国铁匠制炸炮，代购洋枪，若学得一两件好处，于军事及通商大局皆有小益，钧意以为可否？”但曾国藩却不以为意，反而告诫李鸿章“治军之道在人而不在器”。

曾国藩的因循守旧令李鸿章颇为失望，师生两人围绕这一问题展开了旷日持久的书信辩论。在此期间，李鸿章引进西式武器的脚步并未停止，只不过基本仍处于采购阶段。淮军真正组建西式武器生产系统，最终要等到1862年11月清政府指示各省督抚“饬令中国员弁学习洋人制造各项火器之法，务须得其密传，能利攻剿，以为自强之计”，才得以展开。当然，淮军全面换装西式枪炮的进程之所以一拖再拖，除了受政策影响外，还跟常胜军内部的一系列变故有关。

▲后期的常胜军

从洋枪队到常胜军，这支由上海士绅出资、西方雇佣军组织和训练的华洋混合武装，已经在上海外围的一系列战斗中证明了自己的价值。随着战线的逐渐稳定，这支部队的处境和去向却变得尴尬起来。

一方面，随着常胜军规模和装备的不断扩充，作为幕后金主的吴煦、杨坊等苏南士绅日益感到不堪重负。据称，除了日常的军饷之外，常胜军每收复一座城镇还另外要求赏金 2 万两白银，攻克青浦之后要求再增加 1 万两白银。常胜军使用的多艘内河蒸汽炮艇，虽然名义上已由清政府买下，但每月仍要向华尔的贸易伙伴亨利等人支付四五千两白银。对于这些“额外支出”，李鸿章的态度是能拖就拖。对此，贪婪无度的华尔表现出其兵痞流氓的一面，他公开指责李鸿章不守信用，甚至威胁说：“如果我的脚不是在这泥塘里陷得这么深，我就会把他们全部抛弃。”说者无意，听者有心。毕竟太平军中所谓的“洋兄弟”也不在少数，李鸿章等清朝官僚不得不担心华尔这样的雇佣兵随时会倒戈一击。另一方面，随着第二次鸦片战争结束，英法等西方列强与清帝国的关系由敌对转为同盟。为了进一步控制中国的内政外交，常胜军这样由西方职业军官领导的华人武装，一度成了贺布等在华英法将领心目中的“华洋合作”试点部队。在积极要求恭亲王奕䜣将更多的中国士兵交给英法军队训练和指挥的同时，英法也在谋求获取常胜军的指挥权。正是在这样的内外因素的交互作用下，常胜军开始走向没落。华尔本人似乎并没有意识到危险的逼近，除了不断向吴煦、杨坊等苏南士绅追讨高达 11 万两白银的欠款之外，他还屡次向李鸿章要求率领常胜军前往天京战场参战。在华尔看来，天京作为太平天国的首都，一旦被常胜军攻陷，那么他个人不仅能获得丰厚的奖金，更能在入城劫掠时赚得盆满钵满。可惜这个唯利是图的美国人错误地低估了政治漩涡的风险。

1862 年 9 月，李鸿章命华尔率常胜军前往攻略浙江慈溪。此次军事行动表面上看是为了扩大上海金山卫南线的防御空间，掩护 5 月为英法联军所收复的贸易重镇宁波。但此时的浙江属左宗棠的管辖范围，即便其背后有英法列强施加的外交压力，李鸿章也未必甘愿“为他人作嫁衣”。可惜华尔并未注意到这一点，欣然抵达后不久，便在视察战线时被太平军的火枪击伤，不久后便死于军营中。

▲华尔的肖像

华尔死后，李鸿章上奏清廷，对其大加褒奖，请求将之风光厚葬。对于群龙无首的常胜军，李鸿章则有意将其分而治之：远征慈溪的常胜军一部由此前在青浦被太平军俘虏后放回的法尔思德指挥，上海前线的常胜军主力则被交给白齐文统领。白齐文和华尔同为美国人，且经历相仿。在集结了诸多西方冒险家的常胜军中，他可谓深孚众望。但无论是李鸿章还是西方列强都无法容忍常胜军继续保持独立性，因此在10月下旬，李鸿章命常胜军开赴嘉定前线。

围绕着嘉定这座上海外围最后一座由太平军控制的据点，双方展开了激烈的攻防战。李秀成此时虽已经统率大批精锐驰援天京去了，但苏州方向的太平军仍猬集着十数万野战部队。主持太平军苏南军务的谭绍光会合浙江陈炳文所部，在三江口、四江口、白鹤港、张堰一线夹江布阵，构筑水陆联营。面对太平军的防御，一度利用常胜军攻克嘉定的李鸿章没有再选择以雇佣军打头阵，而是命程学启、吴建瀛等太平军降卒奋勇突击。此战中，程学启胸中枪，但仍指挥开字营枪炮齐放，最终击溃太平军。此役史称“四江口之战”。

四江口之战证明淮军已具备与太平军精锐兵团正面交手并战胜对方的能力。相比之下，常胜军仅在攻坚战中具备火力优势。在进一步加强自身炮队建设的同时，李鸿章对常胜军的瓦解计划也逐渐提上了日程……

权谋之道

自主政上海以来，除了招兵买马之外，李鸿章也在着手组建自己的幕僚团队，并逐步将上海地区的官吏替换成自己的心腹。恩师曾国藩幕府中人才鼎盛的景象，李鸿章早已心向往之，因此他在安庆组军之初，便开始积极物色合适的干才。率先被李鸿章罗致帐下的是建德寒士周馥和同乡好友王学懋、蒯德模、蒯德标等人。与此同时，李鸿章利用通家世谊的关系，对来往安庆请兵雇轮的沪绅代表钱鼎铭、华翼纶、潘馥、杨宗濂等人曲意笼络；对正在安庆督造轮船的近代科学家徐寿、华蘅芳，同样是礼敬有加。此外，他还走访曾国藩机要幕僚、阳湖名士赵烈文，向其请教苏沪人才情况。这样做的目的，自然是为自己在苏南开府封疆预作准备。

1862年11月17日，四江口之战结束不过数日，返回上海的李鸿章便宣布了一系列重大的人事任免决定。他以吴煦、杨坊需带领常胜军赴援天京为借口，免除两人苏松太道、苏松粮储道的职务，由湘军集团的黄芳、郭嵩焘接任。事实上，此前在北京便早有御史弹劾吴煦：“吴煦、俞斌在上海洋泾浜地方开设钱铺。又合伙包估洋船、沙船，贩货至汉口及莱、登各海岸。皆假托宁波、广东商人字号，掩人耳目。”弹劾还牵连吴煦之子吴宗麟，称其“寓居上海道署，出入驺从，百姓有‘小藩司’之称，气焰均极薰灼”。

湘军集团此次发难，可谓万事俱备。因母丧回吴江原籍丁忧的前詹事殷兆镛奏参得更具体，他说：“吴煦精心计，在上海开茂记、绂记、元盛、元丰等银号，凡交捐非伊号银票不收，商贩沙船、火轮船及洋行存银甚多。”除此之外，殷兆镛还曝出了吴煦命人与外国人“购储鸦片及出租房屋牟利”的丑闻。

朝廷收到殷兆镛的奏折后，慈禧太后命曾国藩查办此事。本就在幕后操控一切的曾国藩随即上奏：“臣查吴煦开设银号，置买海舶，牟利营私，系属实情。”话锋一转，曾国藩又表示：“臣与李鸿章久拟列款参奏，惟苏藩、关道二缺，一时难得接署之人。又苏、常失陷以后，上海屡濒于危。吴煦联络洋人，保全要地，具有微劳，且其广交洋商，厚结华尔，吴煦之进退，于华尔全军略有关系；华尔之向背，于英、法各国略有关系，不得不周详审慎，三思后行。俟上海关道一缺遴委得人，再将吴煦事迹会折参奏。”可见湘军系统之所以迟迟没有替换吴、杨两人，无非是忌惮其控制的常胜军武装，现在华尔战死，淮军也已成长为支撑上海战线的主力，将吴煦、杨坊一脚踢开自然也在情理之中。

正所谓“百足之虫，死而不僵”。吴煦、杨坊虽被革职，但代表苏南的士绅阶层仍掌握着上海地区的巨额民间财富。如果继任常胜军指挥官的白齐文能与之通力合作的话，那么其与湘军集团的政治角力仍有一线生机。但对于驰援天京前线的行动，白齐文没有华尔那般感兴趣，吴煦、杨坊在政治和经济上的尴尬，白齐文更无心过问。面对英法联军高层的劝说，白齐文甚至表示在与中国政府往来的混乱账目被彻底理清之前，他拒绝出征。

对于常胜军的异动，李鸿章乐见其成。他在清政府和英法联军高层中制造白齐文“冥顽不灵、不可信任”形象的同时，以切断常胜军的军饷供给来逼迫其做出让步。在这样的情况下，1863年1月13日，白齐文非常不理性地在其驻地松江“闭城索饷”。对于此事，西方观察者的观点很多都认为是常胜军下级官兵在鼓噪，白齐文本人也是受害者，但国内史学家则认为白齐文是始作俑者。无论如何，松江闹饷无疑向清政府宣告了白齐文和常胜军的不稳定。

李鸿章勒令杨坊前往松江镇抚常胜军。杨坊尽管化解了“闭城索饷”的危机，但随即被白齐文打上门去，抢走了4万两白银。白齐文的种种做派，令李鸿章有了足够的理由对常胜军下手。在宣布对白齐文实行通缉，逼迫对方叛降太平天国的同时，李鸿章上奏清廷中枢："该道（按指吴煦、杨坊）等创募此军，及换人接带，始终主谋，又有督带之责，不能实力制，办理不善，咎亦难辞。应请旨将吴煦、杨坊暂行革职，仍令妥筹接办事宜，以观后效。如该军仍前犷悍，应责成吴煦、杨坊妥为裁遣，一手经理，不得置身事外，希图诿卸。"吴煦、杨坊此时已经没有任何财政权力，却仍要主持对常胜军的裁撤事宜，甚至还要自掏腰包承担此前筹备驰援天京战场的军费开支。因为李鸿章已经明确提出"赴金陵，雇用轮船及添购军火，价值颇巨。兹既赴援不成，此项银两不准开销税款，应令吴煦、杨坊自行赔补"。

吴煦、杨坊堪称富足，但为了筹措这笔巨额军费，也同样花了大半年的时间。二人被迫各出一半，还清了前项欠款——31 万两纹银和 6.3 万英镑。对此，吴煦颇有怨言，曾向自己的政治盟友——军机章京胡家玉抱怨说："诚不以一官得失为心，而以军需赔垫为苦。"其子吴宗麟一眼看出其中轻重，规劝父亲说："将挪款开销，使不能再向我们哓舌，虽有心挑剔，亦可借公论作挡也。"果然，在花钱免灾之后，李鸿章的态度有了 180 度的转变，向清廷中枢称赞吴煦"督带常胜军所向有功，更定章程，悉臻妥协，筹济饷需，不遗余力"。最终，吴煦仍"行革职处分"，但好歹保住了"候补道员"的头衔。

当然，李鸿章此举并不是念及当年吴煦有延引淮军入沪之功，而是为了让其继续在上海为淮军筹备军费。吴煦曾在上海开设自任督办的军需报销局和饷票奖局，向社会"劝捐"，以"弥补经办军需亏欠"。而有了此前宦海沉浮的经验，吴煦早已不复昔日的雄心和抱负，短暂的复起之后，他最终选择向李鸿章辞卸军需报销局及饷票奖局的美差。按照他自己所说，既已"毁家去官"，留补又有何益，旋称疾归里，于 1872 年病逝家中。吴煦的晚景虽然凄凉，但比起 1865 年便郁郁寡欢、死于家中的杨坊来说也算是长寿的了。

白齐文、吴煦、杨坊先后离开常胜军后，这支雇佣兵武装随即成为李鸿章和英法联军方面争夺的焦点。经过与英国驻华陆军司令士迪佛立等人酌商，中英最终签订了《统带常胜军协议》。中英《统带常胜军协议》，士迪佛立原拟条约 13 款，李鸿章复加勘正，增为 16 款，于 1863 年 1 月 14 日盖印移交分执，并咨明总理衙门备案。

李鸿章与士迪佛立关于常胜军的争议，主要集中在三个问题上。

一、兵权归属问题。士迪佛立企图独揽，李鸿章执意分享。士迪佛立“初不愿中国官员会带”，提出“现在常胜军暂交哈伦管带，随后奏明交戈登管带，即为中国武官”；清方则提出“所荐兵官须与华尔相同，概受中国节制，并受中国官职，如有过失照中国例办理”。经过“切实争闹”，双方达成妥协：士迪佛立同意管带官“均应归抚台节制调遣”，中国派李恒嵩会同管带；清方放弃英国管带官“如有过失照中国例办理”的要求。

二、指挥问题。士迪佛立要求“所有营中章程规矩均须听管带官主意”，清方反对，最后议定：“所有营中章程规矩均须听会同管带官主意。”士迪佛立主张“凡常胜军出队须先与英、法两国商定”，李鸿章表示此条“亦断难行，彼此知会则可”。最后双方议定：“凡常胜军出队，如远在百里以外攻打城池，须预先与英、法两国商量。至临警调度及附近有贼派出队伍，不必拘定。”

三、兵额问题。英国希望常胜军是一支庞大的武装力量，能够为己所用。士迪佛立曾言：“常胜军五千人不可再少，内有两千人必须驻防松江，不能调往他处。”之所以选择松江为常胜军的主要据点，是因为英国政府始终强调其任务半径是“协助防卫上海的三十英里范围内”。李鸿章虽然企图借助常胜军剿灭太平军，但既担心常胜军势力膨胀，危及切身利益；又害怕常胜军人数过多，费银太巨，影响淮军的扩充。他力主常胜军裁汰老弱，并拒绝向士迪佛立做出让步，他说：“发匪自上海百里以外日见退去，已无需更多兵力保卫上海矣。”经过反复协商，最后双方议定：“常胜军以三千为适，如将来关税短绌，饷银无出，尚可裁减。”

李鸿章与士迪佛立的争论固然十分激烈，但其目的无非是“渐收兵权”“稍节饷需”。通过《统带常胜军协议》，李鸿章把常胜军的饷银从7.8万两减至4万余两，并且取得了对常胜军的节制调遣权，也算是功德圆满了。更为重要的是，《统带常胜军协议》的签订标志着常胜军从“华夷两商目行经理”变为中、英两国政府军事合作的一种形式。因为这个协议是由清朝巡抚和英国驻华陆军司令签订的；而协议又明确规定常胜军由英国派出正规军官充任管带，清廷派出正规军官会同管带；常胜军出队需预先与英、法两国会商；常胜军军官由清朝巡抚和英军司令任免；常胜军军饷“在海关银号按月支取”。这支昔日的雇佣兵武装终于从“私营”转化为了“公营”。

不过，在如何对待常胜军的问题上，清朝统治营垒内部存在着明显的分歧。买办官绅只讲“笼络”，顽固官绅只讲“控驭”。李鸿章则调和于两派之间，主张“于调停笼络之中，仍寓裁制控驭之道”。经过一番权谋运作，李鸿章似乎终于要将这个挡在淮军发展道路上最大的绊脚石踢开了。

有趣的是，太平军与常胜军、淮军在上海外围的一系列争夺战，还在无意中影响到了日本这一邻国的政局走向。1861 年，受德川幕府的派遣，日本长州藩的改革先锋高杉晋作乘坐“千岁丸”前往上海。高杉晋作此行的目的，起初是代表幕府寻求与清帝国直接通商的可能。但是在中国逗留的两个月里，高杉晋作不仅目睹了西方列强在上海的肆无忌惮，开始忧虑“孰能保证我国不遭此事态？”更从在上海躲避战乱的士绅口中得知了此时正席卷东南的太平天国运动的一些情况。对于“家屋已被焚毁，家中书籍金石图书一并而空”的颜麈等人的遭遇，高杉晋作表面上以“闻之使人潸然泪下”给予同情，实际上对太平天国运动中彰显出的草莽力量颇有兴趣。当然高杉晋作也赞同同行的萨摩藩士五代有厚的看法：“尽管太平军有超人之勇，但在少数英法军队面前遭到惨败，今后是新式大炮和军舰的时代。”在 1861 年 8 月回到长崎之后，如何以西式枪炮武装一支平民军队便成了高杉晋作的主要课题，日后由其组建的长州藩“奇兵队”从某种意义上来讲也有常胜军和淮军的影子。

苏州杀降：苏州保卫战和英国渗透淮军系统的初次尝试

苏州在望

此前的 1860 年 10 月，在来自京津各地的土匪和流氓的引领下，英法联军直扑清军守备空虚的海淀一带，掠夺并焚毁了清帝国最为富丽堂皇的皇家园林——圆明园。英法联军对圆明园毁灭性的掠夺不仅是中华民族百年国耻中厚重的一笔，也引起西方有识之士的齐声谴责。一位英军工兵上尉在他的日记中写道：“你很难想象这座园林如何壮观，也无法设想法国人把这个地方蹂躏到何等骇人的地步……”不过这位上尉写下这段文字并非出于正义，而是怨恨作为技术支援兵种，他姗姗来迟，未能在其中分到一杯羹。他就是将和中国结下不解之缘的查理 · 乔治 · 戈登（Charles George Gordon）。

戈登出身于英国伦敦，世代从军的家族传统让他很早便进入了皇家军事学院学习。据说他脾气火爆，两度在学校里与教官和同学斗殴。英国陆军最终将他的培养方向由攻城拔寨的炮兵，转为修理地球的工兵。在军旅生涯的前 6 年里，戈登忙碌于威尔士的建筑工地、塞瓦斯托波尔要塞外围的壕沟，以及土耳其的勘探前哨。如

▲*身着清朝官服的戈登*

果没有第二次鸦片战争，已经被委派为工兵学校教授的他，可能将以一个学者的身份度过自己的余生。

第二次鸦片战争爆发后，当自愿参战的戈登赶到大沽口时，英法联军已经成功登陆。他紧赶慢赶地抵达前线仍错过了八里桥战役。除了在圆明园点上一把大火之外，戈登在战场上几乎毫无功勋可言。随着清帝国与英、法签署《北京条约》，西方列强获得了在天津建立租界的特权，拥有丰富工程学知识的戈登终于得以一展拳脚，在勘定租界地形和修筑道路的工作中出力颇多，也因此得到了驻守天津的英军指挥官士迪佛立的赏识。当1862年江苏巡抚李鸿章提出希望聘请英国军官指挥常胜军时，士迪佛立第一时间推荐的就是戈登。

戈登入主常胜军时，恰逢李鸿章所部淮军在常熟一线陷入被动局面。对于李秀成以苏州为中心构筑的太平天国“苏福省”防御体系，李鸿章奉行的是“剪其枝叶，再图根本”的蚕食政策。1863年1月，通过与李秀成麾下大将——安徽桐城豪强钱桂仁私下联络，李鸿章成功策动了太平军常熟守将骆国忠举城叛降。表面上看，常熟“反正”令淮军在太平军苏南防线的侧后打入一个楔子。因此在骆国忠发难的同时，李鸿章命程学启、李鹤章率部直扑昆山、太仓一线，试图利用太平军内乱之机，打通上海与常熟之间的联系。但令李鸿章没有想到的是，此时的李秀成已由天京前线返回苏州，他除了第一时间委派谭绍光、陈炳文率主力猛攻常熟之外，还命自己的女婿——会王蔡元隆主持太仓、昆山一线的防务。

由于蔡元隆所部的顽强抵御加上连日的滂沱大雨，淮军一度无力突破对手的正面防线，驻守常熟的骆国忠所部却遭遇太平军主力的围攻，形势万分危急。李鸿章当然深知驰援常熟的重要性，但常熟战区情况不明，自然不能贸然拿淮军嫡系前往冒险。于是新近上任的戈登和他麾下的常胜军便成了“首发上场”的不二

▲西方画家笔下身先士卒的戈登

人选。此时，湘军已经夺取了长江下游的水路控制权，黄翼升所部淮扬水师悉数由天京战场开赴上海助战。正是在强大的内河舰队的运载力和火力支援下，戈登所部常胜军在福山镇一线登陆，正式进入常熟战场。面对太平军在常熟城外“层层阻隔、声息难通”的营垒和防线，戈登并不急于进攻，而是着手巩固己方的登陆场和桥头堡。

有了常胜军的成功试水，李鸿章信心大增。但他对戈登在福山一线按兵不动又颇有微词，在他看来，“现在福山营盘扎定，而贼营垒更坚”，况且“救兵如救火”。眼见常熟城内的局势日益危急，3 月 2 日李鸿章命心腹幕僚刘秉章会同潘鼎新、刘铭传两部淮军 3000 余人，在福山上游的两洋港登陆，试图抢在常胜军之前展开攻势，解常熟之围。但事实证明，太平军在常熟外线集结了庞大的野战兵团，潘鼎新、刘铭传所部成功登陆后，很快便在同观山一线被陈炳文所部太平军击溃。如果不是淮扬水师的舰炮支援，淮军差点就被赶下了长江。直到 4 月初，浙江方向的左宗棠对杭州展开进攻，迫使陈炳文率部回救，淮军才在常胜军的重炮掩护下，攻破太平军的防线。面对内外作战的不利局面，主持对常熟全线围攻的谭绍光只能选择撤回苏州。至此，长达 70 余天的常熟攻防战落下帷幕。戈登作为西方职业军官，采取的一系列战略战术均获得了不俗的成绩，事后李鸿章也不得不为其请功。不过戈登未必看重一个“总兵”的头衔，毕竟他的身上背负着大英帝国更为宏大的战略目标。

稳固了常熟、福山一线之后，淮军在苏州北部构筑了一个空前强大的战略突出部，直接威胁李秀成中心据点与无锡、常州之间的联系。要打通常熟与上海之间的联系，淮军仍必须攻克苏州正面的太仓、昆山两城。但在蔡元隆的努力下，此时太平军已经在太仓城外构建了“高过于城，坚亦如之”的两道石卡，在城内也修筑了能防御火炮的月城和地窖等工事。可就在一场攻守大战即将展开的前夜，蔡元隆的乞降使者突然出现在李鸿章的淮军大帐中。能够“不战而屈人之兵”当然是所有战争指挥者梦寐以求的局面，于是李鸿章亲自与其约定，4 月 26 日双方在太仓城外举行受降仪式。

就在太仓前线的淮军将领李鹤章和程学启满心欢喜地在城外等待太平军缴械之际，蔡元隆所部突然从四门冲杀而出。程学启毕竟是沙场老将，此前便从种种蛛丝马迹中嗅到了危机，早已命所部做好战斗准备，因此损失不大；但李鹤章所部却被太平军击溃，其本人也大腿受伤，险些被俘。李鸿章无奈之下只能将戈登所部常胜军从常熟调到太仓加入战局。凭借着强大的火炮优势，常胜军最终轰塌太仓城垣，与程学启所部并肩冲入城中，蔡元隆巷战失利只能突围而去。客观地说，蔡元隆的诈降虽然取得了一定的战果，但也令淮军上下日后对太平军的乞降产生了严重的不信任感。5 月 1 日，驰援太仓的太平军水师李改熙所部在被淮军包围后宣布投降，但仍被程学启悉数屠戮，正式开启了淮军在苏州战场上大量杀降的序幕。

攻占太仓令淮军打通了常熟与上海之间的陆路联系，苏州东、北两线均已暴露在淮军的兵锋之下。李鸿章本意再接再厉，命程学启会同戈登所部常胜军直趋昆山，彻底踹开苏州的东大门，但戈登却以需要休整为名，将常胜军带回了松江。戈登这一出“撂挑子”，自然令李鸿章颇为不快。5 月 10 日，他亲自由嘉定赶赴太仓，与胞弟李鹤章共同制定水陆会攻昆山的计划。表面上，李鸿章仍要求戈登“如期赴昆山会剿”，但从一系列部署来看，李鸿章有意抛开常胜军，迅速结束战斗。可惜的是，李鸿章拟定的“割裂苏（州）昆（山）、水陆并进”计划，恰好撞上了指挥苏州保卫战的谭绍光“以攻代守”的战略反击。昆山战役刚一打响，太平军主力便从苏州向太仓方向发动反扑，淮军不得不将大批兵力转向防御。直到 5 月 27 日，常胜军在戈登的带领下重新回到战场，淮军才逐渐打开了局面。

5 月 29 日，戈登与程学启所部乘坐轮船，避开猬集于太仓城下的太平军主力，奔袭苏州与昆山之间的正义镇。谭绍光没有预料到淮军会突然迂回自己的后路，集中兵力试图夺回，但密集冲锋的太平军士兵每每都为常胜军的优势火力所击退。腹背受敌的太平军最终呈现崩溃之势，除了谭绍光率少数亲兵从阳澄湖退回苏州外，太平军上万精锐几乎悉数覆灭于昆山城下。至此，太平军在苏州战场彻底失去了主动权，只能龟缩于苏州城内准备凭城死守。

6 月 4 日，随着淮军先后攻克苏州娄门外的唯亭、界浦、甪直诸镇，对苏州的总攻也即将展开。此时手中已经握有 4 万人马的李鸿章展开了三路大军：程学启所率淮军精锐为中路军，由昆山直趋苏州；李鹤章、刘铭传指挥的北路军负责从常熟直扑江阴、无锡，威胁苏州太平军的后路；南路军则以淮扬水师为主，从太湖进犯吴江、平望一线。至于戈登所率常胜军，李鸿章再度将其置于“板凳队员”的位置，要其“移驻昆山，援应各路”。但讽刺的是，每每试图摆脱常胜军的李鸿章，最终常常不得不倚重它。就在李鸿章信心满满地想要三路会剿拿下苏州之际，李秀成突然从天京战场回到了苏州，而在其身后还有以李世贤为首的太平军十数万水陆大军。

助攻天京

自 1862 年 9 月率主力离开苏州驰援天京以来，李秀成始终处于顾此失彼的两难境地。在李秀成看来，此时天京周边的局势并未到万分危急的地步，毕竟清军各路大军中，江宁将军都兴阿所部此刻仍在围攻长江中的九洑洲要塞。依照太平天国中“洋兄弟”——英国人呤唎的说法，太平军通过上海的西方军火商购置了 1 门英国海军 32 磅炮、1 门 18 磅炮和 1 门法国产的巨型大炮安置在九洑洲要塞中。因此都兴阿纵然调集了大批战舰，展开水陆围攻，却始终无法拔除这颗钉在长江中的“不沉的炮台”。从皖南进军的鲍超所部虽然于 1862 年 7 月击败太平军杨辅清所部，攻占重镇宁国，但巨大的战场减员和正悄然兴起的疫情，令鲍超所部一时无力向天京外围进击。因此整个 1862 年的夏季，天京城下的清军依旧只有曾国荃一支孤军据守在雨花台上。

对于已经兵临城下的对手，洪秀全自然力主全力猛攻，但李秀成却认为：“曾帅之军由上而下，利在水军，我劳其逸，水道难争，（其）军常胜，其势甚雄，不欲与战。”因此他只是“将省府（苏州）财物米粮、火药炮火俱解回京”，提出“待廿四个月之后，再与其战，解京围”。

李秀成逐步加强天京防御力量的计划从战略层面上考虑或许并没有太大的问题，但直接将决战的日期推迟到两年之后，却是洪秀全无论如何不肯答应的。他严厉地训斥李秀成说：“三诏追救京城，何不启队发行？尔意欲何为？尔身受重任，而知朕法否？若不遵诏，国法难容！”正是在这样催促下，李秀成最终于 9 月率主力离开苏州赶赴天京，部署了对曾国荃所部的全线围攻，史称“雨花台之役”。

太平军对雨花台一线湘军营垒展开的猛攻，投入了 14 个王侯部队，号称 60 万大军，战斗前后持续了 46 天。尽管事后曾国荃曾感叹说：“贼（太平军）之火器精利于我者百倍之多，又无日不以开花大炮子打垒内，洋枪队多至二万杆，所以此次殒我精锐不少，伤我士卒不少，最堪悯恻。”但太平军此役的实际战果却只能用“少得可怜”来形容。湘军方面虽然付出了数千人的伤亡，曾国荃本人也被流弹击伤了面部，可清军在雨花台一线的防线始终岿然不动。反倒是太平军进逼对手的营垒频频被湘军反击攻破，伤亡惨重。之所以造成这样的局面，固然是因为人称“曾铁桶”的曾国荃擅长防御，所部“营濠深垒”，难以突破；但更重要的是太平军各路王侯互不统属，缺乏完整的指挥系统。李秀成在其自述中宣称：“亦因八月而来，各未带冬衣，九十月正逢天冷，兵又无粮，未能成事者此也。”但事实上，他始终以后方根据地——“苏福省”的战局变化为重，两军尚在雨花台下激烈攻防，李秀成就已经悄然抽调所部精锐回援苏州了。

对于李秀成在战场上的表现，洪秀全自然是颇为不满的。李秀成自述雨花台之役后，洪秀全曾对其“严责革爵”。但似乎洪秀全也认定雨花台一线的湘军营垒难以攻克，随后竟然提出了一个颇为荒唐的外线作战计划。在屡次解除清帝国围困天京的军事行动时，太平军基本都采用“围魏救赵”的战略，以强大的野战兵团奔袭安徽、江苏、江西等地，吸引清军主力，随后再回师天京城下，击破对手的围城营垒。然而，洪秀全忽视了此时以李秀成为首的太平军将士早已不复当年之勇，曾国藩更非当年主持江南大营的向荣、和春可比。

集结于天京城下的太平军主力突然转向外线，执行洪秀全所谓的“进北攻南”战略，一度令曾国藩惊慌失措，向清廷中枢发出了“臣实恐溃败决裂，尽隳前功”的求援信号。但随着李秀成于 1863 年 1 月离开天京，东返苏州，湘军集团还是迅速地在长江沿线集结重兵，封堵转入外线机动的太平军各路人马。与此同时，曾国荃所部继续坚守雨花台营垒，持续对天京方向施压。

1863 年 2 月 27 日，李秀成在洪秀全的严令下，又从苏州重回天京战场。用他自己的话说，是“不得不由，从雪而住”，显然是极不情愿。先于李秀成大军行动的对王洪春元所部此时已经攻占浦口，因此太平军主力得以顺利渡江，进入安徽境内。洪春元是洪秀全的族侄，在一干无德无能的“皇亲国戚”中算是少有的悍将，攻克浦口之后他随即率部攻克含山、巢县、和州等地，兵锋直指湘军的后勤枢纽——无为州。

此时湘军集团在安徽境内兵力薄弱，“自和州以至武汉，除庐州、安庆有兵外，千里空虚”。驻守浦口的李世忠所部本是太平军降卒，此刻被洪春元打得溃不成军。

曾国藩飞调湘军李续宜所部驰援战场，但“远水难解近渴”，因此曾国藩第一时间与李鸿章商议，要求淮军正在芜湖编练的张树声所部北运战场，“救无为州产米之区，保皖南各营办粮之路”。这已经不是曾国藩首次向自己的学生“借兵”了。早在湘军围攻天京伊始，曾国藩便有意调程学启所部从上海北上参战，但被李鸿章婉拒：“程（学启）镇日夜战守，力与支持。临敌调兵，不独无人替往，青、嘉必致复失，松、沪或将震动。”李鸿章的这种态度令曾国藩颇为不满，只能对左宗棠抱怨说：“吾弟（曾国荃）未尝不私怨阿兄（李鸿章），坐令彼得一人而强，此失一人而弱，是知喜雄骏而恶阘茸，重干莫而薄铅刀，吾何异于人邪？”

借调程学启遭拒后，曾国藩又以湘军李朝斌已率新组建的太湖水师赴沪为由，要求在上海战场的黄翼升淮扬水师六营由扬入淮，参与天京外围的战事。不想李鸿章却回信说：“昌岐（黄翼升表字）昨得调淮之信，忧皇无措。吾师识将意、顺兵心，谅解体恤及此，如必欲其去，或奏令鸿章偕往。”摆出一副死皮赖脸的架势。曾国藩威胁道：“昌岐此次再不应调，实不能不参办。”李鸿章强硬回应：“昌岐不行，鸿章不遣，再将昌岐与鸿章一并参办，死亦甘心。”曾国藩也是无可奈何，最终只能不了了之。

除了在部队调遣问题上爆发“索将风波”之外，围攻天京期间曾国藩和李鸿章在军饷接济方面也闹得很不愉快。自湘军进入天京战区开始，曾国藩便写信恳求“协济三五万”，李鸿章复信称：“皖饷支绌，鸿章无力分济，深以为愧。九丈（指曾国荃）独立雨花台，飞书乞籴，情词恳迫，不得已而由行营粮台挪拨买米银两万两、上海捐厘总局薛守处拨银两万两，均于初五日凑齐，欲乘威林密轮船解皖。”但这笔钱却迟迟没有到账，曾国藩只能再写信催促：“承协银四万，何以至今未到？务祈设法汇解，或在浔、汉洋行兑汇，亦可速到，万不可再搭威林密以致迟误。”由于对这类临时性应急接济的不满足，曾国藩向李鸿章提出按月向湘军协饷，开价每月 3 万两，李鸿章大吐苦水道：“敝军水陆十余万，松沪原部及各标营将及十万，以入抵出，不敷甚钜。不得已，各营均发半饷。”这些小伎俩骗不过老谋深算的曾国藩，他不仅没有降低条件，反而变本加厉，要求“每月酌提四万，万不可减”，否则便要派员至沪“专收一二厘卡”。此时，身为两江总督的曾国藩仍是江苏巡抚李鸿章的顶头上司，如果不拿钱出来，好不容易到手的上海财政大权就可能丢失，李鸿章只得动用各种手段，才算基本满足了湘军的协饷要求。

事实上，随着湘军集团的膨胀，一跃成为封疆大吏的李鸿章、左宗棠等昔日湘

▲ 力破九洑洲诸隘

军幕僚，均表现出了与曾国藩渐行渐远的趋势。其中最为出格的，莫过于由曾国藩保奏出任江西巡抚的沈葆桢。从 1862 年秋天起，出任江西巡抚不满一年的沈葆桢，未与曾国藩商量就停解漕折银接济湘军。1863 年春，鉴于湘军“欠饷多者十五个月，少者七八个月”，曾国藩只能私下给九江关道蔡锦青寄了封信，让他解送九江关洋税 3 万两给正在围困天京的湘军。蔡锦青刚解了一半即被沈葆桢制止，沈葆桢还要求蔡锦青将已经解送的款项追回，否则将撤掉他的道员职务。考虑到蔡锦青的处境，曾国藩不得不将到手的银子退还，其心中的恼怒可想而知。此后为了争取江西饷银的支配权，曾国藩与沈葆桢屡发争执，最终闹到从此断交、不相往来的地步。与之相比，李鸿章在曾国藩的眼中或许还算是“恭顺”的。

在得知太平军主力转向安徽的消息后，李鸿章要求正在芜湖招兵买马的幼弟李昭庆率部驰援庐州、无为两地，掩护驻守雨花台的曾国荃所部后方。就在曾国藩、李鸿章调集各地人马驰援皖北的同时，李秀成所部太平军主力因回苏州而白白浪费了两个月的时间。等到李秀成渡江北上进逼无为、庐江之时，已是 1863 年的 4 月中下旬了。面对陆续抵达的湘军援兵，李秀成攻坚失利，又加上遭遇大雨侵袭，部队产生大量非战斗减员。“天连降大雨不息，官兵困苦，病者甚多，一夜至天明，合馆病倒，见势为难，攻又不下，战又不成……”李秀成在皖北盘桓了两个月之久，毫无作为。困守雨花台的曾国荃趁机养精蓄锐，进一步威逼天京，迫使洪秀全推翻此前“进北攻南”的战略计划，令李秀成率部回援。太平天国最后一次主动出击至此化为泡影。

在从皖北回师的归途中，李秀成所部士气低落，在长江上又遭遇湘军水师拦截，伤亡惨重。随后，湘军集中兵力猛攻太平军控制的江中要塞——九洑洲。1863 年 6 月 30 日，随着九洑洲的易手，天京的水路粮道彻底断绝。渡江时号称 50 万的李秀成所部“仅存四五万人”，但就是这四五万残兵，李秀成还舍不得拿出来保卫天京，借口“兵又无粮，扎脚不住，自散下苏州浙江”。天京城内只有万余守军，形势岌岌可危。

决战吴门

从后续的发展来看，李秀成之所以选择将手中最后的基干部队调往苏州，无非是想逼迫洪秀全放弃天京或将自己外放。李秀成在自述中还颇为自得地描述了其进入天京，向洪秀全“摊牌”的过程。

李秀成首先提出“京城不能保守，会帅兵困甚严，濠深垒固，内无粮草，外救不来，让城别走”，随后进一步威胁道：“若不依臣所奏，灭绝定也！”李秀成所谓的“让城别走”，无非是希望洪秀全能跟随他前往苏州。如此一来，一度被洪秀全削减兵权的李秀成，无疑将在太平天国内部实现“挟天子以令诸侯”。洪秀全对此并不买账，直言不讳地回答：“朕铁桶江山，尔不扶，有人扶。”转手将天京的政务交给了自己的二哥洪仁达和幼西王萧有和执掌。李秀成逼宫失败，一度惊慌失措，竟然做出了“在殿前求天王将一刀杀我，免我日后受刑”的冲动举措。此后，虽然洪秀全赠赐龙袍，试图缓和君臣关系，但李秀成仍决心尽快离开天京这个火山口。在交纳了所谓“助饷银”10 万两后，李秀成终

▲忠王府内的会议堂

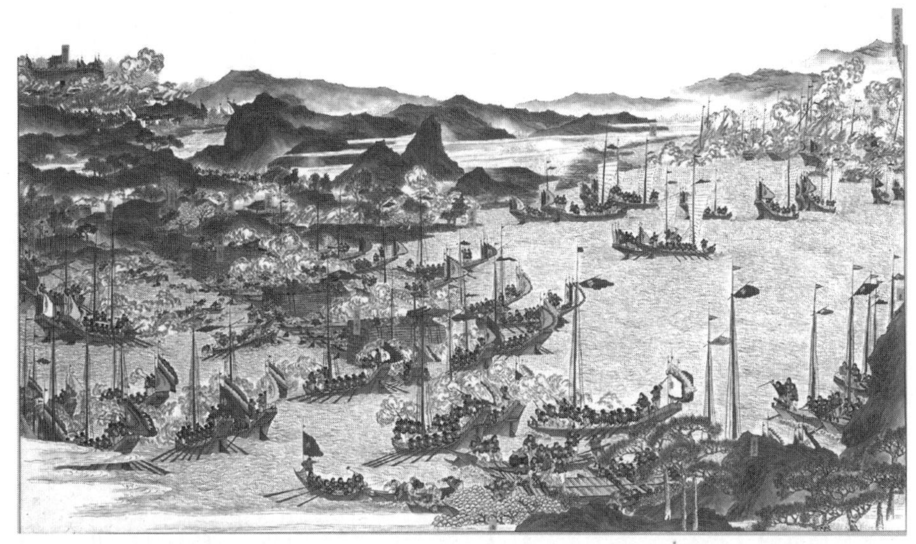

▲苏州外围的水路争夺战

于在1863年9月匆匆赶往苏州。

在其自述中，李秀成对李鸿章及淮军的评价并不高，甚至扬言说："攻克苏州等县，非算李鸿章本事，实得洋鬼之能。其将上海正税招用其力，该鬼见银亡命。然后鬼兵及李抚台见我未在省城，是以而顺势攻之。若我不来京者，不过北者，其万不能攻我城池也。"但实际情况却是，苏州保卫战最为关键的1863年9月末，李秀成赶回苏州城内指挥谭绍光、郜永宽等诸王迎战淮军，在此期间太平军并未击退淮军的攻势。9月28日，淮军攻克苏州城外要冲——宝带桥，直趋苏州南城的盘门一线。李秀成亲自指挥反击，也不过堪堪守住了城垣一线。

李鸿章并不急于夺取苏州。在他看来，苏州此时外围据点尽失，已成淮军的囊中之物；但苏州以北的无锡、常州两座坚城仍在太平军手中，与其付出巨大的伤亡强行攻坚，不如围点打援，在苏州外围的野战中聚歼太平军主力。

10月2日，太平军潮王黄子隆、侍王李世贤、章王林绍璋各部从无锡出击，试图打破淮军对苏州的围攻，但却遭遇李鹤章、张树声所部淮军的迎头痛击。他们不仅未能缓解苏州的城防压力，反而被淮军压制在无锡城内。太平军在苏南战场一度面临苏州、无锡同时告急的局面。于是李秀成试图集中兵力猛扑淮军位于苏、锡之间的大桥角营垒。淮军在大桥角虽然仅有周寿昌所部三营的兵力，但依托深壕高垒和强大的火力，周寿昌所部面对太平军的水陆围攻，仍坚守到了淮军主力从外线发起反攻。太平军在大桥角的兵败，宣告了李秀成从无锡方面支援苏州企图的破产。11 月初，在苏州各城门均遭淮军猛攻的情况下，李秀成离开苏州，徘徊于苏州与无锡之间的茅塘桥一线。

显然，此时的李秀成所部在“进北攻南”的行动中损失了太多的有生力量，而其本人的政治权威更因与洪秀全的战略分歧而岌岌可危。李秀成在自述中曾宣称，自己“启奏不入，实佞臣之所由惑主而行，忌我之势，密中暗折我兵，然后失去苏州各县”。事实上，此时苏南太平军各部早已失去了统一指挥。各路王侯均从自身的地盘和利益出发，或保兵避战，或与清廷暗通款曲。

11 月 22 日，李秀成从无锡进援苏州，被程学启击败。至此，苏州外线各交通要道均为淮军所控制。11 月 28 日，李秀成从木渎小道潜回苏州城内，与谭绍光、郜永宽等心腹爱将进行会商。李秀成提议苏州守军突围，但郜永宽等人已与李鸿章协定出降，因此对李秀成的提议装聋作哑。无奈之下，李秀成只能带领苏州城内的万余心腹部队从小路突围。

至此苏州保卫战进入了最后的阶段。

就在李鸿章准备入城受降之际，常胜军统帅戈登的突然介入，令苏州城内降军的命运起了天翻地覆的变化。

出于保存实力和消灭异己的双重考量，李鸿章每每以常胜军为先锋展开攻坚。戈登虽然以蒸汽战舰利用苏南水网竭力避开太平军的堡垒，更多地借助炮火杀伤对手，但常胜军仍不得不面对成立以来最为严峻的战斗减员和逃亡现象。为了弥补损失，更为了保全和壮大常胜军这颗棋子，戈登开始在战场上大量收编太平军战俘。仅在苏州周边的昆山和太仓两地，常胜军便吸纳了 2700 名太平军战俘。常胜军如此疯狂的膨胀速度，最终令李鸿章在满怀猜忌的心理下，导演了中国近代史上颇为著名的“苏州杀降”事件。

所谓“苏州杀降”，指的是控制着苏州城内四分之三兵力的郜永宽等 8 位太平军指挥官及其部众，在开城投降后被清军大肆屠戮。由于与谭绍光不合，且对太平天国运动失去信心，郜永宽等人暗中向李鸿章请降，他们于 1863 年 12 月 4 日刺杀谭绍光，正式开城向清军投降。但李鸿章随即在娄门外以“鸿门宴”的方式，俘杀郜永宽等人。之后，李鸿章安排程学启等人，带领淮军于 12 月 5 日和 6 日前后两次剿杀大批太平军部下。杀降 20 天后，《中国之友报》的记者发现抛满尸体的河道依旧还带有血色，地下3英尺都浸染了鲜血。26日，李鸿章在《复吴漕帅》中提及“歼除伪王七人、伪天将十数人，擒杀、解散二十余万众”。

整个事件表面上看与常胜军关系不大，但事发之后戈登的反应却异常激烈，甚至第一时间跳上蒸汽战舰驶抵李鸿章大营欲逮捕这位封疆大吏。李鸿章此时恰好前往苏州参加入城仪式，才侥幸躲过一劫。但戈登还是不依不饶，他召集常胜军士兵，宣扬“苏州杀降”事件，声称除非清政府对这种行为给以处分，否则不会再为其服务。

事后英国政府将戈登的过激行为解释为“一时冲动”和“对公然背信弃义的愤怒”。但戈登在郜永宽等人叛降前后的一些部署仍引起了世人的怀疑。正是考虑到戈登有意将城内数万太平军悉数编入自己的常胜军，出现尾大不掉的局面，深知“滥杀降众，必坚其必死之心”的李鸿章才不得不铤而走险，先发制人。在事态恶化之后，李鸿章也向清政府明确表示：“戈登利心颇大，常胜军霸住要挟，不知又耗许多财力。其实该军除炸炮外，攻剿不若我军，屡称对仗，迄未动手，鸿章与诸将亦甚不惧怯也。”显然，李鸿章已经做好了应对事态进一步发酵的准备。

戈登虽然负气将常胜军拉到昆山，摆出一副不听调遣的架势，但是仅仅过了2个月，这位自诩高贵的英国绅士便不得不主动与李鸿章谋求和解。戈登如此积极地要求归队，倒并非出于什么特殊考虑，只是因为常胜军的饷银全部仰赖李鸿章的拨款罢了。

早在苏州战役之前，常胜军便已经面临欠饷的危机。深蕴官场之道的李鸿章一边以“已作债帅，只好债多不愁”的方式自嘲和宽慰对方，一边在奏折上坦诚心计：“迩来戈登利欲颇大，需索多端，一若余为财神。渠扬言，如不发饷，弁勇无意效命。余告曰，克复苏垣，即发欠饷，并额外犒赏。”现在苏州已经攻陷，真的与李鸿章撕破脸皮，吃亏的自然还是戈登和常胜军。

经历了“苏州杀降”的风波之后，李鸿章对常胜军的使用更为肆无忌惮。明知常州一线的太平军将领获知郜永宽等人的结局后准备死战到底，李鸿章仍要求常胜军北上攻坚。结果不出所料，常胜军在攻克金坛、华墅等地时都出现了重大伤亡。在常州城的攻防战中，戈登更是一气损失了27位军官。面对承受着密集的葡萄弹、霰弹轰击仍死战不退的太平军，戈登陷入了空前的绝望。李鸿章则幸灾乐祸地表示：“戈登终于亲见常胜军的不得力。”

攻陷常州的殊荣最终落入了湘军名将鲍超囊中。戈登虽然也借此升任为提督，但是不得不忍痛接受李鸿章解散常胜军的建议。带着唏嘘和遗憾，戈登跳上了英国海军的战舰赶往天京前线，希望能在湘军那边寻找“就业”机会。面对反复推销自己炮兵的戈登，曾国荃显得兴趣不大。就在戈登抱怨清帝国“不思变革”，坚信其暂时无力攻克天京的一个月后，曾国荃以中国传统的地道战术攻陷了太平天国的首都。

天京相让：李鸿章与曾国藩最后的师生之谊

缓攻金陵

与淮军在苏南节节取胜、顺利推进相比，湘军围攻金陵的战役打得异常艰难。1863 年 12 月，李鸿章以破竹之势拿下苏州并果断诛杀太平军八降王的消息传来后，曾国荃大感不快，认为是自己围攻金陵吸引了太平军主力，做了李鸿章立功的垫脚石。对此，曾国藩也只能正言相劝：“苏州先复，金陵尚遥遥无期，弟切不必焦急。古来大战争、大事业，人谋仅占十分之三，天意恒居十分之七，往往积劳之人非即成名之人，成名之人非即享福之人，此次军务，如克复武汉、九江、安庆，积劳者即是成名之人，在天意已算十分公道，然而不可恃也。吾兄弟但在积劳二字上着力，成名二字则不必问及，享福二字则更不必问矣。”但私下里，曾国藩自己在给朋友的信里大发感慨：“少荃东下之初，仅令赴援沪城，意谓尽此兵力，或可保全海滨一隅，厥后拓地日广，卒将省坦克得，本非始愿所可及，亦愧谋略之不如。”

自 1863 年 7 月完成合围以来，湘军在天京城下顿兵近半年之久。之所以形成这种“劳而无功”的局面，除了曾国藩老成持重，告诫曾国荃：“若非贼来扑营，似不必常寻贼开仗。盖贼之粮路将绝，除开仗别无生路；我军则断粮路为要着，不在日日苦战也”；更为重要的是，此时的曾国藩已经在为剿灭太平天国之后湘军的政治前途进行铺垫。此时的曾国藩虽身为两江总督，赣、皖、苏、浙四省的军政长官也均为其昔日的幕僚、学生，但太平军在各地仍有活动，如苗沛霖般的地方团练武装亦盛行一时，胜保、僧格林沁等满蒙贵族也频繁以钦差大臣的身份干涉各地军务。因此，曾国藩有意缓攻金陵，利用清廷中枢急于借湘军之手夷平太平天国的有利时间，展开新一轮的政治布局。

1862 年，由于太平军陈得才、赖文光所部西征入陕，清政府内部又掀起了新一轮的政治碾轧。僧格林沁发动御史系统指摘胜保“骄纵贪淫，冒饷纳贿，拥兵纵

▲*天京城下，湘军与太平军进行了反复的拉锯战*

寇，欺罔贻误”，最终使胜保这位咸丰年代的政治明星黯然陨落。长期以来仰仗胜保为靠山的皖北“土皇帝”苗沛霖，只能选择举兵反清，但随即遭到僧格林沁和曾国藩的联手绞杀。在这个过程中，湘军集团和急于获得中原军政大权的僧格林沁部龃龉不断。不仅苗沛霖的首级成了争功的焦点，两军甚至还在围剿苗沛霖所部的过程中，由于通讯不畅而直接交火。总体来说，胜保—苗沛霖集团的瓦解，给了曾国藩一统安徽军政大权的有利时机。因此在规劝曾国荃少安毋躁的书信中，曾国藩颇为自得地写道：“苗逆于二十六夜擒斩，其党悉行投诚，凡寿州、正阳、颍上、下蔡等城一律收复，长、淮指日肃清，真堪庆幸！”

在曾国藩亲自指挥皖北战事的同时，原拟加入天京战局的湘军悍将鲍超所部在皖南与太平军杨辅清、黄文金所部恶斗连场，基本巩固了以宁国为中心的地盘。加上李鸿章夺取苏州，左宗棠收复金华、绍兴、兵围杭州的战绩，湘军集团在 1863 年下半年可谓诸路奏凯、全面告捷。然而，就在形势一片大好之际，各部争衡的苗头也开始悄然出现。

1863 年底，李鸿章在部署进攻常州的军务时，派出程学启、刘秉璋、潘鼎新等部，在李朝斌太湖水师的配合下，由平望、太湖、乍浦兜剿浙西太平军。李鸿章的意图，是想仿照以前湖北巡抚胡林翼进兵皖西的成案，在进兵过程中委员暂时跨省代管地方。他这样做，既可以截断浙江太平军增援天京的通道，也有助于巩固淮军新攻取的吴中地区。用李鸿章自己的话说，“苏、锡克后，左顾右盼，不得不兼图常、嘉以自固门户”。可此举也动了左宗棠的奶酪。

1864年2月，李鸿章奉旨兼辖浙西吏事。淮军入浙，半月之间连续招降了平湖、乍浦、海盐三城，又攻下平望、嘉善两城，这引起了身为闽浙总督兼浙江巡抚的左宗棠对李鸿章越境揽权的不满，上奏抗议。清廷复又下旨申斥李鸿章。李鸿章在写给曾国藩的信里大为抱屈：“……即受平、乍、海、嘉之降，匪我求贼，贼实求我，断无固拒不纳之理；即请暂委地方官，亦因自去春我军深入嘉境后，浙帅未委一印官。先准苏为代办，旋又叠咨申斥，思之至再，与其申斥于后，不如先陈明请旨，定此疑案。左公乃衔怨如是。如果浙有兵与官来，俾敝境得松一面之防，并力于我土地，岂敢于太岁头动一撮土耶？”左宗棠也写信向曾国藩抱怨：“西塘之役，纵火大掠，闻因其六弟不能禁戢士卒所致。少荃因此迁怒嘉善汤令成烈而撤之。实则汤令之署嘉善，亦少荃所委，咨弟下扎者。湖丝盐利皆浙所应有者，则尽占之。”

曾国藩对于李、左两人的矛盾不想过多地发表意见。他此时更为关心的是随着苏南、浙西战事趋于终结，清政府是否会将李鸿章的淮军、左宗棠的楚军调入天京战场。

对于自己老师的这份担忧，李鸿章洞若观火。他在写给曾国荃的信中明确表示：“屡奉寄谕，饬派敝军会剿金陵。敝意我公两载辛劳，一篑未竟，不敢近禁脔而窥卧榻。”但李鸿章的态度并不能从根本上改变清廷中枢对湘军久围天京不下的不满。除了清政府军之外，西方列强也对天京战场虎视眈眈。在常胜军解散的同时，另一支西方雇佣军——阿思本舰队出现在了天津外海。

1861年起出任海关总税务司的英国人赫德，向来与恭亲王奕䜣关系莫逆。由其牵线搭桥，清政府在各类细节均未敲定的情况下，便匆促向英国订购了7艘战舰。1863年9月18日，由曾参与过两次鸦片战争的英国海军上校阿思本指挥的“中英联合舰队”抵达天津，并准备开赴华东战场。清政府这才发现这支舰队不过是“海上洋枪队”。清政府不仅需要支付1000万两白银用作其未来四年的军费，舰队的所有人事安排还要全部由英国人说了算。原本就不满英国人南下争功的曾国藩趁势发难，说阿思本“意气凌厉，视轮船奇货可居，视汉总统如堂下厮役、倚门之贱客”。面对“费数百万之帑金，竟不得一毫之权柄”的局面，恭亲王奕䜣也深感不妥，最终决定拿出37万多两白银作为遣散费将阿思本舰队就地解散。

阿思本舰队解散后，其麾下的舰船却并不寂寥，还未回到英国本土，皇家海军便已经为其中大部分舰船找到了“下家”。除了2艘在孟买交付印度地方政府、3艘卖给埃及人之外，舰队中的2艘主力舰“江苏”号和“厦门”号以11500英镑的价格出售给了野心勃勃的日本西南强藩萨摩。改名为“春日丸”的“江苏”号，日后在明治维新中扮演了异常重要的角色。

阿思本舰队胎死腹中，无疑宣告了中英蜜月期的提前结束。毕竟自“辛酉政变”以来，清帝国已经逐步走出了昔日闭关锁国的状态。以总理衙门为平台，恭亲王奕䜣充分发挥其外交才干，一时间法、美、俄、德各国公使均积极谋求在华特殊利益，英国在清帝国的对外关系中已非一家独大。如在浙江战场上，法国人便协助左宗棠组建了另一支雇佣兵武装——常捷军。

此外，湘军围攻天京的态势已经逐步明朗，太平天国运动被最终镇压俨然指日可待。恰如曾国荃所说，“长江水师帆樯如林，无须轮船会剿金陵”，清军借助西方雇佣军才能稳定局面的日子似乎已经是过去式了。通过各种政治手腕，曾国藩暂时将天京战场的主导权掌握在了湘军手中，但无论如何，尽快攻克眼前这座“贼巢”才是釜底抽薪的唯一法门。因此从1864年春季开始，湘军对天京的攻坚战全面展开。

天国挽歌

1863年底，湘军首次发动对天京的攻击，以“穴地攻城”的方法，一度轰塌了城北神策门附近的十余丈城墙。随后，湘军选锋奋勇登城，但很快便为太平军击退，死伤三百余人。当时曾国藩不以为意，还写信劝慰曾国荃说：“城内多百战之寇，阅历极多，岂有不能抢堵缺口之理？”曾国荃愈发认定此法可行，于是进入1864年的农历正月之后，湘军对天京的“穴地攻城”全面展开。一时间曾国荃所部“自朝阳门至钟阜门，开地道三十三处”。这套战术对曾以地道攻克过诸多名城大郡的太平军而言，并不新鲜。天京守军采取“穿隧以迎”“薰以毒烟，灌以沸汤”的战术，不仅轻松化解了湘军的攻势，更给对手造成了“须臾殒命者，率常数十百人”的伤亡。

有趣的是，此时的曾国荃并不清楚天京城内的政治风向，认为城中主持防御事务的是返回天京的李秀成，并以为其有“见其上草色，辄知下有地道”的本事。事实上，自苏州失守之后，李秀成的政治生命便已岌岌可危。在太平天国诸王中，地盘和兵力往往决定着话语权。在“进北攻南”的计划中损失了大量有生力量的李秀成，回到苏州之后便已无力压制部永宽等昔日麾下悍将，更不用说轻骑回天京之后要面对的洪姓诸王了。

在其自述中，李秀成曾回忆他从苏州返回天京过程中的种种郁闷。当初在苏州，面对“自小从戎教练，长大至今，做到王位，与谭绍光两人是我左右之手”的部永宽，李秀成虽然“久悉其有投大清之意”，但也不敢加以阻拦。他只能用“我乃国中有名之将，有何人敢包我投乎？”来保护自己。部永宽等人也给了老领导最后的面子，将李秀成送出苏州。从苏州突围之后，李秀成试图依附于屯兵溧阳的堂弟李世贤。但李世贤此时已决议脱离太平天国，因此对李秀成的态度异常强硬。李世贤不仅不准李秀成返回天京，甚至在后者“不肯从”的情况下，欲出兵前来，逼李秀成去他的地盘。无奈之下，李秀成只能“轻骑连夜赶回京”。此时的李秀成与其说是驰援首都，不如说是进京避难。洪秀全对其更缺乏信任，“各处要紧城门要隘之处，概是洪姓发人巡查管掌”，如此，李秀成唯一能做的无非是收罗昔日部下留在天京的家眷。虽然只是“各在家每有十人，或七八人”，但积沙成塔，李秀成竟然也拉出了一支“计有千余”的武装力量，加上“随身之将十余员”，在缺兵少将的天京城内，李秀成的这支乌合之众竟然也成了一支不可或缺的力量，只不过扮演的是“某处要紧，即命我行”的“救火队员”这类角色。

李秀成参与天京城防，本是其丢失苏州根据地之后的无奈选择，但偏偏把持权柄的洪姓诸王对其还不放心，最终引发了一场所谓“忠王通贼”的闹剧。

其实此时的太平天国早已风雨飘摇，即便下达了“私开敌人之文者，抄斩全家”这样的严令，仍挡不住松王陈德风和慰王朱兆英这样的王侯与湘军暗通。李秀成在自述中宣称，这两人的行动“并未与我言明”，但从事情败露之后，李秀成出资贿赂洪仁发保下两人的表现来看，李秀成即便不是陈、朱两人的同谋，也至少支持其主张。毕竟此时的天京已出现了大面积的粮荒。天京城外还有驻兵湖州的李世贤、黄文金所部，面对李秀成的血书，李世贤却以缺粮为由，迟迟不肯发兵。李秀成只能提议李世贤率部进入江西，3 个月之后再回救天京。显然，天京城内的守军支撑不了那么长的时间。

面对“阖城男女饥饿，日日哭求”的局面，李秀成建议将非战斗人员放出城外，以缓解粮荒，但洪秀全仍严词谴责这一想法：“不体国体，敢放朕之弟妹外游。”洪秀全要求城内军民：“各遵朕旨，多备甜露，可食饱长生。”所谓“甜露”，不过是沾了露水的各种野草。面对已经陷入癫狂的最高统治者，李秀成只能“强行密令城中寒家男妇，准出城外逃生”。但此举遭到了守城的洪姓诸王的种种刁难，除了“将男妇出城之人将各所带金银取净”之外，还对穷人横加杀戮。留在城内也未必安全，“城内贼盗蜂张，逢夜城内炮声不绝，抢劫杀人，全家杀尽”。因此对于李秀成等人而言，城外的湘军似乎也不再那么面目可憎。

就在拿出1800两银子摆平了陈德风和朱兆英通敌事件之后，李秀成又因妻舅宋永祺投递降书再次卷入了通敌风波。按照李秀成的说法，宋永祺自称认识曾国荃帐下的师爷，劝说李秀成开城投降。李秀成尚未拿定主意，贪杯好事的宋永祺就已将消息广为传播。陈德风收到风声后便写信询问李秀成，不料这封信却在粮务会议上，被洪秀全的心腹补王莫仕葵公开。一时间，不仅李秀成下不了台，担任掮客的宋永祺更险些被开刀问斩。长期主持太平天国的外交和刑部事务的莫仕葵，能够精准地向李秀成发难，似乎事情远不是巧合那么简单。于是，除了被讹了一笔银子之外，“忠王”这块金字招牌更因为“通敌”而蒙污。其实，他们之所以如此打压李秀成，更多的是缘于洪秀全每况愈下的健康状况。

1864年6月3日，洪秀全去世，天京这座孤城内又掀起了一场新的权力斗争。按照洪秀全生前的安排，其长子洪天贵福继任天王，朝政依旧由洪秀全的两位兄长——洪仁发和洪仁达执掌。李秀成虽被任命为大主帅，掌握军权，但由于此前的“通敌”事件，其政治威信大打折扣，不仅无力改变任何军事决策，反而“四时有人防备，恐我变心”。

太平天国内部的连场内讧，对于城外的曾国荃而言并无实际意义。在“穴地攻城”的策略迟迟无法奏效的情况下，曾国藩终于按捺不住了。他写信给前线的曾国荃，表示准备接受淮军的助战：“余意欲奏请少荃前来金陵会剿，而可者两端，不可者两端。可者：一则渠处炸炮最多而熟，可望速克；一则渠占一半汛地，弟省一半心血。不可者：少荃近日气焰颇大，恐言语意态，以无礼加之于弟，愈增肝气，一也；淮勇骚扰骄傲，平日恐欺侮湘勇，克城时恐抢夺不堪，二也。有此二者，故余不愿请来与弟共事。然弟心、肝两处之病已深，能早息肩一日，乃可早痊一日；非得一强有力之人前来相助，则此后军事恐有变症，病情亦虑变症也。特此飞商：弟愿请少荃来共事否？少荃之季弟幼荃，气宇极好，拟请之日内至弟营一叙。”曾国藩的这番话表面上是在为自己兄弟的身体着想，实际却是清廷中枢不断施压的无奈之举。

对于湘军长期顿兵金陵城下，北京方面早有微词。随着1864年5月16日淮军攻克常州，慈禧太后颁下谕旨要求淮军驰援战场：“李鸿章所部兵勇攻城夺隘，所向有功，炮队尤为得力；现在金陵功在垂成，发、捻蓄意东趋，迟恐掣动全局，李鸿章岂能坐视！着即迅调劲旅数千及得力炮队前赴金陵，会合曾国荃围师，相机进取，速奏肤公。李鸿章如能亲督各军与曾国荃会商机宜，剿办更易得手，着该抚酌度情形，一面奏闻，一面迅速办理。曾国藩身为统帅，全局在胸，尤当督同李鸿章、曾国荃、彭玉麟，和衷共济，速竟全功，扫穴擒渠，同膺懋赏。总以大局为重，不可少存畛域之见。”

朝廷的命令，李鸿章自然不敢公然违抗，只能含糊地表示：“于攻克常州后，未敢遽议协剿金陵；一以臣部兵将苦战经年，伤病疲乏，未得休养，若遽令远出，诚恐再衰三竭，无裨大局。”他甚至还编出了“现在天气炎热，洋枪连放三四次即红，多则炸裂；开花炮放至十数出后，即不能著手。昨攻长兴，各项炮具俱已震损，亟须回苏修整。以后节交三伏，战事颇难”这样的瞎话。李鸿章虽然以种种理由推辞前往天京战场，但时刻可能出现在战场上的淮军还是带给了曾国荃莫大的压力。

7 月 19 日，调集全军精锐后，曾国荃率部炸开了天京太平门龙脖子一线城墙，随即蜂拥入城。太平军虽然全力封堵缺口，但终因寡不敌众败下阵来。“各处军营见京已失，降亦有之，逃亦有之，死亦有之”，李秀成只能保护“幼天王”洪天贵福化装突围。

▲ *湘军最终突破天京城防*

据传，突围途中李秀成将战马换给洪天贵福骑乘，自己则因为骑了“不力之骑”没能跟上大部队而最终被俘。这个说法，长期以来可谓流传甚广。但这些出自李秀成自述中的一面之词，似乎并不为另一个当事人——洪天贵福所承认。洪天贵福被俘后在供状中这样描述天京突围时的情景：“王长兄信王洪仁发在西门跳水死，王次兄勇王洪仁达未出城，来到垅口被官兵拿了。忠王李秀成带有一百多人，从石牛石马处到芳山被官兵拿了。独恤王仁政伯到杨家牌，亦被官兵擒了。出南京是尊王（刘庆汉）带我出来的。时尊王用长枪系长白带，我骑马跟紧这白带走。”

洪天贵福被俘后共写了十几次供状，其中不乏内容前后矛盾的；但整体来说，他对李秀成突围时的表现并没有特别的赞赏和肯定：“忠王乃齐兵欲去太平门交战，临到太平门时，忠王又率众回，欲出大南门，后又细思南门外有雨花台，正是多营盘之处，乃回头上西门城上，却看见西门外尽是水，又不曾出。东门、南门官兵总上了城，我们乃去清凉山，各王议俟头更时冲太平门垅口出。后从垅口出，从淳化镇去直至广德州。”这些描述与李秀成自述中其英勇神武的表现似乎差之甚远。无论如何，随着天京的沦陷和李秀成的被俘，轰轰烈烈的太平天国运动无可奈何地进入了尾声。

暗流汹涌

对金陵这座被太平天国信众唤作“小天堂”长达 11 年的城市而言，在 1864 年 7 月 19 日起的半个月里无疑化作了人间地狱。即便是曾国藩本人，也不得不承认，湘军破城之后“分段搜杀，三日之间毙贼共十余万人，秦淮长河，尸首如麻”。但是曾国藩并不认为杀戮过多，相反将这场无差别的大屠杀视为赫赫军功。倒是湘军幕僚赵烈文良心未泯，在《能静居日记》中写道：“沿街死尸十之九皆老者。其幼孩未满二三岁者亦斫戮以为戏，匍匐道上。妇女四十岁以下者一人俱无，老者无不负伤，或十余刀，数十刀。”

屠戮之余，金陵古城也多处毁于兵燹。曾国藩不承认是湘军放的火，“万室焚烧，百物荡尽，而贡院幸存”，他认为大火是太平军自己放的。有趣的是，这一说法在不同的历史时期有着截然相反的解读。一些历史学家认为太平天国的将士此举彰显了“片瓦不资敌”的不屈精神，近年来更多的主流意见则认为湘军通过这场大火掩盖了其大肆侵吞太平天国财富的劣迹。当然，这一说法事实上在湘军攻克天京后不久便甚嚣尘上，引发了所谓的“圣库”疑云。

所谓“圣库”，指的是太平天国定都天京之后，于水西门灯笼巷建立的国家金库。按照洪秀全颁布的诏书，太平天国军民不得拥有个人资产：“各宜为公莫为私，总要一条草对紧天父天兄及朕也。继自今，其令众兵将：凡一切杀妖取城所得金宝绸帛物等项，不得私藏，尽缴归天朝圣库。逆者议罪。”鉴于太平天国长期控制富庶的江、浙、皖、赣等省份的诸多城市，有好事者认定天京城内“金银如海，百货充盈”。可湘军破城之后，曾国藩奏报搜查“贼赃”的情况时却说除了二方伪玉玺和一方金印，别无所获。一时间物议沸腾，多指其为谎言。

对于这些指责，曾国藩不得不做出解释：“城破之日，查封贼库，所得财物，多则进奉户部，少则留充军饷，酌济难民。乃十六日克复后搜杀三日，不遑他顾，伪宫贼馆，一炬成灰。逮二十日查询，则并无所谓贼库者。讯问李秀成，据称：昔年虽有圣库之名，实系洪秀全之私藏，并非伪都之公帑。伪朝官兵向无俸饷，而王长兄、次兄且用穷刑峻法搜括各馆之银米。苏州存银稍多于金陵，亦无公帑积贮一处。惟秀成所得银物，尽数散给部下，众情翕然。此外则各私其财，而公家贫困；等语。臣弟国荃以谓贼馆必有窖藏，贼身必有囊金，勒令各营按名缴出，以抵欠饷。臣则谓勇丁所得贼赃，多寡不齐；按名勒缴，弱者刑求而不得，强者抗令而遁逃，所抵之饷无几，徒损政体而失士心。因晓喻军中：凡剥取贼身囊金者，概置不问；凡发掘贼馆窖金者，报官充公，违者治罪。所以悯其贫而奖其功，差为得体。然克复老巢而全无货财，实出微臣意计之外，亦为从来罕闻之事。”

曾国藩的这番说辞固然还是在替湘军开脱，但毕竟承认了湘军破城之后曾搜掠财物用于贴补军饷。清政府随后也表示理解，认为“逆掳金银，朝廷本不必利其所有。前据御史贾铎具奏，故令该大臣查明奏闻。今据奏称：城内并无贼库；自系实在情形”。皇帝、太后的不追究，并不能挡住上下臣僚甚至湘军内部对曾氏兄弟的“羡慕嫉妒恨”，一时间关于曾国荃在天京缴获各种奇珍异宝的谣言甚嚣尘上。甚至连天王府殿上“大于五石瓠，黑柱内撑如儿臂，而以红纱饰其外”的四个灯笼，也被说成是元代的文物。至于什么“大如指顶，圆若弹丸”的珍珠，什么“大于栲栳，裂一缝，黑斑如子，红质如瓤，朗润鲜明，殆无其匹”的翡翠西瓜，更是传得有鼻子有眼睛。最终种种谣诼汇聚成一句掷地有声的指责：“闻忠襄（曾国荃）于此中获资数千万。除报效若干外，其余悉辇于家。”此后曾氏家族用了各种方式进行辟谣，然而成效甚微。

除了不满曾氏家族独占太平天国的“圣库”财富之外，湘军攻破天京，克尽全功的说法，也很快便遭到了质疑。在俘获李秀成之后，曾国藩很快便得知了“幼天王”洪天贵福已经成功突围。但为了不节外生枝，曾国藩还是奏报称：“城破后，伪忠王之兄巨王、幼西王、幼南王、定王、崇王、璋王乘夜冲出，被官军马队追至湖熟桥边，将各头目全行杀毙，更无余孽。又据城内各贼供称：城破后，伪幼主积薪宫殿，举火自焚等语。”果然在龙颜大悦的情况下，清政府以“次第荡平，歼除元恶”的大功，对曾氏一族“特沛殊恩，用酬劳勚”，一次性封了侯、伯、子、男四个爵位。

但很快，左宗棠在汇报湖州军情的奏折中毫不留情地指出：“据金陵逃出难民供，伪幼主洪填福（洪天贵福）于六月二十一日由东坝逃至广德，二十六日，堵逆黄文金迎其入湖州府城。查湖郡守贼黄文金、杨辅清、李元继等皆积年逋寇，贼数之多约计尚十余万，此次互相勾结，本有拼命相持之意；兹复借伪幼主为名号召贼党，则其势不遽他窜可知。且江西兵力渐集，李世贤、汪海洋诸逆如不得逞于江西，则遁入浙、闽，复与湖州踞逆相首尾，亦未可知。”曾国藩很快便抓住左宗棠奏折中的漏洞，指出：“由金陵至广德，县县有兵，层层密布；其中如驻句容之刘铭传、驻溧水之王可陞、驻建平之李榕、驻东坝之郑魁武，皆晓事不欺之人，又奉严防逸贼之札。若谓洪福（洪天贵福）仅带零贼剃髮潜遁此数处者，或不知之；若贼至二三千之众，而谓此数处一无闻见，既不截剿，又不禀报，此事理所必无也。”

左宗棠不顾昔日情谊，公然揭露湘军冒功的行径，令他与曾国藩之间的关系急转直下。向来睚眦必报的曾国藩随即在奏报中还以颜色：“至防范不力之员弁；是夕，贼从缺口冲出，我军巷战终日，并未派有专员防守缺口，无可指之汛地，碍难查参。且杭州省城克复时，伪康王汪海洋、伪听王陈炳文两股十万之众，全数逸出，尚未纠参；此次逸出数百人，亦应暂缓参办。”收复杭州本是左宗棠足以自恃的政治资本，此时曾国藩指出此战不过是太平军主动突围，顿时令左宗棠灰头土脸。左宗棠不得不再度上奏解释：“臣战余杭，蒋益澧战杭州，屡次破垒获胜；臣奏两城贼势窘蹙，并未以贼数众多为言，每与交战，逆贼多不过一万数千而止。迭次奏报甚详，尤堪复按。曾国藩称：‘杭城克复，十万之众全数逸出。’所谓‘十万’‘全数’，果何据乎？两城之贼于二月二十三夜五更窜出，官军皆于黎明时入城；夫以片时之久，一门之狭，而谓贼众十万从此逸出，殆无是理！”

曾、左两人在奏折中互相揭短之时，李鸿章始终保持着作壁上观的姿态。毕竟鸟尽弓藏的阴影已经悄然笼罩在了湘、淮、楚等地方团练武装的头顶上，与其高调争功、相互攻讦，不如考虑如何保全手中的军队和地盘。

早在即将攻陷天京时，河南巡抚张之万便于 1864 年 7 月 13 日率先奏上《裁勇练兵折》，建议整顿制兵以代替勇营，清廷当即下旨，认为此议“实为目前要务”。攻下天京后，又有御史陈廷经等奏请“妥善安置勇丁”，或挑补兵额，或遣撤归农。清廷随即于 8 月 12 日下旨，令各督抚“妥慎办理，毋贻后日无穷之患”。一时之间，镇江冯子材、扬州富明阿部防勇，以及驻扎淞沪之贵州勇、水师广勇等部纷纷遭裁撤。这股撤军的浪潮，俨然马上就要扩大开来。

作为湘军最高统帅的曾国藩，此时首先要考虑的自然是如何减轻朝廷对他的疑忌。裁撤自己一手打造的湘军虽然有切肤之痛，却势在必行。但另一方面，为了保全湘军集团的政治势力，应对下一阶段追讨太平军残部以及北方捻军等起义军，在裁撤湘军部队的同时，还必须保有一支足以信赖的军事力量。左宗棠的表现令曾国藩极为失望，而淮军在驰援天京战场中的让功之举，使他对李鸿章颇为信赖。在写给的李鸿章信中，曾国藩阐释心机：“长江三千里，几无一船不张鄙人之旗帜，外间疑敝处兵权过重，利权过大，盖谓四省厘金，络绎输送，各处兵将，一呼百诺。其相疑良非无因。”可见扶持淮军以逐步取代湘军的方案，已逐渐在曾国藩的脑中成型。

在攻下天京的第 19 天，曾国藩上《初筹善后事宜折》，表示“臣统军太多，即拟裁撤三四万人”。10 天以后，他又以曾国荃有病，上疏请求开缺浙江巡抚回籍，“金陵各营勇丁，陆续遣撤，已及二万五千余人”，一并由曾国荃押带回湘。一年左右，除了湘军水师改编为经制长江水师，凡由曾氏兄弟直辖的湘军均被裁撤。与此同时，左宗棠部由 6 万人裁去 4 万多人；其余江西、湖南等地的杂系湘军大部分也都被遣散。就这样，曾国藩以大规模自裁湘军之举，减轻了清廷对他的疑忌，同时也使湘军后期的诸多弊端，如将帅争权夺利、士卒掳掠成风、闹饷哗变不断等得到了解决。

其实在攻克天京后写给李鸿章的第一封信中，曾国藩就说：“拟请雄师北渡，肃清南北各属，以保珂乡，亦即以卫苏疆。一至淮北，湘勇远不如淮勇也。”针对天京城破后湘勇大肆收掳，将财帛子女抢劫一空，引起清廷震怒，追问“圣库”下落，曾国荃为千夫所指只得托病告退的结局，曾国藩又致信李鸿章谈了内心的感受：“即钦阁下之忠荩宏远，而又私幸下走创立淮勇新军，正所以济湘勇之穷，而为鄙人弥缝无限之缺憾也。”

对于曾国藩所谓“湘勇强弩之末，锐气全消，力不足以制捻。将来戡定两淮，必须贵部淮勇任之”的论调，李鸿章固然欢迎，但在湘、楚两军均遭大幅裁撤的情况下，李鸿章也不得不拿出实际行动来配合清廷中枢的统一部署。李鸿章在1864年9月的一份附片中，率先陈明，拟将所部分别裁撤，“酌留洋枪炸炮三万人，以备海防”。在给好友吴棠的信中，他又说：“敞部水陆七万人，忙时有益，闲时多愁。拟酌撤二万，留最得力兵将以备海防。”按照李鸿章的方案，淮军将撤去一半或三分之一的兵力，保留精锐主力。李鸿章这样做，除了可以缓解遣撤时发还欠饷的实际困难，更重要的是他看到了“以备海防”的国防需要。为此，他在曾国藩正式上奏裁撤湘军前，就写信建议：“冯军门（子材）缄商遣撤该军，鸿章深以为然。扬军（富明阿部）亦在可裁之列。吾师暨鸿章当与兵事相始终，留湘淮勇以防剿江南北。俟大局布稳，仍可远剿他处，呼应尚易灵通，乞酌夺为幸。”

李鸿章坚持要保留一部分军队的意愿，与他带兵沪上后，与洋人打交道时愈发深刻地认识到列强的侵略意图和贪欲是密不可分的。早在同治二年秋，他就指出：“目前之患在内寇，长久之患在西人。”同治三年春，他又上书总理衙门，提出“天下事，穷则变，变则通”，极力陈述中国欲自强，非从练兵制器、培养人才入手不可。及至“平吴”战事结束，他又发出对“千古变局”的呼吁：“外国猖獗至此，不亟亟焉求富强，中国将何以自立耶？千古变局，庸妄人不知，而秉钧执政亦不知，岂甘视其沈胥耶？”同治三年九月十一日，他在致总理衙门大臣薛焕的信里也说：“惟朝廷为远大之计，仍须及时变易绿营旧制，酌留劲旅，厚给粮饷，精求火器，择置能将，使各国勿轻视之心，即当局有操纵之术。”

在这些议论里，李鸿章设想以湘淮、勇营为主体建立一支新型国防常备军的方案，比起曾家兄弟功成身退、尽撤湘军以轻疑谤的做法，无疑要高出一筹。因此“裁湘留淮”既是李鸿章凭着对时代潮流的领略和顺应，获得朝野上下认同的结果，也是他迎合恩师持盈保泰的心理，在恩师的主动支持下，争取到的一个较圆满的结局。这对淮军日后的发展并充当国防军，无疑是十分有利的。当然在某种层面上，李鸿章可能也有未来取曾国藩而代之的小算盘，只是他或许并没有想到这一天会来得如此之快。

参考文献

[1] 王闿运 . 湘军志 [M]. 梁绍辉 , 点校 . 长沙 : 湖南人民出版社 ,2007.

[2] 王尔敏 . 淮军志 [M]. 北京 : 中华书局 ,1987.

[3] 赵烈文 . 能静居士日记 [M]//《续修四库全书》编委会 . 续修四库全书 . 上海 : 上海古籍出版社 ,2002.

[4] 罗尔纲 . 忠王自传原稿考证与论考据 [M]. 北京 : 科学出版社 ,1958.

[5] 崔之清 . 太平天国战争全史 [M]. 南京 : 南京大学出版社 ,2002.

[6] （美）R.J. 史密斯 . 19 世纪中国的常胜军——外国雇佣兵与清帝国官员 [M]. 汝企和 , 译 . 北京 : 中国社会科学出版社 ,2003.

[7] 梁启超 . 李鸿章传 [M]. 何卓恩 , 评注 . 武汉 : 湖北人民出版社 ,2005.

[8] 陆方 , 李之渤 . 晚晴淮系研究——淮军、淮将和李鸿章 [M]. 长春 : 东北师范大学出版社 ,1993.

[9] （英）呤唎 . 太平天国亲历记 [M]. 王维周 , 译 . 北京 : 中华书局 ,1962.

[10] 费志杰 . 李鸿章苏州杀降事件还原 [J]. 清史研究 ,2012(4).

名将不等于名帅

趣说姜维在《三国志》与《三国演义》里的不同形象

作者 / 赤军

鲁迅先生说《三国演义》“欲显刘备之长厚而似伪，状诸葛之多智而近妖”，这话有两层含义。哪两层含义呢？一层含义是说，演义为了文学创作需要，对历史人物进行了重塑，字里行间对刘备集团多有美化，最明显的就是刘备和诸葛亮了；另一层含义则是说，就创作手法而言，这种美化是过了头的，是有损其文学价值的。

咱们在这儿不空谈文学，主要目的是讲历史，将文学人物和历史原型作比较。在笔者看来，演义对刘备集团的美化，表现最明显的其实不是刘备和诸葛亮，而是另两位——马超和姜维。这两人跟刘备、诸葛亮相比，美化手法如出一辙。“显刘备之长厚”，是说在道德品质上美化刘备，把一个绝世枭雄涂抹成了仁人君子；在这方面，演义同样美化了马超，马超的能力暂且不论，其不忠不义史有明文，但在演义中他却变成了忠臣孝子的典范。“状诸葛之多智”，则是在能力水平上美化了诸葛亮，史书评价诸葛亮，说“盖应变将略，非其所长欤”，虽然是设问句，并未肯定，但诸葛亮长于民政，而稍逊军事，更不会未卜先知、占星续命，确是不争的事实。同样，在能力水平方面，演义也美化了姜维姜伯约。

为什么要美化姜维呢？原因其实很简单，因为诸葛亮去世以后，蜀汉人才凋零，没有能拿出来当标杆的人物。矮子里拔将军，就只能给姜维上点色儿了。若非如此，后二十回还有谁爱看呢？

要说姜维如何被美化，还得先从他的出场说起。

投降很简单

演义中姜维的出场是很惊艳的。毛本第九十二回“赵子龙力斩五将，诸葛亮智取三城”，说诸葛亮一出祁山，将夏侯楙团团围困在南安城中，随即定计，假造夏侯楙求救的书信，往诈安定、天水二郡。安定太守崔谅果然中计，不但丢城失地，还被迫投降了汉军，协助攻取南安，生擒夏侯楙。然而计至天水，却被参本郡军事的中郎将姜维看破，他劝说太守马遵将计就计。次一回“姜伯约归降孔明，武乡侯骂死王朗”，既显姜维之智，设伏兵以败汉军；又显其勇，大战赵云，不落下风。诸葛亮为了擒获姜维，甚至不惜把曹魏的驸马夏侯楙都给放了回去，行反间计，终于把姜维逼上了绝路。姜维无奈而降，诸葛亮握着他的手说：“吾自出茅庐以来，遍求贤者，欲传授平生之学，恨未得其人。今遇伯约，吾愿足矣。”就此将姜维引为心腹，并且视同弟子，把毕生所学倾囊相授。

小说描写得惊心动魄，但真实的历史远没有那么精彩——或者也足够精彩，但细节俱被湮灭，只剩下一个大致框架了。

根据正史《三国志》的记载，姜维就没跟诸葛亮打过仗。我们知道，在建兴六年（228 年）上半年的初次北伐中，诸葛亮兵出祁山，杀了魏方一个措手不及，于是天水、南安、安定三郡吏民主动反魏应汉。说白了，汉军并没有跟这三城守军打过仗，也没有跟始终待在长安的夏侯楙交过锋。不过，得知消息的魏军反应并不慢，在张郃的率领下将守备侧翼街亭的蜀将马谡击败。汉军无奈之下只能主动撤退了。

那么姜维身为天水郡的土著居民，官拜中郎将，参本郡军事，汉军打来之时他是不是在天水郡治冀县城中呢？他又是不是跟演义上说的那样，突然从堂外而入，警告太守马遵不要中诸葛亮的计呢？

史书告诉我们：不是的！

据《三国志》记载，当时姜维与郡功曹梁绪、主簿尹赏、主记梁虔等人，正跟随马太守在城外巡查。一听说汉军汹涌杀来，马太守连夜就把这些属官全都扔下，一个人跑了。马太守为啥要逃呢？那当然是因为郡内吏民都呼应汉军，他没有存身之地了。可是他又为什么不肯带着姜维他们一起跑呢？

咱们要先了解一下汉魏时代的官僚体系。一般情况下，各州刺史、各郡太守、各县令长，全都是中央委派的，而且有回避原则，除非特殊情况，本地人不能做本地的官。也就是说，虽然史无所载，咱们也可以大致判断出，太守马遵并非天水当地人。但是姜维、梁绪等人不同，史书上写得很明白，姜维他就是冀县人，是个彻彻底底的土著，梁绪、尹赏等人的情况应该

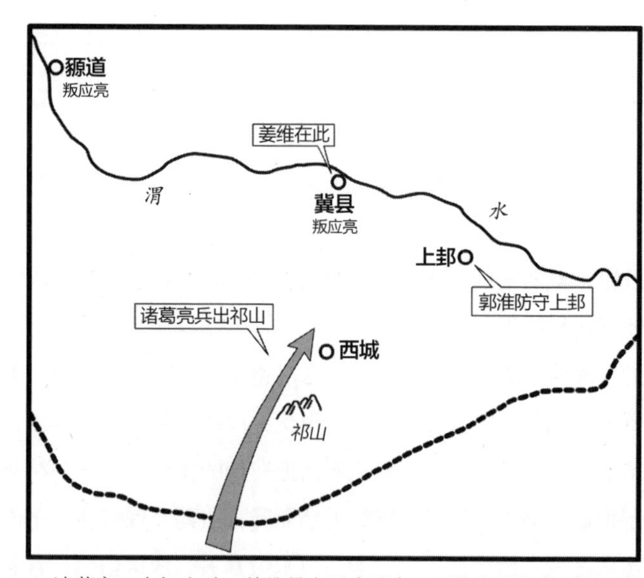

▲ *诸葛亮一出祁山时，姜维是在天水郡内，可能在郡治冀县附近，跟随太守马遵巡视，具体位置不详*

都差不多。因为各州、郡、县的属官，大多不由朝廷任命，而由地方长官自行征辟，主要招的就是本地人。那时候是小政府形态，中央对地方的控制力比较弱，地方长官必须要依靠本地的世家、豪族才能使政令畅通，所以把这些世家、豪族的代表拉进自己的官署班子，是最方便的做法。

姜维的老爹名叫姜迴，曾经当过天水郡将，在与叛羌、叛戎的战争中牺牲了。姜维最早是做的郡上计吏（负责向中央汇报工作的小官吏），也曾被本州——雍州征辟为州从事。因为老爹为国捐躯，他才被赐予中郎将的头衔，进而可以参本郡军事。父子两代都在家乡做官，姜维的政治影响力应该是相当大的。

所以马太守不相信姜维和他的小伙伴们——郡中那么多县城都叛变了，都要降汉，你们也是土著，跟那些叛贼有着千丝万缕的联系；你们要起了异心，我不就变成砧板上的鱼肉了吗？还是扔下你们赶紧逃命才是正理。于是马太守就这么跑了，留下姜维、梁绪等人。他们得到消息时已经晚了，想追追不上，只好悻悻然返回冀县。可谁想到城门紧闭，谁都不肯放他们进去，这是为什么呢？因为他们终究是魏国的官吏啊，谁知道心里是怎么想的？马太守信不过他们，叛魏迎汉的冀县吏民同样信不过他们。说白了，长官怀疑他们心向刘汉，部下怀疑他们心向曹魏，搞得这几位跟风箱里的老鼠似的，两头受气，谁都不肯搭理。

无路可走之下，姜维等人只好前去迎接汉军，投降了诸葛亮。

以上就是陈寿在《三国志》正文中对姜维降汉一事的记载。此外，裴疏还引了《魏略》说明此事，细节方面二者有点儿小差异。第一点差异，马太守不是自己带队出巡的，而是跟着他的上级雍州刺史郭淮出巡的。郭淮一听说汉军杀来，赶紧退往要隘上邽去防守，马太守不敢返回天水，干脆放弃职守，跟着郭刺史跑了。据说姜维还劝马太守来着，但是马遵直截了当地回答："卿诸人叵复信，

▲ *成都武侯祠。诸葛亮即便不如演义所说是姜维的老师，他也确实发掘出了姜维的用兵之才，并且将之培养成了蜀汉名将*

皆贼也！”——你们居心叵测，说的话我都不信，在我看来，你们也全都是叛贼！第二点差异，姜维等人无奈之下返回冀县，冀县吏民不但没有闭门不纳，反倒大喜，干脆推举他们几个去跟诸葛亮联络。姜维没有办法（“不获已”），只好去了，就此降汉。

其实事件传播过程中的这点点差异，咱们完全可以理解，可以接受，并且可以因此而确信，姜维虽属无奈，但确实是主动去投的诸葛亮。在进入汉军阵营之前，诸葛亮跟姜维并没有交过锋，应该也不了解姜维的才华。

当然，小说要这么写，那就没人看了。无伏笔、无铺垫，突然间就冒出来一位牛人，这是情节发展不下去了硬凑的吗？所以演义让姜维在降汉前先出一把彩，就艺术手法而言，是相当高明的，也是基本成功的。

不录尚书事了？

在演义中，姜维降汉以后，就深受诸葛亮的器重。此后多次北伐曹魏，诸葛亮始终把他带在身边，屡立战功。那么真实的历史又是如何呢？

诸葛亮确实挺瞧得起姜维，他盛赞姜维是“凉州上士”，“敏于军事，既有胆义，深解兵意”，说姜维的学识连名臣马良、李邵等人都比不上。不过诸葛亮同时还说了，姜维“心存汉室”——这话就要打个大大的问号了。

倘若真的倾向于汉室，姜维就不会走投无路才去投降诸葛亮了。姜维此人，晋人傅玄说他“为人好立功名，阴养死士，不修布衣之业”，也就是说这人有志向，有野心，不甘于当一辈子的小老百姓，而很想做一番惊天动地的大事业出来。所以，估计他在受到诸葛亮赏识以后，觉得投入汉营更有发展前途，才就此死心塌地地跟着诸葛老师干。《孙盛杂记》中说，因为汉军退得太过仓促，姜维都没能把老娘从冀县接出来，后来魏方让他娘写信过去，招他回家，姜维答复道：“良田百顷，不在一亩；但有远志，不在当归。”——我要去做大事业了，我不回家！

之后，因为诸葛亮的赏识，姜维的官职一路攀升。才降汉的时候，他的职务并不高，只是个仓曹掾，也就是诸葛亮幕府中的粮库总管；但是他的爵位却赏得不低，加“奉义将军”，封“当阳亭侯”。

诸葛亮为什么要对姜维那么好？史书上没说。但根据当时的形势，咱们也可以基本判断出来。首先，当然是因为姜维确实有本事——能让诸葛亮称赞的人可不算多；其次，因为姜维是天水土著，诸葛亮的战略方针就是先占据包括天水郡在内的陇西地区，进而并吞凉州，训练精骑，再以高屋建瓴之势直取长安和洛阳。而想在陇西站稳脚跟，没有足够分量的本地“带路党”是不成的，姜维就是最合适的“带路党”。

诸葛亮去世前后，姜维的官职已经做得很高了，进入了蜀汉的军政中枢。诸葛亮死前，姜维的实职是中监军，相当于中央军区参谋长，名号为“征西将军”。诸葛亮死后，他转为右监军，名号为“辅汉将军”，加封“平襄县侯”。而且这时候姜维受命“统诸军”，可以类比为全军总参谋长——因为原本占据这个位子的魏延死了，姜维才一跃成为蜀汉军方的前三号人物。

对于姜维跟着诸葛亮多次北伐所建立的功勋，都是小说家之言，史书上并没有多少记载。但我们可以猜测，姜维肯定是立过功的，不可能仅靠诸葛亮的赏识就一路升官。再说诸葛亮也不会光赏识他，却不让他干活儿。

右监军并不是姜维在蜀汉升官的顶点。我们知道，诸葛亮死后，蜀汉是蒋琬执政，蒋琬以后是费祎。从演义中得出的印象，费祎之后就该是姜维了。史书记载，蒋琬时代，姜维还被加过“司马”的头衔；费祎时代，他升任卫将军，与费祎“共录尚书事”。费祎死于延熙十六年（253 年），三年以后的延熙十九年（256 年），姜维终于当上了大将军，成为蜀汉军方名正言顺的一把手。

但是有件事很奇怪，《三国志》将蒋琬、费祎、姜维三人并列一传，说到蒋琬，是“大将军、录尚书事”，说到费祎，也是“大将军、录尚书事”，但到了姜维这儿，就只剩下个“大将军”了，竟然没提“录尚书事”——这里面可就大有文章了。

当时的武职，最高是大将军，其次是骠骑将军、车骑将军、卫将军、前后左右将军等。其实这些将军都只是一个头衔而已，不是实职，并不是说大将军为全国武装部队总司令，骠骑、车骑是副总司令，卫将军是总参谋长。那么或许有人要问了，东汉朝掌权的就是大将军，就说汉末的时候，大将军何进不就是最大的官吗？怎么能说大将军只是一个头衔而已呢？

其实，大将军不是最大的官，大将军、录尚书事才是。

西汉朝前期最大的官是丞相。到了汉武帝的时候，为了分割相权，在内廷设置了尚书台，尚书台成为新的最重要的官僚机构。东汉朝不设丞相，外朝由三公（司徒、司空、太尉）执掌，内廷的尚书台由尚书令执掌。荀彧荀文若，就是积年的尚书令，是权臣曹操之下的第一官僚。但是由于尚书令的品级并不算高，因此朝廷往往另外委派了几名重臣负责尚书台的工作，名为“录尚书事”。

东汉朝的大将军多由外戚担任，若同时录尚书事，那才是政府的第一把手。要是没有这个录尚书事，大将军顶多也就管管军事而已。所以姜维曾经当卫将军，跟费祎“共录尚书事”，那就是进入政权中枢了，可以视之为副总理（费祎是政府总理）。可是等到他升为大将军以后，怪事儿来了，没提这位大将军“录尚书事”，这是为什么呢？

是史书记漏了吗？还是因为前面提过一次“录尚书事”，所以后面就可以省略了吗？抑或姜伯约确实已经被从政府中枢挤出来了，他只是总参谋长，而不再是副总理了？

对照姜维在蒋琬、费祎执政时期的遭遇，或许最后一种猜测并非捕风捉影，乱抠史书的字眼儿。

坐了两届冷板凳

姜伯约在诸葛亮时代，乃是汉军中的高级将领，而且名位逐级攀升，等到魏延死掉以后，如前所述，直接迈入三强之列。可是在蒋琬执政时代，姜维却受到了冷遇。

原因很简单，因为姜维是陇西人，诸葛亮之所以重用他，很大一个因素就是想让他当北伐的向导官。但是诸葛亮多次北伐，都未能取得决定性的胜利，姜维也始终没能领着汉军打回老家去。等到蒋琬上台后，他觉得诸葛亮那么厉害都冲不破曹魏的西北防线，咱们要不换个方向打？

于是蒋琬跑到东线去造战船，打算利用汉水运兵，去攻打曹魏的魏兴、上庸两郡，也就是从东线去掏关中。这条战线和姜维的老家相距遥远，于是派不上什么用场的他只得去坐冷板凳。姜维当然不甘心坐冷板凳，所以他就跟费祎联起手来，跟蒋琬斗。费祎是坚定的诸葛亮既定方针派——丞相从西线打，那肯定有他的道理，你蒋琬觉得自己比丞相高明吗？竟敢另起炉灶！蒋琬斗不过他们两个，无奈之下只好让步，任命姜维当凉州刺史，让他总揽西线战事，自己则继续在东线做准备。究竟打哪儿好呢？不急，咱们再等等时机。可是等了没多久，蒋琬的身体就撑不住了，他只好一步步地把大权都转给了费祎。

在蒋琬时代，西线的军权虽然给了姜维，但主力部队却一直在往东线调，所以姜维挂着个凉州刺史头衔，压根儿打不成仗。等到费祎上台，姜维心说成了，咱该从西线往北打了吧？谁知费祎继续压着他，不让他轻举妄动。史书上说，姜维“每欲兴军大举，费祎常裁制不从，与其兵不过万人”。只有一万兵马，姜维想打小仗是可以的，但想发起全面进攻，门儿都没有！

费祎为什么不继承诸葛亮的遗志，继续大举北伐呢？最重要的原因是蜀汉的经济状况日益恶化；再则，费祎认为自己的能力比诸葛亮差得太远——丞相都打不赢，我除非做好万全的准备，否则还是静待时机为好。而且费祎也有排斥姜维的倾向，因为他找到了新的“带路党”，已经不再需要姜维了。话说姜维归降汉军是在公元228年，那时候的他风华正茂，才27岁。等到费祎执政的时候，已经是公元243年了，姜维年过四旬，变成了个中年大叔。十五载眨眼便过，足够新一代人成长起来了。而陇西的局势跟姜维离开的时候比又有了多大的变化呢？姜维再想杀回老家去，他还有足够的影响力、号召力吗？

所以费祎最终搞到了一个新的“带路党”，这人名叫郭循（或写作郭修），凉州西平人，某次战役中被姜维俘虏，被迫归降。费祎直接提拔他做了左将军，比当年的姜维升官还快。只可惜这个郭循与姜维不同，他不是真降而是假降，身在汉营心在曹，最终趁着费祎喝醉酒的机会，把这位蜀汉大将军、录尚书事给一刀捅死了。

不但费祎死了，诸葛亮最看重的几位人才——杨仪、蒋琬、董允，这时候也已经死得一个不剩了。照理说该姜维上位了，但姜维是凉州降将，既不是益州土著，也不是当年跟着刘备进川的荆襄士人，威望不够，无法如蒋琬、费祎那般总揽朝政。所以费祎死了三年以后，才给他补上大将军的缺。很有可能，录尚书事就不给他了——大将军你专注打仗就成，内政反正你也管不了，干脆就不麻烦你了。

姜维倒是不在乎，反正只要给他足够多的兵马，能够让他继续往老家打，完成诸葛亮的遗志就成。演义上有诸葛亮“六出祁山”，然后是姜伯约“九伐中原”，杀得是惊天动地、轰轰烈烈，然而真实历史上的姜维，真的那么能打吗？

三个臭皮匠

《三国演义》七实三虚，终究只是一部小说，不能当成历史来看。所谓诸葛亮“六出祁山”，这是把数往大了算，事实上北伐仅仅五次，并且只有一头一尾两回是走的祁山一线。至于姜维“九伐中原”，数是准确的，事却多有虚构。

蒋琬、费祎执政时期，姜维曾多次领兵出征，但大多是率领偏师配合主力，并

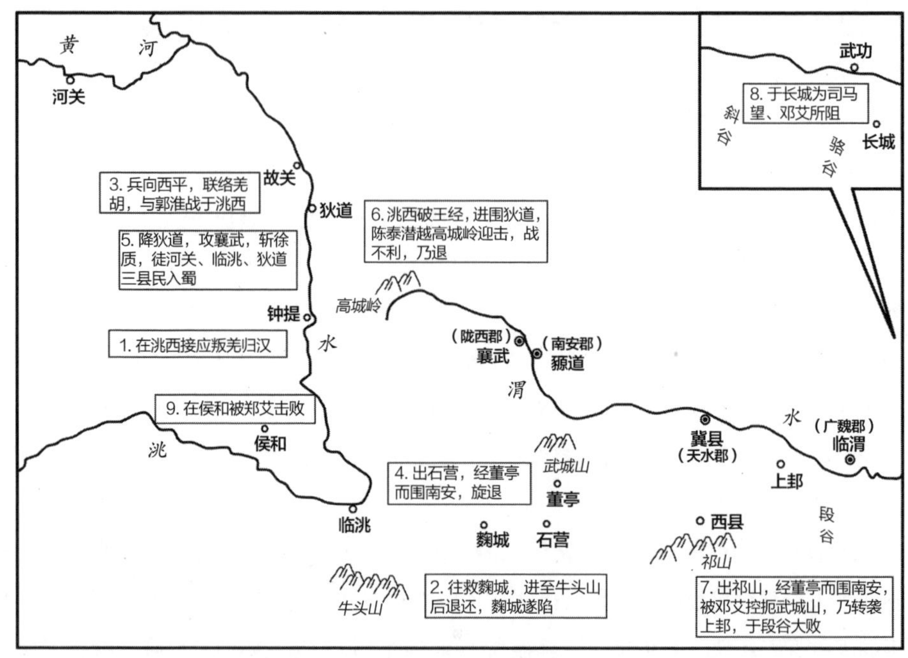

▲ *从公元247年开始，姜维前后九次率军北伐，其中一次出祁山，七次经西路，一次经东路，收获不大，损耗却不小*

非担任是全军主帅。但在延熙十年（247 年），姜维还真的独自领兵打过一回仗，可以认为这是姜伯约的初次北伐。

演义上没提这场仗，史书上记载得也很简略，大致经过是：曹魏境内的多部羌胡造反降汉，姜维领兵出境去接应，跟魏雍州刺史郭淮、征蜀护军夏侯霸在洮水以西小小接了一仗。最终姜维顺利接到了胡王白虎文、治无戴等部，将其迁入蜀地，郭淮只好屠杀了未及迁徙的羌众，而后率军返回。

姜维的第二次北伐，演义上有写到，在第一百零七回“魏主政归司马氏，姜维兵败牛头山”，说司马懿发动“高平陵之变”，诛灭曹爽，夏侯霸被迫逃归蜀汉。姜维认为北伐时机成熟，遂不顾费祎劝阻，力主兴兵。他先命句安、李歆在麴山下修建二城，结果被曹魏雍州刺史郭淮与其副将陈泰攻破。姜维兵进牛头山，又被郭、陈断绝了粮道，致使大败。姜维亲自断后，只三回合便杀败了来追的司马师。

真实的历史，前半段确如小说家所言，姜维率军北伐，依麴山修建二城，派句安、李歆把守，自己联络羌胡，继续挺进，但后面就不同了。且说这个时候郭淮已经升任了征西将军，接替他做雍州刺史的乃是陈泰，于是陈泰向郭淮献计，自己率领讨蜀护军徐质、南安太守邓艾，一起前去围攻麹城。姜维闻讯，兵出牛头山赶去救援，陈泰掘深沟、筑高垒，不与汉军交锋，同时遣使建议郭淮袭击牛头山，切断汉军后路。郭淮依计而行，姜维大惊，被迫率军后退。句安等人粮草将尽，外无援兵，只好投降了。

与演义相比较，在《三国志》中，这仗的过程有三点不同：第一点，双方并没有做大的交锋，姜维是败在了战略而非战术上；第二点，不是麹城先破，姜维再败，而是姜维撤退，麹城才降，姜维输得挺难看的；第三点，司马师压根儿没来，所谓姜维战败司马师云云，只是给他找个场子回来，以免太过丢脸罢了。

演义给诸葛亮北伐制造了一个强力的对手，那就是司马懿，而史料中孔明五次出兵，只有最后两次才是和司马懿交锋。对于姜维，小说也是如此，得给他造出合适的对手来，才显得他能力超凡，吃败仗不是他无能，而是敌人也很厉害。但是找不到跟司马懿同等的重量级对手了，怎么办？没关系，三个臭皮匠，顶个诸葛亮，仨一起上，姜维不败也得败了。这三个臭皮匠，就是郭淮、陈泰和邓艾。

其实真要考究双方的战略部署、战术运用，这仨都不能说是臭皮匠，单独拎出任何一个来都比姜维要强。真要将三人凑堆，估计就算诸葛亮也拿他们没辙。不过，若是将敌方将领渲染得太过能干，就凸显不出姜维的本事来了，故只能让他们仨加一起比姜维强上那么一点点，才能出精彩戏份——演义的这种创作手法，也是非常高明的。

对于姜维这第二次北伐，演义上给了个战败司马师的小尾巴。而在真实历史上，其实也有个尾巴。姜维是退了，麹城是降了，但是邓艾突然站出来说话，认为汉军实力未损，姜维还会再来，于是郭淮就把他留在白水扎营，防备姜维杀个回马枪。三天以后，姜维果然派廖化又杀回来了，直趋白水，自己则暗中率领主力，想要去偷袭洮城。结果此计也被邓艾看破，他抢先拒城而守，姜维无奈之下只好退兵——这回是真的回汉中去了。

郭淮、陈泰、邓艾三人，一个比一个厉害，尤其是邓艾，几乎是姜伯约的天然克星，这点在演义中也有所体现。

姜维第三次北伐是在延熙十三年（250 年），演义上没提，史书上的记载比上次更简略，光说他兵出西平，联络羌胡，跟郭淮又在洮水西岸打了一仗。估计打了个平手。

▲三国乐舞俑，红陶制品，出土于四川蜀汉时期墓葬。其俑广袖长裙，头梳高髻，额前饰大花3朵，右侧插花2朵，闭口微笑

演义上写姜维第四次北伐，是在延熙十六年，为了呼应东吴诸葛恪，他再起大兵，联结羌王迷当，直取南安郡。他先设计杀死魏将徐质，接着兵围铁笼山，欲擒司马昭，结果被陈泰使诈降计先破羌兵，郭淮、陈泰再挟持羌兵攻入汉营，把姜维杀得大败。姜维败退之中，放箭射死了老对手郭淮。

正史上呢？如前所述，这一年春季，蜀汉大将军、录尚书事费祎死了，姜维终于被彻底松开了手脚，不再只能领着一万多兵去撞大运了，又赶上东吴诸葛恪也起兵攻魏，于是姜伯约开始了他第四次北伐：出石营，经董亭，包围南安郡。

面对东西两线的压力，曹魏权臣司马师听取了参谋虞松的建议，决定东守而西攻，下令郭淮、陈泰等将尽起关中大军去抵御姜维。不过估计是为了配合东吴而仓促发兵，姜维这回粮草带得很不足。从前手下只有一万多人还好说，这兵一多了，蜀道运粮困难，补给就不大跟得上。结果魏军主力还没赶到，姜维就因为粮尽而主动退兵了。

这第四次北伐，同时也是姜维初次统率蜀汉的主力兵团伐魏，就这么虎头蛇尾地结束了，既没撞见司马昭，也没杀死徐质，更没箭射郭淮。徐质是在翌年，即延熙十七年（254 年）姜维第五次北伐的时候被斩的，郭淮则是两年后（255 年）病死的。

第五次北伐，姜维终于打了一个胜仗，招降了曹魏的狄道长李简，在襄武城下击败魏军，斩杀了徐质。但是他并没有撞见郭淮、陈泰率领的魏军主力，就掳了河关、狄道、临洮三县百姓退走了。为什么打得好好的要退呢？一种可能是粮食又快吃光了，另一种可能是郭淮等大举来迎，姜维估计打不赢，所以见好就收。

天然克星

郭淮病死后，曹魏的三个臭皮匠终于变成了俩，姜维的第六次北伐是不是该打个大胜仗了呢？

演义上说，司马师死后，姜维再伐中原，在洮水大败曹魏雍州刺史王经，进而不顾张翼的谏阻，继续挺进，攻围狄道城。曹魏征西将军陈泰用了邓艾之谋，以虚兵之计击败了姜维。

在真实的历史上，姜维确实在洮水打了个大胜仗。王经输得那叫一个惨，2 万大军折了一半，只好退守狄道城。

王经战败是情理之中的事，一则姜维所部虽然具体人数不明，但肯定不止 2 万人，王经以寡敌众，本来就难有胜算；二则王经就是一个儒生，根本不懂打仗。姜维先使疑兵之计，假装要从祁山、石营、金城三路挺进，王经还真信了，写信去求新任征西将军陈泰发兵救援。陈泰告诉他，以蜀汉的兵力做不到三路并进，你别慌，也别急，驻军狄道，等我来了咱们一起打。结果陈泰还没到呢，王经就主动迎战姜维，被打得大败。

战胜王经以后，大将张翼劝姜维，说："可止矣，不宜复进，进或毁此大功。"张翼的头脑是比较清醒的，知道蜀汉财竭民困，贸然出兵难有胜算，所以发兵前曾当廷跟姜维争辩，阻止出师。现在，他重提前议，是觉得打完这一仗，大将军也该爽到了，咱们见好就收吧。但是姜维不肯听他的，反倒说，我偏要画蛇添足，你怎么着吧！

于是汉军包围了狄道城，王经困守愁城，都快给急死了，一份份求救信往陈泰那儿送。等陈泰率领大军赶到，众将都说汉军士气正盛，咱们不宜前进，应当掘深沟、筑高垒，跟他们耗着。王经要死，就让他去死！然而陈泰却说，姜维在战胜王经以后，若是趁势东进，占据栎阳屯粮之地，联络羌胡，那陇上就危险了；谁想他却顿兵坚城之下，锐气定然消磨，咱们要是抢占险要，即可扼住姜维的咽喉，战则必胜，倘若不战，姜维必然全师而逃。陈泰不打算放走姜维，于是秘密进军，占据了狄道东南方的山区，并且燃起烽火，通知城内援军已到。狄道城中见到烽火，抵抗得更为顽强。姜维攻不下，就掉头来战陈泰，结果初战不利，被迫与敌对峙。陈泰趁机率军挺进，并扬言要切断汉军的退路。姜维慌了，只得退返汉中。

从这场战役的经过，咱们可以瞧出两点：第一，姜维的战略部署确实有问题，陈泰已经一语道破，可见在这方面，他比姜维高明；第二，陈泰想要留下姜维，但是没能留住，可见姜维在战术运用上，确实有过人之处。

这是姜维的第六次北伐，然后就是第七次，时为延熙十九年（256 年），演义中为第一百十一回"邓士载智败姜伯约，诸葛诞义讨司马昭"。大致过程是，姜维

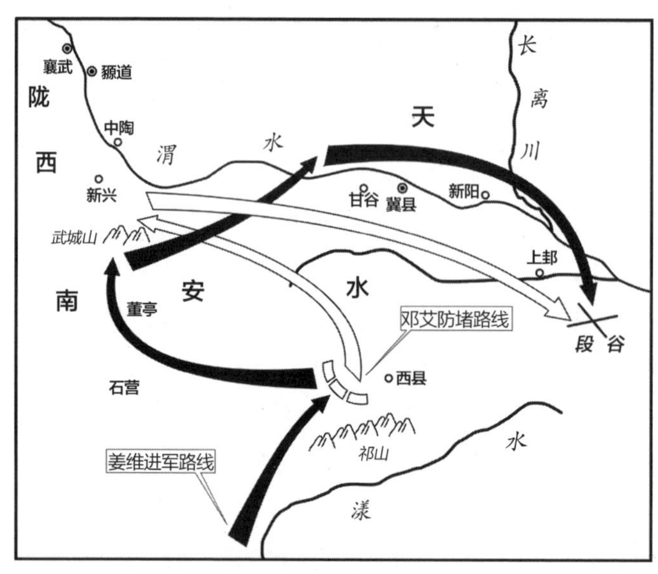

▲ *公元256年的第七次北伐，姜维输得最惨，回回被邓艾料准先机，被堵得北进无路，最终在段谷大败，几乎全军覆没*

兵出祁山，与陈泰、邓艾对峙，暗下却准备奇袭南安郡，结果在段谷遇伏，大败而退，荡寇将军张嶷为救姜维而被乱箭射死。

《三国志》上的记载与此基本相同，乃是姜维九次北伐中败得最惨的一次，因为这时候陈泰也已经不在了（还朝为尚书右仆射），姜维必须直接面对自己的天然克星邓艾邓士载。

此时邓艾已经升任安西将军、护东羌校尉，总揽陇西军事。众将都认为蜀汉国小力乏，姜维上回吃了败仗，短期内估计不会来了，可是邓艾却连摆出五条理由来，证明姜维必会再次北伐——言下之意，要是换了我是姜维，也一定来打，而且还有一定胜算。

所以姜维才出祁山，就一头撞上了邓艾苦心布置的营垒。他眼瞧着攻不动，长期对峙吧，又怕粮草不继，于是转道去攻打南安郡。可是姜维才一动，邓艾就料准他要干啥了，率军直奔武城山，挡在了汉军前面。姜维打不下武城山，被迫再次改道，夜渡渭水，去偷袭曹魏重镇上邽。

汉军兵分两路，姜维和征西大将军胡济各领一军，约定在上邽附近的段谷会师。可谁承想会师的时间都过了，姜维仍左等不见胡济来，右等不见胡济到，反而等来了邓艾的主力部队。双方就此大战一场，汉军大败。史书记载："星散流离，死者甚众。"姜伯约从来就没败得那么惨过，虽然胡济对此要负很大责任，但由此也可看出，向来以战术见长的姜维，碰上了一个在战术上比他更高明的对手。

这仗败得姜维自己都觉得脸红，因此回到成都以后，就仿效诸葛亮初次北伐因失街亭而退的旧例，上书自贬，从大将军退到了卫将军——当然，他仍行大将军事，权力可不会随便撒手。

顺便一提，张嶷不是在这一仗战死的。事实上他都死了好几年了，是在姜维第四次北伐中，跟徐质拼了个玉石俱焚。

姜维第八次北伐，在演义第一百一十二回“救寿春于诠死节，取长城伯约鏖兵”，说诸葛诞反于淮南，姜维趁机发兵攻打长城，小将傅佥力敌二将，大败司马望。然而就在长城将陷之时，邓艾突然从后杀到，姜维单挑打败了其子邓忠。邓艾假下战书，却故意拖延决战时间，直拖到司马昭平了淮南之乱，大军来援。“今番伐魏，又成画饼矣。”姜维叹一声，只得退兵。

在历史上，这是景耀元年（258 年）发生的事了。当时司马昭起 26 万大军去淮南平叛，也调了不少西线的兵马，导致陇上空虚。姜维趁机发兵，却被司马望、邓艾率军拦住。魏军掘深沟、筑高垒，坚守不战，直到传来淮南乱平的消息。姜维只得黯然退去。至于傅佥，史书上对这员将领的记载非常简略，并没有提他参与了此次长城之战。

姜维最后一次北伐，是在景耀五年（262 年），演义为第一百一十三回“丁奉定计斩孙綝，姜维斗阵破邓艾”，说姜维亲率 20 万大军北伐，先在祁山谷口扎营，却被邓艾施以地道之计，小折一阵。随即姜维摆出武侯八阵，先后与邓艾、司马望相斗，杀得二将大败。邓艾被迫施以离间之计，买通宦官黄晧，迫使姜维班师。

史书上，这仗记载得非常简略，光说姜维北伐，在侯和为邓艾所败，率军退回汉中而已。

《三国演义》在其后的两回，又多写了姜维两次北伐，与邓艾互有胜负，但基本上算汉军赢面大。这也是没办法的事情，姜维战略、战术都比不过邓艾，三次直面邓艾，一次被生生堵住，两回被压着打，确实难看了一点儿，小说得给他找回场子来。

汉中布防的大失策

姜伯约“九伐中原”，前两回被费祎压制着，手下兵马也就一万多，打输打赢都在情理之中；之后一次平手；三次主动退兵——或者是因为粮草不足，或者是顿兵坚城之下，或者是不敢跟敌方主力兵团硬磕；还有三次，洮西虽破王经，旋为陈泰所败，段谷死伤惨重，侯和最后失利，全都以战败收场。这样的战绩，比起诸葛亮来，实在差得太远了。

通过真实历史和演义的对比，我们可以清晰地认识到，姜维确实是当时蜀汉第一流的将领，在三国后期都排得上号，但他并不是最杰出的，郭淮、陈泰都比他强，尤其是邓艾，不但战略、战术两方面都强过姜维，并且回回料敌机先，是姜维的天然克星。姜维在战术上的能力毋庸置疑，就算比邓艾差点儿，那也极出色的。但在战略上，姜维九次北伐都没有制定完善的计划、明确的部署，基本上是先出去了，看敌方哪儿薄弱再打哪儿，简直就是去撞大运。由此可见，姜维的战略水平真的相当一般，没有演义上吹得那么牛。

所以他是名将，但是算不上名帅。

姜维在战略上最大的失策，还在汉中的防守布置方面，这直接导致了汉中的丢失，间接导致了蜀汉的灭亡。

汉中是蜀地的门户，也是从蜀汉刘备时代起就苦心经营的北伐基地。最早镇守汉中的是魏延，他的方略是“周易重门”。也就是说，依靠险要，设置一重又一重的关隘，层层布防，只要兵力足够，敌人根本就打不进来。魏延守汉中守了十来年，死后守将换成了王平。王平仍然玩这套，甚至在兴势之役中悍拒曹爽——就是那一仗，彻底打垮了曹爽的威望，使司马懿得到了抢班夺权的机会。

姜维的九次北伐，第一、第二次之间隔了两年，第二、第三两次接着，随即歇了三年，等到费祎一死，延熙十六年到延熙二十年间，他连着打了五次——一年一次，年年都去。蜀汉的政治本就日益腐败，经济方面更是每况愈下，哪还经得起这样的折腾，朝中反对之声是一浪接一浪。姜维也意识到了这点，所以最后一次北伐多准备了5年，可惜还是失败了。

姜维有所觉悟了，只要有邓艾在，或者不换个垃圾的魏将来，自己根本就冲不破曹魏陇上、关中的防御线——敌方兵比我多，粮草也比我多，不是光靠拼命就能打赢的，

▲ 剑门关即是三国时代的剑阁。因汉德县有“大剑至小剑隘束之路三十里，连山绝险”，诸葛亮遂于此地“凿石架空为飞梁阁道，以通行旅”，又于大剑山峭壁中断两崖相峙处，倚崖砌石为门，置阁尉，设戍守，成为军事要隘

加上东吴的呼应又不靠谱……所以他开始琢磨，咱不如打防守反攻吧，先消耗光了曹魏西线的兵力和粮草再说。

这也是有先例的。公元230年，曹真发动了一次规模宏大但却以失败告终的伐蜀战役，即演义上所说的“安居平五路”（当然，因为艺术加工，时间提前了），结果把陇上好不容易积攒起来的兵马物资消耗了大半。就此才有了诸葛亮在第四次北伐中，全面压着曹魏西线新统帅司马懿打的事，还趁对方退兵之际射死了张郃。

于是姜维也想玩这招，他故意把汉中放空了，等魏军前来攻打——魏延的部署是很好，但只能堵住敌军，不能给对方造成重大杀伤。姜维主张撤了所有营屯，搜集所有粮草，只守汉、乐两座要隘，等魏军杀进来，攻不下二城，又抢不到粮食，到时候再派兵把大门一关，对方还出得去吗？全都折在汉中吧！曹魏西线兵马只要有五成折在汉中，我再北伐，那便是必胜啊！

不能说姜维这招不高明，但问题是，你得有堵住敌军的能力才行。姜大将军在汉中镇守的时候当然没问题，可是随即他就因为黄皓向后主进谗言，“避祸沓中”，远远地躲着去了。

不管是姜维没空管内政，还是咱们前面的猜测靠谱——他根本就没有“录尚书事”的权限；总之，他在军事上是妥妥的一把手，在政治上却不大说得上话。后主刘禅宠信黄皓，军方的第二把手、右大将军阎宇又党从黄皓，把国家给搞得一团糟。姜维一时气愤，上奏后主请杀黄皓，却被堵了回来，恐惧之下，他干脆离开成都，也不待在汉中，跑远一点儿吧。

这一远，就去了沓中屯田，距离汉、乐两城直线距离三百多公里！

身为大将军，又是打着屯田的旗号，姜维当然不会是一个人去了，他带走了蜀汉将近半数的兵马。在姜维想来，咱后方也不是没兵，到时候后方的兵往前一堵，我再从沓中回来关门，应该赶得及。但他就没想到这两路人马是否会被敌人或自己人绊住，万一赶不及，该如何应对？

姜维被杀以后，魏军剖其腹，“胆如斗大”。确实如此，姜维这人胆儿太肥了，做事不考虑后果。从这个角度来看，他未必能算诸葛亮的学生，“诸葛一生唯谨慎”，姜维一生则莽撞过头了。

后面的事咱们都知道了，钟会献计伐蜀。姜维听到消息后，一方面给刘禅上书，要求派张翼、廖化等将率军前堵；一方面亲自从沓中赶回来救援。谁想刘禅听了黄皓的胡扯，不信姜维的话，派兵晚了半拍。至于姜维本军，魏方特意派他的克星邓

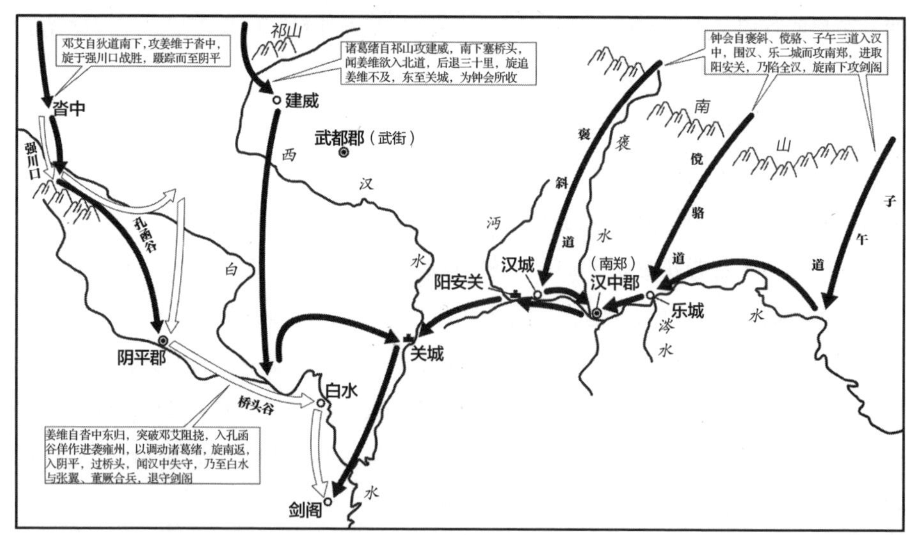

▲ *汉中之失，作为军事统帅和战略规划者的姜维是难辞其咎的，但他在从沓中挥师东救的过程中，要回马枪诓走了诸葛绪，得以顺利通过桥头，在战役规划上却可谓神来之笔。只可惜大局已定，回天乏力*

艾和雍州刺史诸葛绪设下两道防线，层层防堵。姜维这时候也急了，在强川口不顾损失，猛攻邓艾所部，虽然吃了大败仗，还真冲了过去。邓艾一想也好，前面还有诸葛绪呢，我就从后面追杀，前后夹击，彻底把姜伯约给包了饺子。谁想姜维跑到半道儿，突然转弯，出了孔函谷往北打，那意思大概是——你掏我的老窝，那好啊，我也去掏你的老窝！诸葛绪闻报慌了，赶紧后撤30里，去拦姜维。姜维一听诸葛绪动了，让开了桥头要冲，却突然又掉头南下，一个急行军，就冲出了包围圈。

这一仗攻敌所必救，进而调动敌军，跳出包围，打得是真漂亮。光这一仗，姜维就不愧名将之称。然而问题是，局部战打得再漂亮，也不能挽回总体劣势。这时候钟会率领大军已经进了汉中，他心说我干嘛去打你汉、乐两城？反正我兵多，直接派兵围上，主力继续挺进，直取要隘阳安关！

就这么着，汉中天险，不到一个月就彻底失守，姜维和匆忙赶来的廖化、张翼只好退守剑阁。

汉中既失，失去北方重要门户、前进基地和粮食产区的蜀中，即便钟会攻不下剑阁，邓艾也没冒险偷渡阴平，假以时日，还是逃不脱灭亡的命运。事实证明，姜维对汉中防御的重新部署是漏洞百出，他对蜀汉政权的崩溃，是要负重要责任的。

不过姜维在临终前总算辉煌了一把，让我们不得不对他刮目相看。他利用钟会、邓艾之间的矛盾，挑唆钟会造反，想要浑水摸鱼，复兴蜀汉，虽然没能成功（也不可能成功），却证明了这人的智谋并不仅仅表现在军事上。姜维要是能跟蒋琬、费祎似的军政大权一把抓，蜀汉或许还能再多苟延残喘几年。

当然那是不可能的，姜维陇西降人的出身，注定了他不可能在蜀汉政权中占据高位，能让他当大将军负责军事，就已经到顶了。演义基本尊重历史，但为了使后二十回精彩好看，为了继续美化刘备集团，夸大了姜维的军事才能。我们如今评价起来，历史上真实的姜维确实是一员名将、能将，但作为统帅，他在战略方面的失误太多，形象绝没有那么高大。

参考文献

原始文献：

[1]（晋）陈寿·《三国志》

[2]（刘宋）裴松之·《三国志》注疏

[3]（宋）司马光·《资治通鉴》

近现代文献：

[1] 武国卿．中国战争史（第二卷）[M]. 北京：人民出版社，2016.

[2] 王蜀生，等．中国历代军事战略 [M]. 北京：解放军出版社，2006.

[3] 沈起炜，编著．中国历史大事年表（古代）[M]. 上海：上海辞书出版社，1983.

创作团队简介

指文烽火工作室：由众多历史、战史作家组成，从事古今历史、中外战争的研究、写作与翻译工作，致力于通过严谨的考证、精美的图片、优美的文字、独到的视角为读者理清历史的脉络。目前已经出版军事历史类图书多本，其中包括《战争事典》《中国古代实战兵器图鉴》《倭寇战争全史》《明帝国边防史》《拿破仑战记》《秘密战三千年》《帝国强军：欧洲八大古战精锐》《帝国强军：中国八大古战精锐》等。

原廓：指文图书副主编、指文烽火工作室和自媒体公众号“冷兵器研究所”主编，记者，电视纪录片策划及撰稿人，音速及北朝论坛古战版版主，长期致力于军事历史研究及相关图书的策划、编审、出版工作，努力打造优秀的军事图书和自媒体平台，致力于古代与近代军备评测，普及中外军事历史知识，讲述不为人知的战争故事。

李楠：热爱历史、军事、文化，历史作者，书评人，对欧美历史尤为感兴趣，已出版《第三帝国：镜头中看世界》《鸦片战争》《火神咆哮：世界火器兵》《林肯传》等十余部作品。

赵恺：江苏苏州人，生于鱼米之乡，专好近代历史，常自诩略有小成，现出版有《一言难尽：全元历史现场》《军国凶兽：日本战史》《猛禽崛起：美国战史》《军部当国》等历史科普读物。

赤军：作家，已出版《洗烽录》《风云信长传》《七武士》《毁灭与新生》《中国宰相的非正常死亡》《宛如梦幻：日本战国乱世中的“菊与刀”》《西辽帝国》《北京镜鉴记》等作品。

"战争事典"系列书目参考

战争事典 001
征服罗马——1453 年君士坦丁堡围城战
焚身以火——妖童天草四郎与岛原之乱
名将的真相——揭开战神陈庆之的真面目
通向帝国毁灭之路——日本"二·二六"兵变
莽苍——西风漫卷篇

战争事典 002
枪尖上的骑士——勃艮第战争详解
三十八年终还乡——郑成功平台之役
海上霸权的末路悲歌——郑清澎湖海战始末
初伸的魔爪——1874 年日本征台之役
罗马苍穹下——忒拉蒙之战解析
大炮开兮轰他娘——张宗昌和他的白俄军
砥柱东南——记南宋最后的将星孟珙

战争事典 003
东国之关原——庆长出羽合战探本
"日不落帝国"的雏音——布伦海姆会战浅析
点爆世界的"火药桶"——"一战"前的巴尔干战火
"一战"在中国——记 1914 年日德青岛之战
太平军之末路杀劫（战争文学）

战争事典 004
维多利亚的秘密——英国王室一战秘史
进击海洋——沙皇俄国海上力量发展史
被遗忘的战争——记一战中的意大利战场
晚清将帅志
大唐西域之高昌绝唱（战争文学）

战争事典 005
英法百年战争
决胜江淮——唐末江淮藩镇战争
猛鹰长啸猎头鱼——金太祖完颜阿骨打

战争事典 006
海上马车夫与西欧海盗的较量——第一次英荷之战
李定国"两蹶名王"——南明桂川湘大反攻
岛津袭来——1609 年庆长琉球之役始末
从开始到未来——因弗戈登兵变前后的"胡德"号
齐柏林的天空
斩颜良诛文丑过五关斩六将之关羽

战争事典 007
辗转关东武开秦——细述秦赵争霸中的军事地理学
战神的竞技场——拜占庭统军帝王传
罗马的噩梦——汉尼拔

战争事典 008
巨蟹座的逆袭——亚历山大大帝
大象与古代战争
甲申遗恨——崇祯十七年元旦纪事
挑战宿命——后唐灭后梁之战复盘
胡马败古城——南北朝宋魏盱眙攻防战记
沉寂——殷民东渡记

战争事典 009
日不落帝国崛起的先声——1588—1667 年英国海军战术演进
天崩地裂扭乾坤——侯景之乱与南北朝格局之变
骏河侵攻——武田家谋攻的顶点
孙膑的奇谋决断——全新解析桂陵、马陵之战
由扎马至比提尼亚——汉尼拔与阿非利加那·西庇阿的后半生

战争事典 010
将军大旆扫狂童——唐武宗平定昭义刘稹之战
孤独的枪骑兵——拿破仑时代的波兰流亡英雄
大洋彼岸的白鹰——美国独立战争中的波兰将领小传
魁星云集护武川——见证宇文氏兴起与陨落的北周名臣良将
独冠三军武周公——南齐朝将军周盘龙小传
鏖战低地——法王腓力四世统治时期的佛兰德斯战争

战争事典 011
苦战瓦夫尔——格鲁希元帅视角下的滑铁卢战役
于盛世中见衰容——由露布浅述开元东北国防乱象
"三吏三别"之前的故事——灵宝惨败与潼关陷落
黑火药时代的最后狂想——19 世纪过渡时期的步枪简史
关东出阵——后北条氏和长尾氏的崛起与较量

战争事典 012
喋血伊比利亚——法国元帅古维翁·圣西尔的加泰罗尼亚战纪
两晋南北朝中原遗脉专题
仓皇北顾——刘宋第一次元嘉北伐回眸
男儿西北有神州——五胡十六国之前凉世家

战争事典 013
冰与火之歌——爱尔兰独立战争
马其顿王朝最后的荣光——拜占庭统军帝王传（终结篇）
中国古代战车、火器、车营简史
雾月政变——无血的权力之战
诺曼征服史

战争事典 014
君士坦丁堡的第一次陷落——西欧人对拜占庭帝国的反戈一击
餐桌论输赢——南北战争中的美军伙食
地中海三国演义——法兰西、奥斯曼与哈布斯堡
陆法和：不败的魔术师

战争事典 015
三征麓川——明帝国英宗朝的西南攻略
从约柜到哭墙——圣殿时代的“圣城”耶路撒冷史
苏丹之刃——土耳其新军简史
太阳神的崛起——古希腊罗德岛攻防战

战争事典 016
克复安南——明成祖朱棣的惩越战争
赵匡胤开国第一战——兵临泽潞平李筠
拿破仑的闪电战——1806 年耶拿—奥尔施塔特双重会战
以上帝之名的征伐——西班牙再征服运动简史

战争事典 017
华盛顿的将略——扭转美国独立战争危局的特伦顿之战
第二波斯帝国——萨珊王朝兴亡简史
自毁长城之乱——南朝刘宋景平宫变考略
秦王玄甲破阵乐——定鼎李唐江山的虎牢关之战
战场背后的口舌——战国时代的纵横家

战争事典 018
宋金太原血战——靖康之耻的前奏
马克沁机枪的第一次杀戮——马塔贝莱兰征服战争
五驾马车的崩溃——南朝宋孝武帝与前废帝更替之际的顾命大臣
太阳王的利剑与荣耀——路易十四时代的王权、军队与战争

战争事典 019
千年俄土恩怨——黑海与近东地区的地缘纷争
风帆战列线的血与火——第二次英荷海战简史
勃艮第公爵的野心——阿金库尔血战后的法国内乱
昙花一现的东方霸业——罗马皇帝图拉真的帕提亚战争
将星北斗照幽燕——历史上的杨六郎与杨家将

战争事典 020
崛起与繁荣——丝绸之路上的帝国兴衰
远帆与财富——南宋海上丝绸之路的崛起
大迁徙与大征服——日耳曼人与阿拉伯人的扩张及征服
战乱与流散——欧洲历次战后难民潮
炮火与霸权——近代军事改革后的瑞典帝国时代
专业与联合——美军特种部队改革启示录

战争事典 021
争夺蛮荒——欧洲列强在北美的殖民扩张与七年战争较量
刘备家的人——蜀汉群臣小传
艺术到技术——拿破仑、普奥、普法战争中的普鲁士总参谋部改革史
皇权与天下的对抗——南齐朝“检籍”与唐寓之起义

战争事典 022
从罗马的利剑到诺曼的铁蹄——不列颠被征服简史
铁铸公侯——威灵顿公爵的人生传奇
八千里路云和月——岳飞与岳家军抗金战史

战争事典 023
日不落的光辉岁月——大不列颠崛起和祸乱欧洲史
屡败屡战的不屈斗将——立花道雪战记
热兵器时代的先锋——中世纪晚期的欧洲火门枪
突袭红盐池——明帝国中期边防史与文官名将王越传略
燕山胡骑鸣啾啾——《木兰辞》背后的鲜卑汉化与柔然战争

战争事典 024
浴血的双头鹰——哈布斯堡王朝的近代兴衰与七年战争
黄金家族的血腥内斗——从蒙古帝国分裂到元帝国两都之战
倒幕第一强藩——岛津氏萨摩藩维新简史
铠如连锁，射不可入——中国传统山纹、锁子、连环铠辨析考

战争事典 025
辽东雪、铭军血——甲午陆战之缸瓦寨战斗
凡尔登英雄的双面人生——法国元帅亨利·菲利普·贝当沉浮记
眼中战国成争鹿——北齐高氏的开国之路
以铁十字之名——条顿骑士团兴衰简史

战争事典 026
龙与熊的较量——17 世纪黑龙江畔的中俄战争
五败十字军骑士的车堡——胡斯战争与 15 世纪捷克宗教改革简史
白高初兴傲宋辽——党项人的西夏立国记

战争事典 027
高飞长剑下楼兰——清末阿古柏之乱和左宗棠收复新疆之役
东进的巨熊——沙皇俄国远东征服简史
一只鸡导致的王朝覆灭？——明末吴桥兵变与孔有德之乱始末
吞金巨兽的竞赛——希腊化时代的巨型桨帆战舰兴衰史
“血流漂杵”的真相——探秘周人克殷与牧野之战

战争事典 028
星条旗的“江河密探”——美国长江巡逻队的装备和历史
“狮心王”与萨拉丁的争锋——第三次十字军东征记
大明帝国的黄昏——从清军第四次入寇到明末中原大战
怒海截杀——1797，“不倦”号 VS“人权”号
争霸北陆——上杉谦信的战争史考证

战争事典 029
17 世纪东亚海上霸权之争——明荷战争与台湾郑氏家族的崛起
向神圣进发的“巴巴罗萨”——神圣罗马帝国皇帝腓特烈一世传记
唐帝国的“坎尼会战”——大非川之战与唐蕃博弈
拯救欧洲的惨败——1444 年东欧诸国抵御奥斯曼的瓦尔纳战役
西楚霸王的兵锋——楚汉战争彭城之战再解析

战争事典 030
双雄的第一次碰撞——唐帝国与阿拉伯帝国的怛罗斯之战
塞人的最后荣光—印度——斯基泰和印度—帕提亚王国

兴衰史
大将扬威捕鱼儿海——明帝国与北元之战及名将蓝玉的沉浮人生
七入地中海的巨熊——俄国海军对南方出海口的千年情结
复盘宋魏清口战役——从实证角度尝试复原中国古代战役
埃德萨的征服者——枭雄赞吉

战争事典 031
贵阳围城始末——明末奢安之乱中最惨烈的一役
1612 动乱年代——沙俄内乱与罗曼诺夫王朝的崛起
“八王之乱”，何止八王！——西晋淮南王司马允集团的野心与盲动
攻者利器，皆莫如砲——中国杠杆式抛石机的发展历程

战争事典 032
最后的拜占庭帝国——1461 年奥斯曼征服特拉布宗始末
争夺辽东的铁蹄——秋山好古与日俄战争中的日本骑兵部队
龙与狼的最后较量——17 到 18 世纪的清朝准噶尔战争简史
唐刀的真容——从复刻绘制窦皦墓出土唐代环首刀说起

战争事典 033
打开潘多拉魔盒——一战早期毒气战的装备和战术（1914—1916）
钳制巨熊的英日联盟——沙皇尼古拉二世的远东惨败
荡然无存的“天朝”颜面——第二次鸦片战争始末
大厦将倾，独臂难支——明末军事危局与卢象升传略

战争事典 034
后亚历山大时代的希腊争霸——克里奥门尼斯战争
廓清漠北——朱棣五次远征蒙古之役
尼德兰上空的橙色旗——荷兰立国记和八十年战争简史

战争事典 035
东欧的第一位沙皇与霸主——保加利亚帝国西美昂一世征战史
大清“裱糊匠”的崛起——李鸿章筹练淮军与“天京之役”
名将不等于名帅——趣说姜维在《三国志》与《三国演义》里的不同形象

战争事典 036
匈奴的崛起与汉帝国的征服者时代
托勒密王朝首任女法老阿西诺二世传奇
详解中法战争之镇南关大捷
关原合战前东西军的明争暗斗
谈谈古代战场军人防护要素
说说大明帝国嘉靖朝的悍勇武人

战争事典 037
清军已南下，明廷仍党争——南明弘光政权覆亡之悲剧
哥萨克的火与剑——乌克兰赫梅利尼茨基大起义始末
秦帝国的崩溃——从沙丘之变到刘邦入主关中
契丹灭亡之祸首——辽末奸臣萧奉先传

战争事典 038
阿尔巴尼亚的亚历山大大帝——与奥斯曼帝国鏖战 25 次的斯坎德培
万历三大征之荡平播州——七百年杨氏土司覆灭记
对马海峡上的国运豪赌——东乡平八郎与日俄大海战

战争事典 039
腰斩盛唐的安史之乱——唐皇权柄衰弱与藩镇割据之始
被血洗的秘鲁——印加帝国覆灭记
普鲁士海军军官佩剑史 1657—1870（上）

战争事典 040
八年征战平河东——伊阙大捷后的秦国东进之路
1798 年尼罗河口战役——纳尔逊时代的英国海军和风帆海战
英国海军刀剑——从实战兵器到身份象征
普鲁士海军军官佩剑史 1657—1870（下）

战争事典 041
结束美国内战的最后一役——从彼得斯堡到阿波马托克斯
明末西南边界冲突——东吁王朝崛起与万历明缅战争
英国武装入侵印度之始——卡纳提克战争
挣脱“鞑靼桎梏”——库利科沃之战

战争事典 042
奥丁与基督之战——维京人的英格兰征服史
雪域猛虎的怒吼——唐代吐蕃王朝简史
太建北伐预演——南陈平定江州豪强叛乱
南亚次大陆的命运转折点——莫卧儿皇位继承战争

战争事典 043
一代强藩的崩塌——唐宪宗平定淄青李师道之役始末
大视野下的意大利战争——查理五世和他的地中海时代
血色金秋——1862 年马里兰会战
三腿的美杜莎——迦太基和罗马的西西里争夺战
外强中干，华而不实——清朝旧式战船、水师与海防

战争事典 044
杀人魔术——一战后期毒气战的装备和战术（1917—1918）
平叛战争——理论与实践（上）
命运奏鸣曲——关原合战
武田信玄西上作战的疑点

战争事典 045
碧蹄馆大战——明朝骑兵和日本战国武士的较量
清初三藩之乱
平叛战争——理论与实践（下）

战争事典 046
瑞典帝国的衰落——斯堪尼亚战争
法国强权的开端——阿尔比十字军战争
北宋军事制度变迁
三国归晋的序幕——淮南三叛
本都与罗马之战——第一次米特拉达梯战争（上）

战争事典 047
第二次意大利独立战争：催生红十字会的 1859 年苏法利诺战役

吞武里王朝战史——泰国华裔国王郑信之武功
少林，少林！——少林功夫的历史传承与明代僧兵江南抗倭记
本都与罗马之战——第一次米特拉达梯战争（下）

战争事典 048
睡梦中的胜利——1813 年春季战役之吕岑会战
虚弱的战国日本——实力不对称的万历朝鲜战争
夹杂着惨败的尴尬平局—清朝对缅战争始末

战争事典 049
明代建州女真与朝鲜的纷争
征服阿兹特克
美国早期荒野探险装备

战争事典 050
大唐西域战事
经略龟兹——从西汉设西域都护到唐两征龟兹
西域与唐代骑兵——铠甲、战马与战术、战例分析
独横长剑向河源——河陇之争与归义军的兴亡
奠基者的传奇——马其顿的腓力二世

战争事典 051
1866 年普奥战争
1866 年的 7 个星期——普奥战争全记录
1860—1867 年的普鲁士军队——武器、战略以及战术
尼罗河畔的战争——19 世纪末英帝国征服埃及与苏丹

战争事典 052
布尔战争
跌落神坛的不列颠尼亚——布尔战争简史
棋局上的僵持——卡莱战后罗马共和国与帕提亚的西亚激斗
横扫千军——“波斯拿破仑”的征战简史

战争事典 053
秦国将相铁三角
秦昭王麾下的一相二将——魏冉、司马错、白起
兵神初现诸侯惊——打破战国列强均势的伊阙之战
将相铁三角的巅峰之作——秦楚五年战争
希腊化时代的开端——继业者战争
格兰特 VS 李——1864 年陆路战役

战争事典 054
古代远东战船
艨艟巨舰的传说——古代远东战船发展史
北欧共主——玛格丽特与卡尔马联盟的建立
加特林机枪——从诞生到衰落
广州湾租借地法国武装力量史（1900—1945 年）
古斯塔夫·曼纳海姆传

战争事典 055
欧洲经典要塞
罗得岛战记
喋血马耳他
幽灵战士：狙击手传奇

战争事典 056
通往权力之路
英荷争霸之四日海战
俄国射击军的最后时代
宋初统一战争

战争事典 057
中国甲胄史图鉴

战争事典 058
莱特湾海战：史上最大规模海战，最后的巨舰对决

战争事典 059
击沉一切：太平洋舰队潜艇部队司令对日作战回忆录

明帝国
的新技术战争

从明帝国火器诞生及运用、改良、
对战争形势乃至整个帝国走向的影响等方面，
以一个个生动的战史故事
描绘出大明帝国军事从建立到鼎盛，
再到衰落的历史画卷

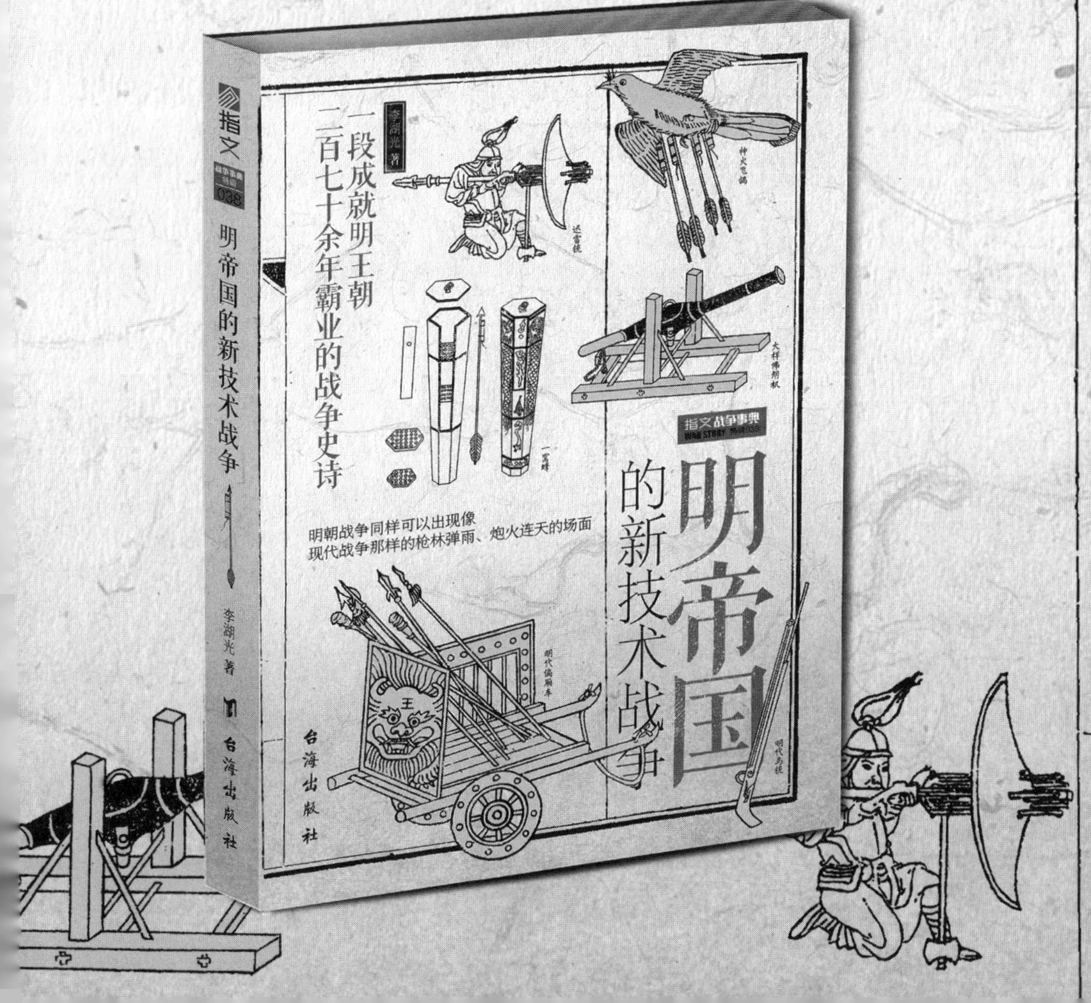